I0842567

Álvaro García Linera

¿Qué es una revolución?

y otros ensayos reunidos

Álvaro García Linera

¿Qué es una revolución?

y otros ensayos reunidos

García Linera, Álvaro

  ¿Qué es una revolución? : y otros ensayos reunidos / Álvaro García Linera ; compilado por Álvaro García Linera. - 1a ed. - Ciudad Autónoma de Buenos Aires : Prometeo Libros ; CLACSO, 2021.

  272 p. ; 23 x 16 cm. -

1. Revoluciones. 2. Marxismo. 3. América Latina. I.
Título. CDD 306.098

Colección Biblioteca Álvaro García Linera
Director: Álvaro García Linera

Diseño de tapa: Marcelo Giardino
Ilustración de tapa: Villy Villian
Diagramación: Eleonora Silva
Corrección: Facundo Gómez

Índice

Primera parte

Espacio nacional
y espacio global

1. Espacio nacional y espacio global del capitalismo*

En un encuentro al que me invitaron los compañeros de Geografía, recientemente, introduje un concepto, el de "topología del Estado", para estudiar cómo es que el Estado, a lo largo de los siglos, ha construido la significación y la ocupación del espacio amazónico. Me fijé fundamentalmente en la Amazonía boliviana e introduje esta categoría para ver cómo la geografía es un espacio de significaciones y, por lo tanto, de lucha, de interpretaciones sociales que se disputan no solo la manera dominante de imaginar el territorio, sino, además, de ocuparlo, de usarlo y de ubicarse históricamente en él. Por consiguiente, si bien la geografía tiene una condición natural objetiva, la manera en cómo la geografía es interiorizada por la sociedad, por los gobiernos, por los pueblos, por las personas, por las naciones y las clases sociales, va a variar dependiendo de los resultados de esas luchas políticas. No existe una sola lectura práctica de la geografía. Hay una única condición material de la geografía, pero existen múltiples significaciones de esa condición material; también, múltiples y diversas maneras de asumir, interpretar, absorber, utilizar y transformar esa geografía y la naturaleza en la geografía.

Y el día de hoy, recogiendo esta manera de abordar el espacio, quisiera trabajar unas hipótesis sobre el espacio global, en lo que podríamos denominar una "topología de la globalización".

---

* Extraído de García Linera, Á. (2017, 27 de abril). Conferencia magistral. *XVI Encuentro de Geógrafos de América Latina (EGAL 2017)*, organizado por el Instituto de Investigaciones Geográficas (IIGEO) de la Carrera de Ingeniería Geográfica de la Universidad Mayor de San Andrés (UMSA), Bolivia. Trascripción: Ana Santamarina. Disponible en https://www.youtube.com/watch?v=X8GfFNKV9nA

1. La mercancía, los espacios nacionales y el espacio global

La forma en cómo la riqueza se presenta hoy en el mundo capitalista es como un "cúmulo de mercancías" nos dice Marx en el primer capítulo de su libro *El Capital* (Marx, 1987a: 6; Vol. 1). Empresas, comercios, países y continentes se organizan socialmente, contabilizan sus logros, destacan sus capacidades, etc., en torno a las mercancías, incluida su "forma acabada" que es el dinero. Esto hace de la mercancía la "forma celular económica" (Ibid.) de la sociedad moderna y en su núcleo se halla contenido la información clave de las formas más desarrolladas y complejas como son los Estados, los mercados, los territorios y el espacio global capitalista.

Esta forma de la riqueza moderna, la mercancía, tiene dos componentes sociales: su cualidad de uso, su utilidad, que Marx llama el valor de uso; y el segundo componente, su cualidad de intercambiabilidad, la manera de acceder a él, el valor de cambio. Un pan, un televisor, un celular, un libro, un automóvil tienen determinada utilidad que satisface algún tipo de necesidad o requerimiento humano. Un pan alimenta, un televisor informa o distrae, un celular comunica y transmite, un automóvil transporta, etc. Esta capacidad de alimentar, informar, transmitir, transportar y demás, de alguna cosa creada por el trabajo humano, es el *valor de uso* de la mercancía y se trata de una cualidad adherida a la naturaleza misma del objeto. Dime para qué sirve tal o cual cosa y te diré cuál es su valor de uso. Pero, para acceder a ese celular, para acceder al uso de ese televisor o ese automóvil y poder utilizar la utilidad que posee, las personas no pueden ir simplemente a una tienda y sacar el televisor o el pan. Deben pagar por el pan, deben pagar por el celular determinada cantidad de dinero. A esta cantidad de dinero, o de valor, que una persona paga por obtener la propiedad de determinado producto para usufructuarlo, Marx denomina el *valor de cambio*. No importa cuanta sea la necesidad de una persona respecto a un determinado producto, si no paga su precio, su "valor", no podrá llegar hasta el producto requerido y darle vida a su utilidad, a su *valor de uso*. Esta cualidad del valor de cambio de las mercancías, del "precio" que tienen y que está contenido en el mismo objeto, regula el modo de acceso o intercambiabilidad de las cosas, de las mercancías, en la sociedad moderna.

El mundo moderno es, entonces, un escaparate de millones de mercancías portadoras de algún tipo de utilidad social, pero solo son accesibles, utilizables, si uno paga su *valor de cambio*. Esta doble naturaleza social de las riquezas modernas, valor de uso y valor de cambio, utilidad y precio, son por tanto la cualidad fundamental inseparable de todos los productos del trabajo que rodean nuestra cotidianidad.

Ahora bien, pero esta cualidad de consumo de las mercancías –su *valor de uso*– nos remite al sistema de necesidades de una sociedad. Hoy tenemos en las tiendas objetos que hace miles de años atrás seguramente no tendrían ningún sentido o utilidad. Por ejemplo, un *chip* o una bombilla de electricidad, en tiempos de la Grecia clásica, no podría satisfacer ninguna neccsidad y sería considerada parte de la basura desechable. Igualmente, una tabla de cálculo sumerio esculpida en piedra, más allá del interés de un museo o de un coleccionista de antigüedades, no sería una mercancía exitosa en ninguna tienda de artefactos de cálculo electrónico. La utilidad de las cosas depende, entonces, de un entorno social, del tipo de apetencias, expectativas y esquemas de consumo que determinada sociedad ha creado en la historia. Cosas útiles hoy dejarán de serlo mañana, y cosas inútiles hoy, posiblemente, serán muy útiles después, dependiendo de cómo es que la sociedad ha ido estructurando culturalmente sus consumos y su horizonte de expectativas.

A esta determinación social del mundo de las necesidades la llamamos el sistema de necesidades, y está claro que es fundamentalmente una construcción cultural territorializada que toma en cuenta las capacidades laborales que tiene una sociedad, el cúmulo de apetencias colectivas despertadas, las influencias externas y la capacidad de adecuar sus expectativas de consumo a sus capacidades reales de satisfacerlas.

Esta adecuación de las expectativas de consumo (que podrían ser infinitas) a las capacidades para satisfacerlas (que son limitadas) es lo que delimita el sistema de necesidades de una sociedad y que, además, estructura el orden social territorial, es decir, la correspondencia cotidiana entre la norma, la ley, el régimen de propiedad y el comportamiento moral, lógico e instrumental de los individuos. Y esa es una tarea de adhesión cultural y cohesión social territorializada que en el capitalismo ha recaído, recae y, necesariamente, seguirá recayendo en el Estado.

El que las personas no tomen por asalto las tiendas para acceder al objeto mercantil de su deseo, y si lo hacen, sean castigados; el que aprendan destrezas para usar y adquieran conocimiento para valorar determinadas cosas; el que cultiven disposiciones de acatamiento íntimo a la forma en que el mundo está organizado y a cómo desenvolverse exitosamente en él; el que aprecien determinadas características materiales de las cosas por encima de otras; el que jerarquicen determinados usos sobre otros, determinados bienes sobre otros, etc., todo esto que pone en marcha cada día el engranaje del mundo de las mercancías depende de la educación escolar y familiar; depende del sistema de normas y de ideas prevalecientes en los sistemas de comunicación; depende de las puniciones amenazantes y los reconocimientos de legitimación que en gran medida los monopoliza el Estado, o al menos los organiza y delimita.

De esta manera, la realización del *valor de uso* de la mercancía en la sociedad moderna capitalista está regulada, producida y validada en el espacio territorial nacional-estatal. Es como si en el contenido material de la riqueza, en su cualidad objetiva de utilidad, se comprimiera la historia y la cultura acumulada para hacer, de ese objeto, un objeto útil para el que lo observa y lo desea. De ahí que Marx señale que los diversos aspectos de la utilidad de las cosas y, "en consecuencia, de los múltiples modos de usar las cosas, constituye un hecho histórico" (Ibid., p. 44).

Así, cuando la persona se confronta con la mercancía, para que estalle la utilidad en ella y se gatille el acto de intercambiabilidad, de compra y de uso, tiene que haber, previamente, una *sintonía estructural* entre el mundo de percepciones sociales de la persona y el mundo de cualidades objetivas y socialmente producidas de las cosas. Y eso solo lo logra el sistema cultural territorial del Estado, o de los Estados, por medio de la construcción del sistema de necesidades que depende de la cultura, de la cohesión social y la constante adecuación de las necesidades personales a las posibilidades sociales. En la medida en que este subsuelo cognitivo alumbra la utilidad social del objeto que está frente a la persona, recién comienza la historia de la cosa, del producto del trabajo como mercancía portadora de un valor de cambio para su intercambiabilidad. El que luego el *valor de cambio* domine la historia social, incluida la construcción permanente de la sintonía estructural entre las percepciones humanas de lo que se considera socialmente útil y la cualidad material de la mercancía, no elude que este proceso de la construcción social de la utilidad de las cosas tenga que renovarse cada día de manera territorializada en los esquemas cognitivos y sensibles de las personas.

Entonces es en el *valor de uso* de la mercancía, y esta es mi hipótesis de trabajo, donde está anidada la primera dimensión geográfica del capitalismo: el espacio nacional. Porque es en el espacio nacional donde se construye cohesión social, donde se construye cultura, donde se produce correspondencia entre los saberes prácticos de las personas y las utilidades materiales de las cosas y, por lo tanto, donde se forma el conjunto de necesidades colectivas de la sociedad.

Pero el otro componente de este objeto simple y fundamental de la sociedad moderna, la mercancía, es el valor de cambio, y el valor de cambio nos remite a las formas de intercambiabilidad. Pero ¿qué nos dice Marx al respecto? Que lo que diferencia al capitalismo de otras sociedades donde también se producen objetos es que el productor directo produce para alguien "que no es su poseedor" (Ibid., p. 999), para alguien que no es ni el productor directo de esa mercancía ni el propietario de esa mercancía. Y el "no poseedor" que ha de realizar la utilidad del objeto producido puede ser alguien de la región, del país, del continente o del mundo mismo.

Esto significa que el planeta entero es el espacio de realización de la intercambiabilidad de la mercancía o, si se prefiere, el límite de intercambiabilidad del producto del trabajo de alguien es el mundo entero. La mercancía instaura un tipo de universalismo social que articula a las personas por encima de los parentescos, los países, los Estados y los continentes; "mi producto –anota Marx– solo es producto para mí en la medida en que lo es para otro, es, por lo tanto, un individual superado, un universal" (Marx, 1978, 208; T. 21). Sin embargo, se trata de un universalismo abstracto, porque el vínculo con el resto de los habitantes del mundo susceptibles de realizar el "valor de uso" del objeto solo se puede realizar a través de otra abstracción universalizante, el trabajo abstracto contenido en la mercancía, el "valor de cambio".

Si bien la mercancía, en su realización, proyecta el espacio territorial mundial como el espacio de su realización de intercambiabilidad, lo hace guiada, o dominada, por otra abstracción de carácter igualmente universal y abstracto: el tiempo de trabajo abstracto depositado en la cosa, en el producto, en la mercancía, es decir, el *valor de cambio*. Solo si sus potenciales poseedores, los habitantes del mundo, concurren al intercambio portando un cuerpo de utilidad, o un símbolo (dinero), equivalente al monto de trabajo abstracto depositado en la mercancía deseada, entonces podrán acceder a la posesión de la mercancía y usarla. En caso contrario, esta realización será negada.

Y en la medida en que la cantidad de trabajo abstracto –el *valor de cambio*– es la clave para proceder al acceso a la mercancía, la intercambiabilidad no depende ni de parentesco, ni de nacionalidad, ni del idioma ni de la proximidad cultural; sino solo de poseer el equivalente de esa cantidad de trabajo depositada en algún otro cuerpo material necesario (trueque), o de equivalencia general (el dinero), que habilita inmediatamente la compraventa de mercancías. Y como se trata de un vínculo fundado en una cantidad de trabajo humano general, una cualidad universal y abstracta de la actividad humana independientemente del lugar de las personas, entonces, el espacio de potencial realización territorial de la mercancía queda nuevamente redondeado planetariamente. En este sentido, en la medida en que el mundo es el espacio de realización de este tipo de intercambiabilidad basada en una abstracción universal (el monto del trabajo social), entonces la territorialidad del *valor de cambio* es el planeta mismo o, si se prefiere, la globalización. Lineamientos fundamentales para la crítica de la economía política.

Esto marca una diferencia absoluta de la sociedad capitalista con respecto a todas las otras sociedades que nos han precedido. Los ámbitos de realización territorial del producto del trabajo en una comunidad pueden ser la familia, en lo fundamental; las relaciones y los vínculos de parentesco, en lo principal; y solo de manera esporádica, tangencial o secundaria las comunidades aledañas, las comunidades más alejadas.

Gráfico 1. Génesis del espacio nacional y el espacio global del capitalismo

MERCANCÍA

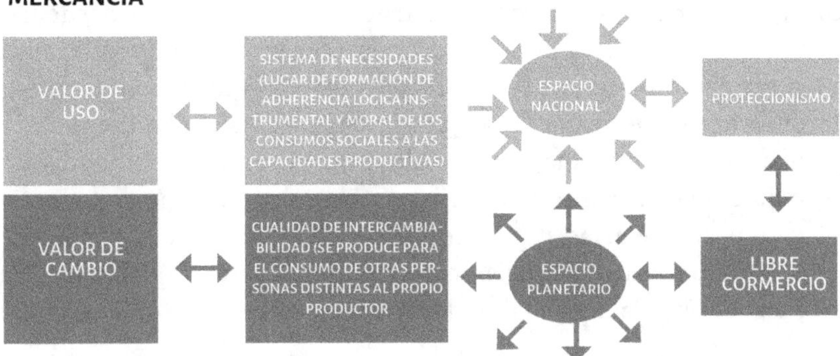

Fuente: Elaboración en base a datos disponibles.

Resumiendo, en la célula de la sociedad moderna –la mercancía, como lógica y proceso social– se encuentran contenidos los dos espacios territoriales de la constitución de la sociedad moderna. La mercancía, en tanto *valor de uso*, habilita preferentemente el espacio nacional como el espacio de constitución de las necesidades, de la cultura, de la cohesión y de la legitimación o el modo específicamente capitalista de construcción de los esquemas morales, los esquemas lógicos, los esquemas procedimentales e instrumentales de las personas. Y, por otro lado, la mercancía, en tanto *valor de cambio*, habilita como espacio de realización de la intercambiabilidad del valor-trabajo que contiene, al espacio-mundo, al espacio-planeta como el lugar último de la realización mercantil.

Los distintos modos de producir la riqueza han tenido una forma de definir el espacio geográfico de su realización. La forma mercancía, es decir, el núcleo organizativo del capitalismo nace, simultáneamente, con la constitución de dos espacios: el espacio de la necesidad –que es un hecho cultural, es un hecho lógico y práctico– y el espacio de la intercambiabilidad –que es, por definición, universal, planetario.

El capitalismo nace cabalgando simultáneamente dos espacios, dos geografías sociales, dos territorialidades: la geografía nacional y la geografía planetaria; la dimensión geopolítica nacional de la mercancía y la dimensión geopolítica planetaria universal de la mercancía.

2. Proteccionismo y libre comercio

Esto explica por qué, a lo largo de la historia del capitalismo, desde hace más de 500 años en sus distintas variantes cíclicas e históricas, ya sea bajo hegemonía de los Países Bajos, luego con hegemonía inglesa y después norteamericana (Fukuyama, 1992), el desarrollo del mundo capitalista ha intercambiado, en cada ciclo sistémico, momentos de predominio de políticas proteccionistas centradas en el mercado interno, barreras arancelarias, regulaciones laborales locales, etc. y momentos de supremacía del liberalismo económico, apertura planetaria de mercados, desregulaciones laborales, financiarización de la economía, etcétera.

El proteccionismo prioriza la protección de la industria nacional, la regulación de los flujos financieros, la vinculación selectiva con otros mercados nacionales, la sustitución de importaciones y, en definitiva, la densificación capitalista del espacio nacional. No se trata de la formación de espacios autárquicos, pues los flujos comerciales mundiales objetivamente articulan las distintas actividades nacionales; pero a este mercado mundial y esta economía mundializada desde hace más de 500 años se los hace a partir del espacio nacional como célula. En ese sentido, el mundo capitalista se presenta como una articulación flexible de espacios nacionales capitalistas.

Pero, a la vez, el otro espacio constitutivo del capitalismo moderno es el *valor de cambio*, y hemos asociado el valor de cambio a la universalidad. Y esta universalidad del intercambio es el libre cambio. Surge entonces, enraizada en la lógica inmanente de la mercancía y del capitalismo, esta corriente teórica, económica, ideológica, filosófica del libre cambio, o del liberalismo o del neoliberalismo en cuya mirada la preocupación ya no es el espacio interior, no es la geografía interior, no es el horizonte interior de la sociedad. La lógica librecambista, la lógica liberal o neoliberal habrá de centrar su preocupación, sus políticas y sus reflexiones en una mirada del mercado mundial, de los flujos mundiales de dinero, de los mercados financieros planetarios, de las desregulaciones de todo tipo. Por lo tanto, en esa mirada las fronteras nacionales son un estorbo, las culturas nacionales son un estorbo, y de lo que se trata es de crear un único espacio homogéneo de universalidad de la mercancía del capital.

Bajo esta lógica no es que la dimensión nacional desaparece. Aun hasta hoy, no existe un espacio o unas institucionalidades capaces de sustituir a la del Estado nación en la construcción de las adhesiones lógicas y morales a la forma mercantil de la producción y de la sociedad. Pero, además, el liberalismo económico en los hechos funciona como la imposición mundial de la lógica económica, de la necesidad de nuevos mercados de la producción y las finanzas del Estado nación hegemónico mundialmente. Y en este derrumbe de fronteras se juega la continuidad y el éxito de ese Estado capitalista hegemónico. Pero lo que lo diferencia de la territorialidad planetaria bajo el liberalismo económico es que ese espacio planetario de irradiación de la potencia hegemónica preexiste y regula la presencia y densidad de los espacios nacionales.

En el proteccionismo el espacio mundial capitalista se presenta como la suma articulada de espacios nacionales. En el liberalismo, el espacio planetario se presenta como anterior e independiente de los espacios nacionales, cuya existencia opacada se la soporta como necesaria para disciplinar, cultural y coercitivamente, a las clases populares.

Ambos momentos históricos requieren del espacio nacional y del espacio planetario para desplegar en su interior el desarrollo de la modernidad capitalista. Pero lo que los diferencia es el predominio de uno de los espacios en la constitución del otro. Siempre estarán interactuando los dos, el nacional y el mundial. Pero bajo el proteccionismo, no solo el espacio nacional es el que sobresale, sino que el espacio planetario está constituido a partir de los espacios nacionales. En el momento de libre cambio, el espacio planetario es el que predomina y, además, es el que forma el espacio nacional como lugar contingente de cohesión y adherencia social.

El capitalismo, entonces, desde su propio fundamento, nace con una tensión insuperable. Mientras haya capitalismo, seguirá existiendo esta tensión entre la dimensión del espacio nacional y la dimensión del espacio planetario. En momentos, uno de esos espacios, el nacional será el predominante; en otros momentos, el espacio planetario será el predominante. Pero en ninguno de los casos uno hace desaparecer al otro. Si bien aparecen como antagónicos, en realidad se necesitan mutuamente.

Se puede decir, por tanto, que en términos generales la narrativa histórica de la economía capitalista tiene dos grandes vertientes; el proteccionismo (con múltiples variantes) y el liberalismo (con múltiples variantes). En los momentos en que predomina el proteccionismo (desde 1930, después de la crisis de la bolsa de 1929, hasta los años 70), son tiempos de expansión de los mercados nacionales, ampliación de derechos sociales que en el caso de los Estados Unidos y Europa dieron lugar al *Welfare State* que duró hasta los años 80; y en el caso de América Latina a las políticas de sustitución de importaciones. Pero, aun en los momentos más intensos de proteccionismo, también estará presente una dimensión planetaria de otros flujos económicos, como los flujos tecnológicos, financieros y una división internacional del trabajo (países que producen la materia prima, países que procesan la materia prima, países que hacen productos intermedios y países que generan tecnología de punta).

Lo mismo con la lógica del libre comercio. Si bien en la lógica liberal existe una predominancia del espacio planetario como escenario de circulación del capital financiero, como espacio de circulación de las industrias transnacionales, hay una función necesaria e imprescindible del espacio nacional, del Estado nacional. Pongamos el caso de Brasil, el caso de Bolivia o el caso de Argentina, que han sido objeto de políticas neoliberales durante los años 80, 90 y ahora nuevamente en el caso de Brasil y de Argentina. ¿De dónde parten las decisiones y la capacidad operativa que regula la supresión de derechos o para establecer la flexibilidad laboral? No son los mercados financieros, no es la "nube imperial" que imagina *Toni* Negri recorriendo el mundo. Es el Estado nacional y sus mecanismos de generación de leyes, sus mecanismos coercitivos, los medios de comunicación los que generan consensos y tolerancias morales frente a estas decisiones. ¿Quiénes son los entes que privatizan los recursos colectivos de la sociedad? Los Estados nacionales. ¿Quiénes son los que van a disciplinar a las clases peligrosas o a las clases sublevadas en cuanto a esas políticas? Los Estados nacionales, sus mecanismos de coerción, sus mecanismos de legitimación.

Es decir, aún en el momento de mayor predominancia de un neoliberalismo desbocado, el único sujeto que tiene una función conductora, una función reguladora y disciplinadora de la fuerza laboral para imponer el libre comercio es el Estado nacional. Pero, además, a la par que el Estado desempeña la función de adecuar el universo de expectativas sociales al universo de posibilidades económicas en cada espacio territorial, también profundiza y radicaliza la jerarquización territorial de la distribución internacional de la riqueza y la pobreza. El último informe de Oxfam (2017) habla de que el 1% de la población mundial y que habita en el norte ostenta el 50% de la riqueza del mundo; y que una sola persona tiene más riqueza que diez naciones juntas. El neoliberalismo ha vuelto a reterritorializar la riqueza, es decir, ha vuelto a definir espacios de concentración de la riqueza y espacios de extracción de la riqueza.

Entonces, las dos corrientes de desarrollo e interpretación del capitalismo contemporáneo desde hace 500 años son el proteccionismo y el libre comercio que han tenido, cada una, oleadas de predominio y de repliegue: proteccionismo, libre comercio; proteccionismo nuevamente, luego libre comercio, etc. Y a pesar de esas diferencias, ninguna anula a la otra. Así como en el capitalismo el *valor de uso* no anula el *valor de cambio* ni el *valor de cambio* anula el *valor de uso*, sino que ambos cabalgan el flujo de la riqueza y de las mercancías en el capitalismo. Cuando el proteccionismo predomina sobre el libre comercio, hay aspectos del libre comercio y del espacio planetario que se mantienen. Y en los momentos del libre comercio, si bien predomina el espacio planetario como escenario de la acumulación del capital, hay una presencia de los Estados nacionales como los espacios de regulación cultural de la fuerza de trabajo, de disciplinamiento social, de cohesión, castigo y adecuación moral de los dominados hacia los dominantes vía políticas estatales.

Entonces, el proteccionismo se presenta como la territorialidad delimitada de derechos. El proteccionismo habla de anclar el espacio nacional, el Estado nación, como el espacio de la constitución de los derechos frente a otros espacios nacionales de derechos. En tanto que el libre mercado habrá de buscar al universo, al mundo entero, a la geografía planetaria entera, como un espacio de homogeneización planetaria de oportunidades y realizaciones.

Gráfico 2. Proteccionismo y libre comercio

Fuente: Elaboración en base a datos disponibles.

Cada una de estas narrativas tiene una utopía que, al final, resulta fallida. La lectura proteccionista del espacio concibe al mundo como una suma de espacios nacionales, uno al lado del otro y, entonces, el mundo capitalista será la articulación negociada de las relaciones de estos sujetos llamados Estados nacionales. La globalización en el proteccionismo vendría a ser, entonces, un resultado flexible y contingente de los acuerdos establecidos entre estos espacios nacionales estatales. Se trata de una utopía fallida porque, en realidad, por la naturaleza misma de la mercancía cuyo espacio de intercambiabilidad es planetario hay un conjunto de relaciones económicas que se han ido construyendo al margen de los Estados, por encima de los Estados, como el patrón de intercambiabilidad mundial; la plata en los siglos XVII y XVIII; la libra en el siglo XIX, el oro y el dólar en el siglo XX; o la lógica de los mercados financieros, la división del trabajo y el eslabonamiento de las cadenas productivas, etcétera.

Por su parte, la utopía liberal o neoliberal imagina al mundo como un espacio mundial homogéneo donde todos somos aparentemente iguales; donde ya no existen barreras ni reductos culturales que diferencien a los países y donde todos somos consumidores o productores, o empresarios, o emprendedores sin diferencia alguna. Pero esta utopía también resultará fallida porque, hasta hoy, la sociedad moderna no conoce otra manera de construcción simbólica del mundo con capacidad de hegemonía cultural duradera que no sea la de la adhesión territorial y la agregación política territorial de los Estados. Y es alrededor de este hecho de fondo que cualquier globalización irá diferenciando territorialmente bienes, oportunidades, recursos y jerarquías que desdibujan la homogeneidad imaginada y la develan como un espacio escindido, jerarquizado y dividido territorialmente.

Una variante izquierdista de este utopismo globalizador es la teoría de Michael Hardt y Toni Negri (2002) sobre el imperio. En el fondo es una extrapolación de la lógica liberal, de la homogeneización del espacio, llevada hasta el extremo. Conciben al mundo como un espacio único donde ya no existe ni centro ni periferia, porque en el antiguo centro, dicen ellos, hay también periferia. Es decir, en Nueva York, en París o en Londres se halla también la periferia, la miseria de la periferia. Y en la antigua periferia (Bolivia, Brasil, Singapur, México, Filipinas, Sudán y otros) también hay pedazos del centro. Así, el mundo habría encontrado un espacio de homogeneización que ya no tiene centro, porque el centro está en todas partes, y la periferia está en todas partes; y entonces la posibilidad de imaginar a los sujetos, a los territorios de emancipación, a la multitud carecería de referencia o anclaje espacial, pues estarían todos en todas partes y por encima de sus antiguas pertenecias y referencias clasistas, nacionales e identitarias.

Lo erróneo de esta sofisticada construcción mental es que las actuales luchas en el "Imperio", en plena globalización, en Europa, América Latina y Estados Unidos ni por un instante han perdido su referencia territorial, nacional, ni han eludido como objeto de interpelación y movilización las estructuras estatales de dominio. Grecia, Nueva York, La Paz, San Pablo, Buenos Aires, Madrid, como emblemas de las sublevaciones del nuevo siglo, no lo han hecho contra una "nube" imperial que está en todas partes; lo han hecho enfrentando determinadas políticas de gobiernos territoriales; desobedeciendo determinadas acciones de instituciones y mandantes territoriales. Y, lo irremediable, lo han hecho evocando memorias históricas territorialmente ancladas; articulando símbolos y referentes movilizadores de eficacia territorial; y el horizonte de esperanza gatillado ha sido en torno a nuevas formas de democratización social en el territorio delimitado estatalmente y articulando sujetos sociales con ese fin de decisión territorial.

Y no se puede argüir que la "multitud" actúa de manera equivocada o que apela, melancólica e inútilmente, a viejas formas (territoriales) en un mundo finalmente desterritorializado, porque estaríamos recayendo en las añejas e impotentes argucias de los "reformadores" de academia que, ante la incongruencia de sus especulaciones con respecto a la realidad, consideraban que era la realidad la que se había extraviado y que, tarde o temprano, esa realidad se iba a adecuar a la "brillante" teoría.

Es que la utopía globalizadora de los defensores del libre comercio en realidad es una farsa, una ilusión que solo ha servido para legitimar las profundas diferencias, jerarquías y dominaciones territorialmente organizadas que se han intensificado durante el periodo de oro de la llamada globalización.

Veamos algunos datos.

3. Los abismos espaciales de la riqueza y el poder en la globalización

Al ver los datos de la densificación geográfica, de las inversiones de capital, de los flujos monetarios, de la densificación geográfica del transporte, de los conocimientos y de las tecnologías lo que se percibe inmediatamente es que las empresas que invierten sus capitales en otras regiones del mundo están en el norte, en Europa y en China[1]. La mayor parte del transporte aéreo mundial está concentrado no solo en el norte, sino en la parte oeste de Asia, en el eje que va del Pacífico al Atlántico en el norte. América Latina, Asia, África, parte de Europa y Asia del Norte y Oceanía quedan más marginadas. Con el transporte de pasajeros pasa lo mismo, los flujos migratorios mundiales van de América Latina hacia Estados Unidos, de África hacia Europa, parte de Europa hacia Estados Unidos, Asia hacia Europa y Estados Unidos. Van de los países pobres a los países ricos, porque hay una geografía planetaria de la riqueza y la pobreza. El 91% de la

---

1. Los datos que se señalan en esta sección y los mapas, imágenes y gráficos que los ilustran se pueden encontrar en *El Atlas Geopolítico 2010 de Le Monde Diplomatique* (VV. AA., 2009).

Imagen 1

China
Hong-Kong
Holanda
Alemania
UE (27)
R.-Unido
Bélgica
Francia
España
Canadá
Estados
Unidos

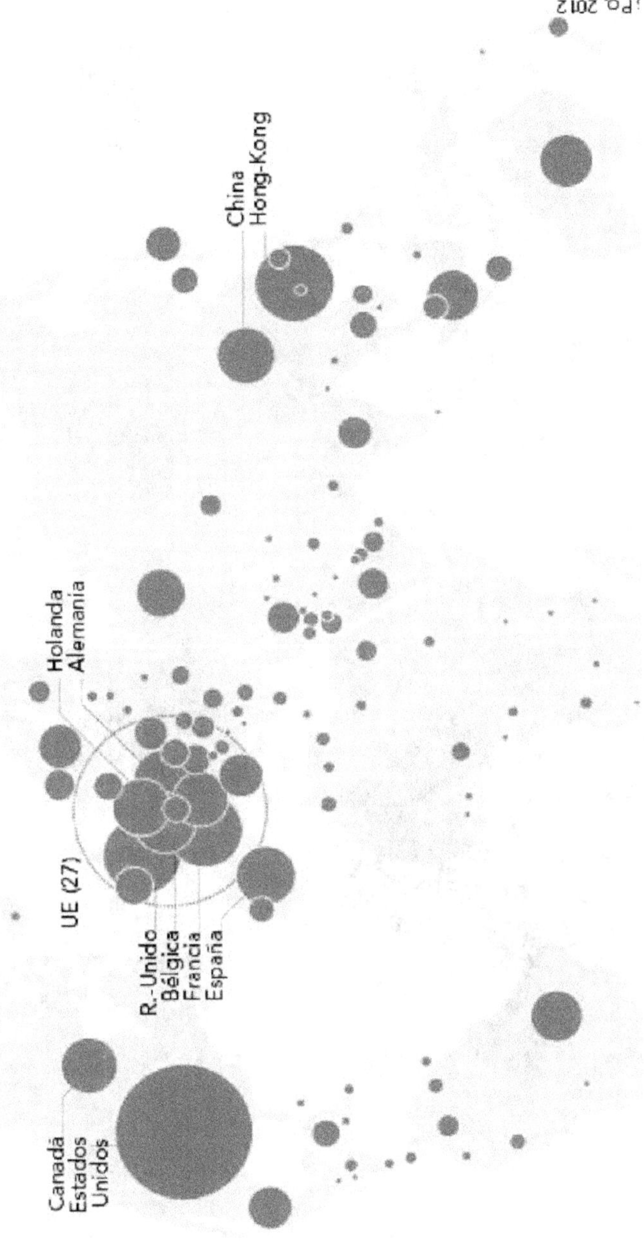

Imagen 2

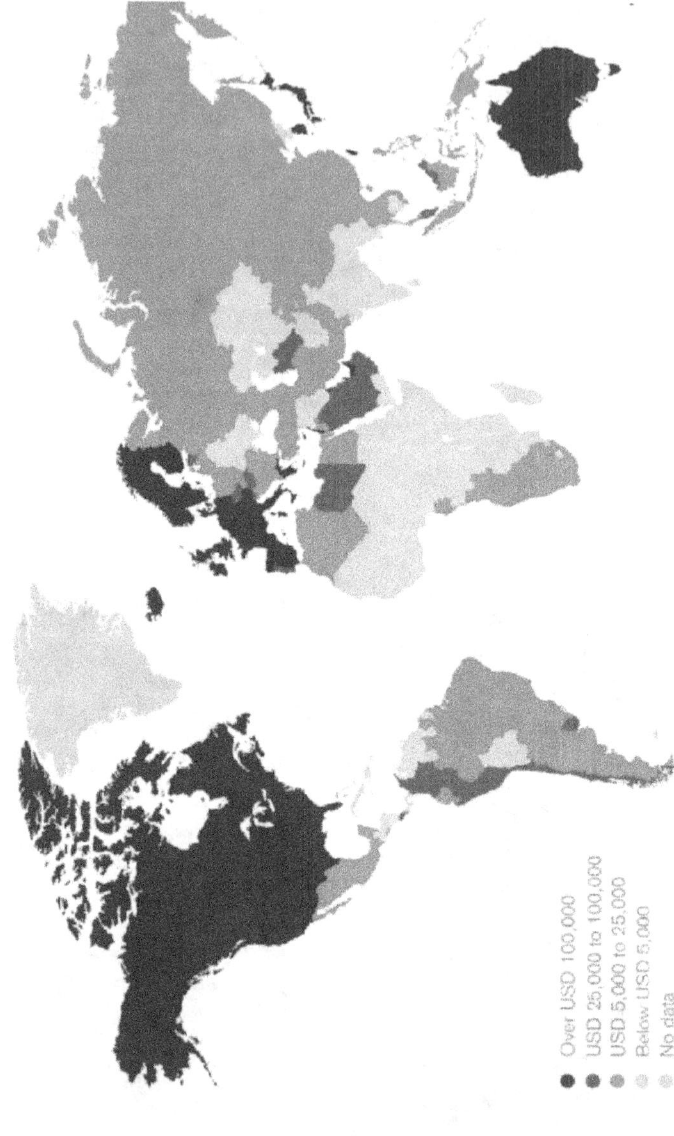

Fuente: *The Global Wealth Report 2016*. Credit Suisse[3].

Imagen 3

Taller de Cartografía de Sciences Po, 2012
Asia
2 464
CEI
Europa
3 998
Unión Europea
3 365
Oriente Medio
África
América del Norte
956
América del Sur y Central
148
Por motivos de legibilidad, el comercio interregional se representa mediante discos, si no, las flechas tendrían el tamaño siguiente:
Europa
Unión Europea
Asia
América del Sur y Central
América del Norte
Oriente Medio
Comercio de mercancías
(en miles de millones de dólares)
intrarregional (superficie de los discos)
interregional (espesor de las líneas)
Se han representado solo los valores superiores a 20.000 millones de dólares.
Fuente: Organización Mundial del Comercio (OMC), International Trade Statistics 2011, www.wto.org

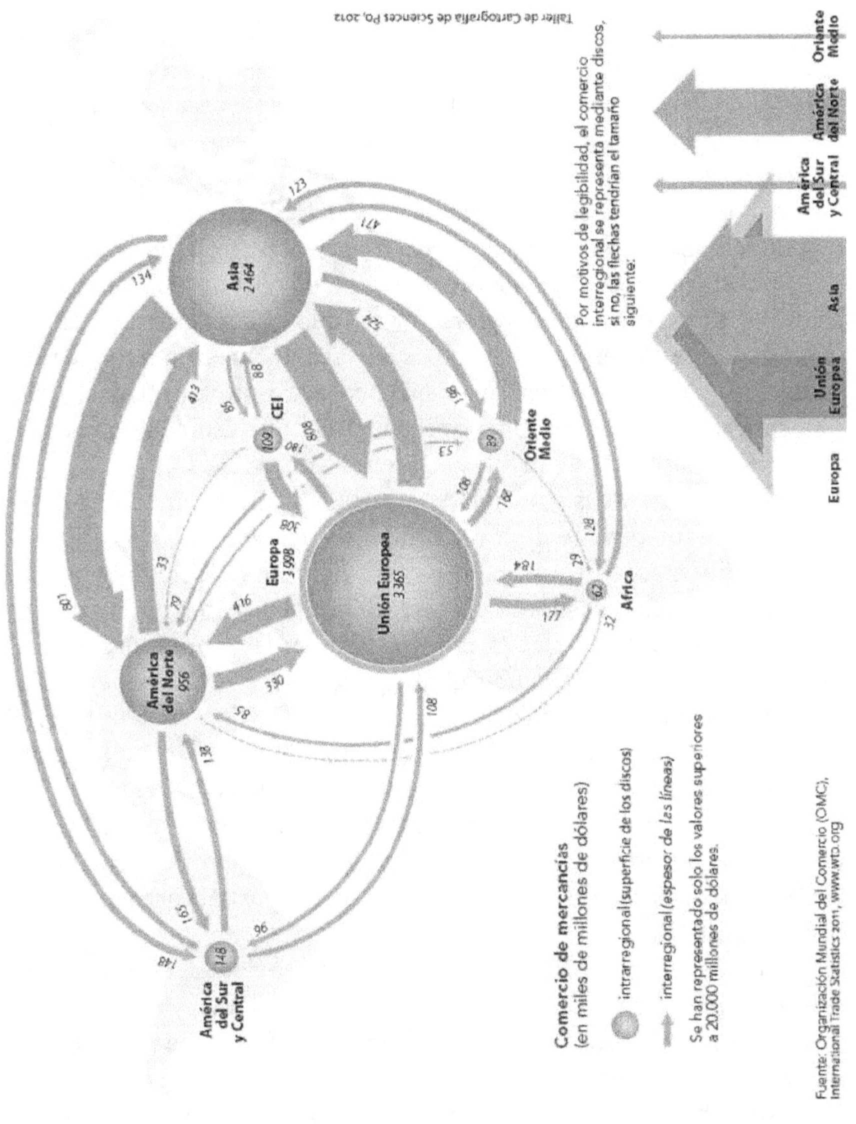

riqueza concentrada en los países más ricos, 6% de la riqueza en los países intermedios, 1% de la riqueza de los países de ingresos medios y el 0,07% de la riqueza en los países más pobres que son la mayoría. La riqueza y la pobreza también tienen una dimensión geográfica. No estamos ante una homogeneización de los recursos, de las tecnologías, de las riquezas, como imagina la utopía liberal y como en cierta medida imagina también la versión más izquierdista, posmoderna, de esa interpretación.

Si consideramos el transporte de residuos atómicos del mundo, Estados Unidos es el mayor productor, pero los países que recepcionan más residuos están en el sur. Si vemos el mapa de los horizontes de posibilidades de la juventud, los países europeos están súper inflados, África está súper achicada y en muchos lugares del Sur Global es imposible pensar en un lugar de desarrollo, de bienestar para ellos.

Si observamos la distribución de la inversión en presupuesto militar, tenemos un sur carente de inversión en tecnología militar y un norte con una gigantesca inversión en tecnología militar. Ustedes saben, la inversión en presupuesto militar no solo produce armas, sino también tecnología de punta que luego es apropiada por las empresas civiles. El internet fue una herramienta militar que después se ha convertido en herramienta civil. Y muchas otras, como las tecnologías que utilizamos en los celulares o en los televisores vienen de la ingeniería militar que luego son recicladas y reutilizadas para el consumo civil.

El comercio mundial está concentrado en Europa, Estados Unidos y China. De hecho, este flujo (Norteamérica, Europa, Asia –se incluye a Japón, China, Corea del Sur, Singapur, entre otros) absorbe el 70% del comercio mundial.

En lo que se refiere a la transferencia neta de deuda, esta resulta de comparar el dinero recibido como crédito por un país y el dinero que sale de ese país en concepto de pago de intereses y de deuda. Lo que lleva a que, cuando anualmente sale más dinero de un país que el que recibe de crédito, hablemos de un saldo negativo; y el saldo negativo es para América Latina, para África, para Medio Oriente, para los antiguos países socialistas de Europa Oriental, para India y para Australia.

Imagen 4. Presupuesto de la investigación militar del G8

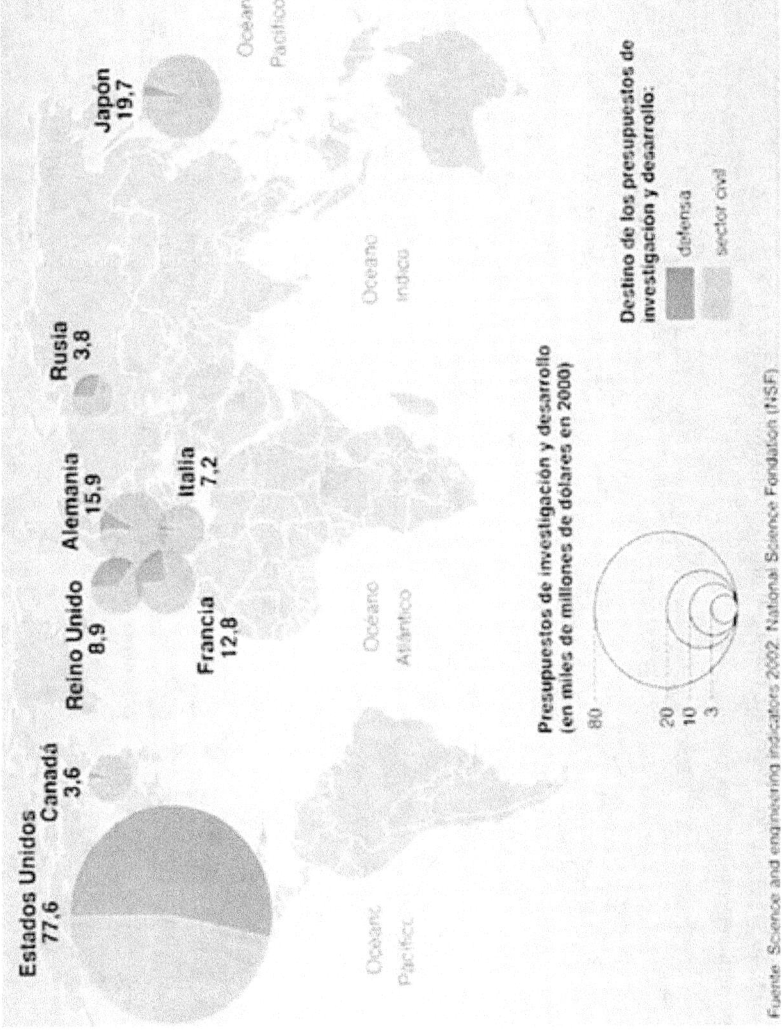

Imagen 5. Población y Producto Nacional Bruto (PNB) comparados en las principales regiones del mundo

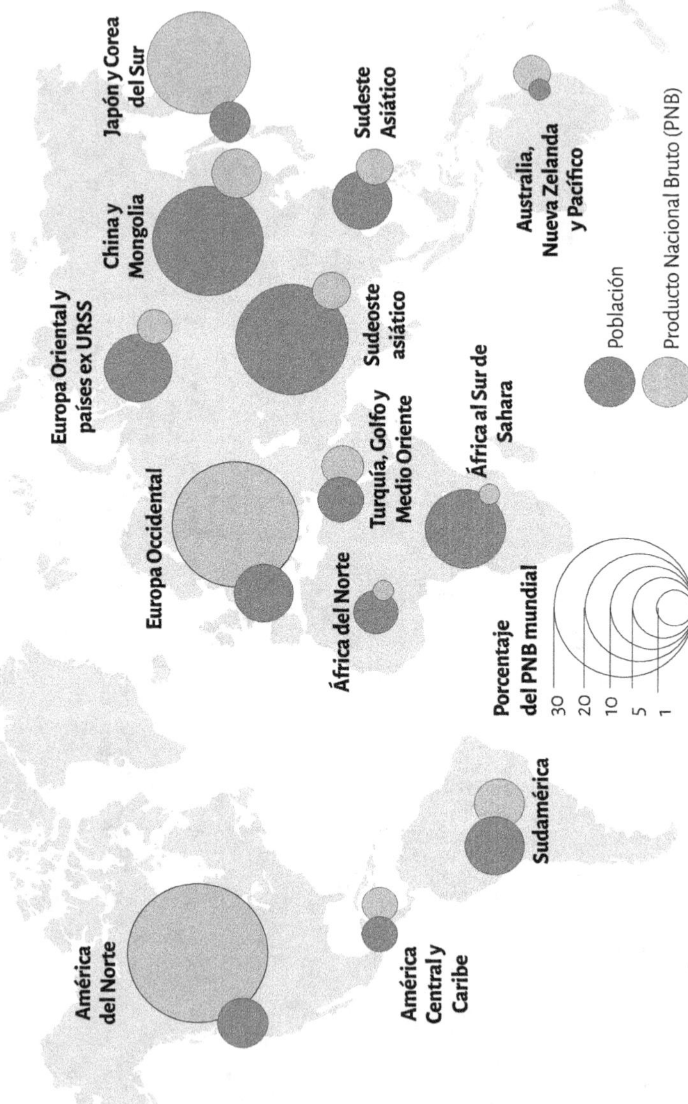

Por último, veamos la relación entre el Producto Nacional Bruto respecto a la población. En el mapa, los lugares en los que el círculo del PNB es más grande que el círculo de la población, tenemos la existencia de condiciones para la satisfacción de condiciones materiales básicas de la población. Y ello solo sucede en el norte (Estados Unidos, Canadá, Europa y Japón). En América Latina, el círculo de la población está por encima del que corresponde al círculo del Producto Interno Bruto; en África está desproporción es aún mayor, al igual que en el sudoeste asiático y China.

¿Qué muestran estos datos? Que la geografía planetaria de la globalización no es homogénea. Que esa es una ilusión. Lo que ha hecho el liberalismo es reproducir e intensificar una distribución geográfica ultra jerarquizada de la riqueza, de las tecnologías, de los poderes financieros, de los poderes militares, del comercio, del transporte y del consumo. Así como el mundo no es una suma de Estados nacionales, porque hay una dimensión transestatal de relaciones económicas, tampoco es un espacio plano y uniforme de recursos y oportunidades.

Hay, pues, una distribución geográfica de las riquezas y las pobrezas; hay segregación geográfica de las tecnologías y los conocimientos; hay jerarquización de unas geografías relevantes sobre otras. Y esto posee tal dimensión que, en ciertas circunstancias, tiene la función de un bucle. Es decir, que se retroalimenta: en cierto nivel de riqueza, esa riqueza ha de convocar a más riqueza, y esa nueva riqueza a mucha más riqueza. Y en cierto nivel de pobreza, esa pobreza ha de convocar a más pobreza. Pareciera ser que el mundo, en ciertas circunstancias, funcionara con cierto automatismo en cuanto a la concentración territorial de oportunidades y a la carencia material de recursos, de oportunidades, de riquezas, de tecnología y de comercio.

4. La organización espacial del capitalismo: la crisis del neoliberalismo

La segunda hipótesis que manejo hoy es que el ciclo neoliberal ha entrado en crisis. Es un momento de transición histórica. Mi hipótesis se basa en tres datos específicos: primero, la salida de Inglaterra de la Unión

Europea (el *Brexit*), lo que significa un retraimiento de Gran Bretaña hacia el mercado interior, desprendiéndose de este esfuerzo de crear un único espacio comercial europeo.

El segundo dato es que por segundo año consecutivo (2015 y 2016), el comercio mundial ya no ha crecido a la misma velocidad a la que lo hacía anteriormente. Antes, los últimos cinco años, el comercio crecía entre el 50 y el 100% por encima del crecimiento de la economía real de la producción. Los últimos dos años el comercio se ha estancado y ha crecido menos que la propia economía real, es decir, los mercados han encontrado un freno en estos dos últimos años mostrando que hemos llegado a un momento de transición, de crisis de la lógica de la acumulación y de la circulación de las mercancías en el mundo que había predominado los últimos 30 años de libre comercio.

Y el tercer dato es el triunfo de Donald Trump en Estados Unidos que, de manera abierta, ha establecido una política proteccionista para Norteamérica, a contramarcha del decálogo neoliberal que había caracterizado a sus predecesores desde Ronald Reagan en 1980. Trump ha retirado a Estados Unidos del Acuerdo Transpacífico de Cooperación Económica que pretendía unir en la lógica del libre comercio a todas las economías que acordonan el océano Pacifico. Está renegociando el Tratado de Libre Comercio con México y Canadá, recortando lo más que se pueda las facilidades a las exportaciones de sus vecinos amigos; ha amenazado a las empresas norteamericanas que quieran deslocalizar sus industrias a otros países con salarios más bajos. Y ha de construir un largo y amenazante muro en su frontera sur para impedir que los latinos "quiten" puestos de trabajo a los norteamericanos.

Estamos, por tanto, ante un conjunto de agresivas políticas proteccionistas que quiebran la antigua narrativa neoliberal con la que Reagan y la primera ministra del Reino Unido, Margaret Thatcher, inundaron el mundo y que anunciaban que el libre mercado no solo era la salvación del mundo sino el destino final de toda la humanidad. Y ahora, cuando casi todos se habían creído el cuento del "fin de la Historia" resulta que quienes inventaron ese cuento, Estados Unidos e Inglaterra, le dicen al mundo que la historia no acaba con la globalización y que ahora es mejor proteger el mercado nacional. Paradójicamente, quienes ahora defienden con gran esmero el libre comercio son los comunistas de China.

A esto se lo puede llamar el fin de la utopía política neoliberal. No es que la globalización económica vaya de desaparecer. Los flujos comerciales, los mercados financieros habrán de mantenerse, quizás más lentos, quizá más recortados, pero el espacio planetario como escenario de la realización del dinero habrá de continuar. Sin embargo, lo que sí ha muerto es la ideología de la globalización; lo que sí se ha derrumbado es la ideología, la farsa, la ilusión de que el libre comercio mundial era el destino final de la humanidad (Fukuyama, 1992).

Una vez derrotada la Unión Soviética como opción social, ¿qué le quedaba al mundo? Neoliberalismo, libre comercio, globalización, privatizar. Ese fue el discurso que difundían los partidos políticos, los medios de comunicación, los centros de investigación, los comentaristas, los izquierdistas arrepentidos, el sentido común de la sociedad. Hoy Trump, el *Brexit*, la caída del comercio mundial y el regreso de políticas proteccionistas muestran que la globalización neoliberal, como ideología política, ha muerto.

No es el fin de la globalización de mercados ni de la globalización de los flujos comerciales, no, es una ralentización de eso; pero, sí es la muerte de la ideología, de la utopía, del proyecto político.

Lo que queda es una incertidumbre general, un extravió, una saludable y liberadora pérdida del sentido único de la historia. Liberadora porque la ideología globalizadora imponía la impotencia social, la resignación ante el "ineluctable destino". Hoy no hay destino, por tanto, lo que vaya a suceder ha de depender de lo que la sociedad misma haga, lo que su desesperación o sus esperanzas renacidas lo permitan. Finalizado el "fin de la Historia", la historia vuelve a recomenzar.

Es, por ello, un excepcional momento de transición, es un momento de "incertidumbre caótica", a decir de Wallerstein (2009). Es un momento de reacomodo de las ideologías, de los proyectos políticos, es decir, de la disputa por el monopolio de la administración de las esperanzas. Pero también es un momento de reacomodo de la función geográfica de la acumulación capitalista, ha de haber un reacomodo del uso de la geografía en función de la acumulación; ha de haber un reacomodo de la prioridad, de la importancia de los distintos espacios geográficos en la nueva ruta que tomará en adelante la acumulación capitalista, y, por supuesto, ha de haber una intensificación de los desequilibrios, de las desigualdades territoriales, de las desigualdades geográficas en cuanto a riqueza, a tecnología, a comercio y en cuanto a oportunidades.

Conclusiones y reflexiones de futuro

Ahora, la pregunta que uno se hace es: ¿cómo ha de afectar todo esto a la geografía de las resistencias sociales? Porque también la resistencia tiene una dimensión geográfica. No es que la geografía genere la resistencia, es la sociedad la que genera resistencia, pero la geografía potencia las resistencias. La geografía, la composición geográfica de un país, de una región, la composición geográfica natural, geológica de una región favorece y potencia las acciones colectivas.

Pongo un ejemplo, aquí en Bolivia, el caso del movimiento campesino cocalero del Chapare, de donde viene el Presidente Evo, fue la estructura social más movilizada que se enfrentó al neoliberalismo. Pero ¿hubiera tenido el mismo nivel de presión el movimiento cocalero si hubiera estado ubicado en el norte de Beni? Evidentemente, no. ¿Por qué? Porque ese espacio geográfico, donde está el movimiento cocalero, es el lugar donde se intercomunican los flujos entre Santa Cruz, que es una región económicamente más pujante, con los mercados departamentales e internacionales. Las principales exportaciones e importaciones del país pasaban por el Chapare. Entonces, la capacidad de movilización social en esta región devenía inmediatamente en una capacidad de presión económica que seguidamente, por la fuerza económica de la geografía, convertía al movimiento campesino cocalero en un movimiento de gravitación e irradiación nacional. Ahí la geografía convirtió la fuerza social en poderío político nacional.

Este lugar geográfico, esta disposición geográfica, hizo de un movimiento campesino muy bien organizado, muy bien disciplinado, un movimiento con una capacidad efectiva de presión y de veto económico sobre la economía neoliberal. Ahí no fue la geografía la que dio lugar al movimiento social, sino que fue el movimiento social el que se potenció con la cualidad de la geografía.

Lo mismo ha de suceder en el mundo. La geografía de la resistencia planetaria al neoliberalismo, la geografía de los movimientos sociales, la disposición territorial de los movimientos sociales habrá de tener en la geografía lugares que lo potencien o lugares que lo debiliten. Y ahí recojo finalmente la frase de Marx que decía: "Es natural que en las extremidades del cuerpo burgués se produzcan estallidos violentos, antes que en el corazón, pues aquí la posibilidad de compensación es mayor que allí" (Marx, K. 1979). Entonces, si fuera cierta esta hipótesis, todavía por un tiempo, los lugares, y de hecho así ha sucedido en América Latina, en la anterior década, los lugares donde hay mayor posibilidad, no obligatoriedad, mayores posibilidades de ruptura de los sistemas de dominación estatales, nacionales han de ser en primer lugar en las "extremidades del cuerpo capitalista". Aunque eso tiene también una contraparte: no necesariamente la miseria y la pobreza generan rebeldía. Muchas veces, la miseria y la pobreza de las zonas de las extremidades, de las zonas marginales del cuerpo planetario capitalista, muchas veces eso puede generar tolerancias, aceptaciones y resignaciones a la miseria y a la pobreza.

La clave debe consistir en una combinación de dificultades del cuerpo capitalista para compensar territorialmente sus problemas de acumulación económica con historia, acumulación de historia local, de luchas locales con horizonte, con creencia, con esperanza. Nadie lucha solamente porque es pobre. El pobre ha de luchar en la medida en que cree que su lucha puede ser exitosa, es decir, ha de luchar también porque tiene una esperanza, porque se aferra a una idea movilizadora y unificadora. Esperanza más historia de organización, más disposición geográfica puede ser una fórmula que habilite espacios de mayor resistencia y de mayor lucha frente a la lógica de la acumulación.

2. Identidad boliviana. La indianización de Bolivia*

Nación, mestizaje y plurinacionalidad

El punto de partida de la *conciencia de sí* de cualquier ser humano es su identidad. Ya sea que nos identifiquemos con un nombre, una ubicación geográfica, una colectividad laboral, histórica, etc., la identidad es nuestra afirmación *en* y *hacia* el mundo. Es ella la que nos da las coordenadas que utilizamos para enraizarnos en un devenir y distinguirnos de otros (devenires); pero claramente esas coordenadas no son filiaciones de carácter natural, sino procesos de significación social construidos a lo largo del tiempo, que pueden ser inferidos o de filiación consciente. En la vida cotidiana, cuando abordamos a personas desconocidas al momento de hacer un trámite institucional o de reafirmar fidelidades sociales ante colectivos mayores, cada uno de nosotros busca, para identificarse, transmitir una pertenencia que puede ser de carácter familiar, laboral, geográfico, religioso, lingüístico, ideológico, etc., que, en todo caso, le permiten a uno y a su interlocutor ubicarse en su singularidad social o pertenencia territorial. Dependiendo del contexto, cada ser humano en su interrelación con el resto afirma constantemente lo más relevante de lo que considera que es y de lo que cree que es la otra persona; y al hacerlo, a su vez, está también diferenciándose de otros y diferenciando a otros de sí mismo.

---

* Este capítulo se basa en la versión preliminar de García Linera, Á. (2013, 11 de octubre). Alocución al recibir la distinción de doctor *honoris causa* por la Universidad Nacional de Quilmes, Argentina.

Identidad relacional y alteridad

La identidad es por consiguiente una afirmación categórica del ser en el mundo, que puede ser delegada por otros o buscada por uno mismo, y que a tiempo de definir la característica del ser, también lo diferencia o distingue de otros seres. Por ejemplo, si en términos de referencia de origen territorial de nacimiento soy de La Paz, entonces, aunque posteriormente resida en Cochabamba, no soy de Cochabamba; lo mismo, si soy de Santa Cruz, no soy de Oruro. Pero uno también se afirma o identifica en tanto se distancia o diferencia; es como si la autoconciencia solo pudiera operar como conciencia de la diferencia, es decir que la conciencia de uno en el mundo es la conciencia de su diferencia en él.

Toda identidad es una pertenencia que hereda el devenir histórico de su correspondiente referencia social; y, en ese sentido, es una caracterización, es la lealtad a un contenido definido. Pero a la vez la identidad es un contenido, una referencia o fidelidad que es diferente a otros contenidos, ubicaciones sociales o herencias, frente a las cuales la identidad elegida u obtenida diverge y busca diferenciarse. No existe pertenencia sin diferencia, ni lealtad sin oposición; de la misma forma, no existe identidad sin alteridad. La adecuación gradual del *ser* a esta posición asumida, de las expectativas y disposiciones con las que se entablan las interrelaciones, o "sentido de la posición de uno" del que nos habla Goffman (2001), será precisamente la adecuación representada del cuerpo de la posición ocupada por el cuerpo en el espacio social.

Sin embargo, así como una persona se identifica de cierta manera en un contexto definido, con seguridad en otro buscará realzar otro tipo de lealtad o pertenencia, y probablemente realice estos cambios identitarios varias veces al día. Igualmente, cuando en un ambiente otros le asignan a uno un tipo de identidad, es probable que en otro, a esa misma persona, se le asigne otro tipo de identidad referido también a otro tema. Así, por ejemplo, si en un ambiente de diálogo sobre pertenencias territoriales locales, una persona exacerba su diferencia con sus interlocutores para valorar su procedencia territorial frente a la pertenencia territorial de los otros, es posible que en la misma charla o en otra inmediatamente posterior, la misma persona deje de lado su referente territorial local para esgrimir con vehemencia su pertenencia laboral y así encontrar en esta nueva referencia una unidad identitaria con aquellas personas con las que inicialmente había destacado más bien su diferencia y distancia. Obrero, campesino, profesional, chofer o comerciante hablan ya de otras dimensiones de las identidades; por lo tanto, las personas pueden, bajo cierta circunstancia, afirmarse con su identidad regional, bajo otra reafirmar su identidad laboral, en otro contexto usar su identidad deportiva, lingüística o religiosa, etcétera.

De estas experiencias cotidianas identitarias se deduce, en primer lugar, que toda identidad es contingente, es decir, es relacional porque depende del contexto en el que las personas interactúan y del tipo de flujos comunicacionales que se ponen en juego. Cada persona –y no otras distintas a ella– es la que, dependiendo del contexto, hace salir y destacar un tipo específico de identidad; en ese sentido, decimos que las identidades son *situacionales* y tienen un alto margen de contingencia porque dependen del entorno en el que los sujetos se desenvuelven. De la misma manera, cada persona es portadora de múltiples fidelidades o de varias identidades no contradictorias entre sí, que afloran o son reivindicadas dependiendo de las circunstancias en las que los sujetos desenvuelven su interrelación con los otros. En general, un ser humano es una construcción permanente de identidades y diferencias constitutivas de su ser. Varias de esas identidades son buscadas deliberadamente como parte de un esfuerzo por ser ello, por lo que podemos hablar de *identidades asumidas*. En tanto que, si las identidades son las que uno recibe sin posibilidad de elección, como herencia, asignación o estigma, entonces hablamos de *identidades designadas* o *delegadas* por otros, frente a los cuales, independientemente de lo que se haga o deje de hacer, difícilmente se pueden evadir. Por ejemplo, el lugar de nacimiento es una pertenencia heredada que con el tiempo adquiere una función identitaria de la que no es posible desligarse. Por otro lado, existen también identidades fuertes, de clase social o pertenencia étnica-nacional, que muchas veces son asignadas por otros a través del flujo de la interrelación social. Por ejemplo, la identidad indígena es una identidad externamente asignada a las numerosas naciones invadidas en el siglo XV y que, al momento de clasificar tributariamente a la población originaria del continente, devino con el tiempo en una identidad delegada con la que se diferenciaba a las clases dominadas de las dominantes.

El anterior ejemplo también nos permite apreciar otras de las características relacionales de las identidades. Es así como estas pueden mutar de *asumidas* a *asignadas*, y viceversa. La identidad "indio", utilizada por los invasores para tratar de manera indiferenciada a los centenares de naciones indígenas, es una identidad *delegada* que con el tiempo fue *autoasumida* por el movimiento político de emancipación de las naciones originarias como una bandera de liberación. Bajo la consigna "como indios nos dominaron, como indios nos liberaremos", el Movimiento Indianista le dio otro contenido al concepto de indianidad, que de categoría de subordinación se volvió en identidad emancipadora anticolonial. Por consiguiente, no existen identidades cerradas de manera absoluta, y asimismo la significancia de cada identidad es también relacional, flexible y está en permanentemente resignificación. Como caso opuesto a nuestro anterior ejemplo tenemos al "cunumi", que según los cronistas del siglo XVI y XVII representó una manera de designar a los jóvenes guerreros entre los guaraníes que habitaban el Chaco (Saignes, 2007). Ya en la República, y hasta hace poco, fue una categoría que se usó para designar de manera despectiva y discriminatoria a la gente indígena del campo, de bajos recursos, en la región del oriente boliviano.

Tenemos entonces que las funciones de la identidad son ubicar, asignar, asumir, agrupar, diferenciar, clasificar; y al realizarlas inevitablemente jerarquiza, ubica a las personas y a las colectividades al interior de las líneas de fuerzas sociales desplegadas en cada momento histórico. Toda clasificación social es una especie de ubicación en el espacio social, y como este está jerarquizado porque es una trama de relaciones sociales y de relaciones de fuerzas sociales, entonces toda clasificación social –incluida la identidad– es una jerarquización, una relación de fuerza social que interviene en las luchas de esa trama social. Por ello, identificarse es una manera de valorarse a sí mismo y a la vez –sin necesidad de desearlo– de valorizar o desvalorizar a otros. Las identidades, en mayor o menor grado, tienen un efecto de permanente jerarquización y disputa en el espacio social.

Autoidentificarse es ubicarse agrupándose con unos en algún lugar del espacio social y diferenciándose de otros, creando en el acto un efecto de *peso gravitacional* en el espacio, que a corto o mediano plazo afectará la posición de todos. No se puede ser algo sin unir a unos y a la vez separar a otros –desplazar a otros–, es decir, sin modificar constantemente la posición de unos y otros, y a la larga de todos.

De ahí que se puede establecer que toda identidad es, por un lado, una relación social de fuerzas, una construcción nunca acabada, siempre modificándose en el tiempo en función de las circunstancias; y por otro, un movimiento colectivo que, sin necesidad de desearlo o planificarlo, influye en el contenido, la arquitectura y las relaciones entre las posiciones de las personas y otras identidades dentro del espacio social. Cuando el movimiento de la identidad asume, a través de portavoces, una planificación pública de visibilización, de acción colectiva y efecto organizado en la correlación de fuerzas del espacio social, puede materializarse como movimiento u organización social permanente. Hablamos entonces de una *identidad movilizada*[1], cuyo efecto social en capacidad de movilización, duración e institucionalización dependerá de la cualidad de la identidad, en particular de lo que puede denominarse como *"densidad identitaria"*, esto es de la fuerza performativa del discurso aglutinante, de su capacidad de persistir en el tiempo, institucionalizar y territorializar el efecto de sus acciones, etcétera.

Finalmente, las identidades pueden ser diferenciadas por su funcionalidad, entre identidades "verticales", "horizontales", "flexibles", y con distinto grado de "densidad".

Cuando una identidad es del mismo *género o naturaleza*, lo más probable es que haya una relación unívoca entre sujeto e identidad asumida, de tal forma que simultáneamente se excluye la adhesión a cualquier otra identidad de igual género. Las identidades del mismo género afirman al mismo tiempo que diferencian del resto de las identidades, y en ese sentido son *identidades "verticales"*: si hemos nacido en La Paz, no lo hemos hecho en Potosí; si somos de un país, no somos de otros; si somos

---

1. Sobre la diferencia entre identidades teóricas o estadísticas e identidades movilizadas, como las clases sociales, ver "¿Cómo se hace una clase social? Sobre la existencia teórica y práctica de los grupos" (Bourdieu, 2000).

de un barrio, no pertenecemos a otros –por más que en algún momento hayamos pasado por ellos–, etc. Aquí la afirmación identitaria opera como negación del resto de identidades semejantes. Con todo, esta diferenciación activa de una identidad no impide que se muestren sus características flexibles. Hoy, una persona puede identificarse como estudiante y movilizarse en torno a esa adhesión, pero posiblemente de aquí a unos años, una vez que se convierta en profesor, arquitecto, ingeniero, agrónomo, comerciante, transportista, chofer, etc., acudirá a las convocatorias de esas nuevas identidades colectivas, dejando de lado ya la de estudiante.

Las identidades nunca son rígidas; al contrario, son flexibles y su grado de maleabilidad depende del desarrollo de las actividades del sujeto o de la colectividad. A estos grados de flexibilidad que tiene la identidad podemos denominarle *consistencia identitaria*; en el caso de identidades más laxas, su consistencia es más débil, mientras que, si las identidades son más rígidas, su consistencia es más sólida; en todo caso, toda identidad tiene cierto grado de flexibilidad.

Sin embargo, así como hay identidades que obligatoriamente descartan a otras, también existen las que pueden atravesarlas sin afectar los sistemas organizativos y justificativos de las fidelidades personales y colectivas; estas son las identidades *"transversales"* y por lo general son de cierto género que traspasa horizontalmente a identidades de otra naturaleza. A diferencia de la pertenencia a determinado lugar de origen que descarta otros lugares (efecto de verticalidad), una identidad de otra naturaleza, por ejemplo, laboral, puede atravesar sin ningún problema a las identidades territoriales. Si las personas se diferencian porque unas nacieron en Pando y otras en Tarija, Beni, etc., la identidad campesina, obrera o lingüística puede fácilmente atravesar las identidades de origen: uno puede identificarse como obrero, independientemente si es de Pando, Oruro, Santa Cruz, etc., y posiblemente, en distintas circunstancias, esa identidad puede sobreponerse al resto de las que porta el sujeto o el colectivo, dando lugar a un tipo de identidad organizadora y dirigente. En ese caso estamos ante *identidades primordiales*, que por lo general funcionan como fidelidades organizadoras y dirigentes del resto de las identidades de la persona o colectivo social. Aunque está claro también que las *identidades secundarias* aportan particularidades y especificidades locales e históricas a la *identidad primordial*. En cierta medida, estas *identidades secundarias* son el soporte histórico de la singularidad de la *identidad primordial*.

Por otro lado, las identidades pueden sumarse cuando no son de la misma naturaleza o género. Una persona puede identificarse militantemente con su región, acudir a las reuniones, participar en las convocatorias, desfiles cívicos, defender ante otros oriundos de regiones distintas la fuerza histórica de su provincia, departamento, etc., pero a la vez ser profesor, presentarse públicamente como tal, participar de la vida sindical, acudir a las movilizaciones de su sector; y si además habla por ejemplo algún idioma originario como el aymara o el guaraní, con seguridad podrá defender su bilingüismo ante el resto de vecinos y colegas, todo ello en el marco de una coherencia personal y situacional. Esto significa que existen identidades que pueden sumarse –siempre y cuando no sean de la misma naturaleza–, y al hacerlo enriquecer y complejizar el desempeño para cada una de las *identidades situacionales*. Cuando esto se da hablamos de *identidades compuestas*. En general, las sociedades y los seres humanos somos portadores de este tipo de identidades; por ejemplo, en relación al futbol, cada persona tiene su equipo de adscripción colectiva y diferenciación; en cuanto a la profesión, cada uno reivindica la suya frente a la de los demás, y en ese acto forma un colectivo y agrupa a los otros en colectivos diferenciados; si se trata de una charla sobre regiones, cada quien muestra su fidelidad a su lugar de origen y su trayectoria social, en un espacio probabilístico resultante de esta suma compuesta de las múltiples identidades construidas y heredadas a lo largo del tiempo. Ni el ser humano ni la sociedad tienen una sola identidad, sino varias que se articulan y definen posibles trayectorias sociales. A eso nos referimos cuando hablamos de *identidades compuestas*. Pero la composición identitaria no es la reunión aleatoria y situacionalmente diferenciada de identidades; es así como la *identidad compuesta* es la influencia e interacción connotada de las distintas *identidades situacionales*, en las que cada una deja su sello específico y ayuda al despliegue particular del resto; aunque cada identidad sea gatillada en una circunstancia específica, lo hace con la carga e influencia interna de las otras identidades relevantes.

Si al interior de las identidades compuestas que porta un sujeto individual o colectivo, se presenta una hegemónica, es decir, una identidad con capacidad de articular, organizar coherentemente, sobreponerse e influir de manera orgánica en el resto, estamos frente a una *identidad de cohesión fuerte*.

Una *identidad de cohesión fuerte* es aquella que delimita una presencia territorial de manera exclusiva, como un lugar de derechos y de patrimonio material y simbólico compartido. Asimismo, cuando una identidad crea un sentido de origen y destino, real o imaginario, un lugar de partida, un ancestro, se trata de una *identidad de cohesión fuerte*. Finalmente, cuando una identidad crea un terreno fértil y una narrativa coherente para que se desplieguen, de manera justificada, las otras identidades; es decir, cuando es capaz de agruparlas, ordenarlas, jerarquizarlas y permitir su despliegue, igualmente estamos ante una *identidad de cohesión fuerte*.

Nación y hegemonía histórica

Entonces, cuando una identidad logra unificar estas tres coordenadas constitutivas del sistema de vida social de las personas: territorializar los espacios de derechos colectivos; crear escenarios de bienes comunes compartidos en función de correlaciones de fuerzas; inaugurar una narrativa movilizadora de origen y de destino social capaz de desplegar políticas de hegemonía, estamos ante un tipo de *identidad fuerte* totalizadora de los procesos de construcción del mundo material y simbólico de larga duración de las sociedades que, según su grado de expansión e institucionalización política soberana, recibe el nombre de etnia, nacionalidad o nación.

Por ejemplo, cuando un boliviano viaja a otro país, su identidad primordial ante el resto no se define por su oficio o su región, sino por su pertenencia nacional que es diferente a las de sus interlocutores: dice "soy boliviano", y esa afirmación es inmediatamente georreferenciada por su interlocutor como un espacio terráqueo específico, de exclusividad sobre determinados bienes que pueden ser derechos institucionales, historia, recursos naturales, idioma, héroes, etc. La identidad nacional mueve pues las convicciones más profundas y vitales de los seres porque delimita espacios de certidumbre territorial trascendente, reales o imaginarios, donde se desarrollan sus sistemas de vida, de ellos y de su entorno vital.

Algunos autores afirman que una nación es una comunidad territorial de cultura, lengua e historia; por lo general, esta es la definición clásica que aparece en los diccionarios y libros de consulta, que, si bien ayuda a precisar los componentes materiales e históricos que tiene la relación social denominada *nación*, comete un error decisivo: confunde los productos de largo plazo de la construcción nacional con el núcleo activo de la nación.

Una cosa son los productos de una nación, como el idioma compartido por los connacionales, o el territorio alcanzado para desplegar los sistemas de vida o la economía integrada de sus pobladores. A la larga, todos estos componentes caracterizan a una nación moderna, pero son el producto histórico de su construcción; no son en sí mismos ni la nación ni su punto de partida imprescindible. Pero ¿por qué las definiciones comunes de la nación confunden los productos de largo plazo de la formación nacional con su núcleo activo? Porque las naciones pueden surgir antes de tener un territorio; de hecho, es precisamente la lucha de la identidad nacional la que a la larga dará lugar al territorio como espacio geográfico e histórico de despliegue de los derechos soberanos de la nación. Por lo general, las naciones como esperanza articuladora de voluntades políticas existen antes de su limitación territorial; la conquista del territorio y su defensa son precisamente la realización activa de la fuerza espiritual nacional que anida en la comunidad que se asume como nacional. Recientemente, los casos de Israel o de Palestina muestran ejemplos históricos en los que el territorio soberano es un producto de la *voluntad colectiva*, que justamente lo construye como territorio nacional. No es que en primer lugar se necesita un territorio para que luego se instituya la nación; por el contrario, es la *voluntad nacional* la que inicialmente se despliega geográficamente como territorio soberano, después de una larga lucha asumida como de emancipación nacional. De la misma forma, pueden existir Estados con territorios que no den lugar, de manera inmediata, a naciones, porque pueden fragmentarse, recortarse en otras naciones o Estados, hasta que finalmente con el paso del tiempo se genere lo que podríamos llamar un *isomorfismo social* entre la nación –con sus componentes– y el territorio estatal y sus habitantes. La historia de las naciones latinoamericanas es un ejemplo de ello. En todo caso, el *isomorfismo social* entre nación y territorio es el devenir mismo y no el punto de partida de la nación.

Algo similar sucede con el idioma nacional. Por ejemplo, en el caso europeo, el francés –que es el idioma común de los franceses– no fue el punto de partida de la nación francesa, sino su resultado posterior entre los siglos XVII al XIX. Lo que hoy llamamos Francia era un archipiélago de varios idiomas locales y sistemas políticos fragmentados; el abandono de los otros idiomas locales por uno único fue producto del acceso a derechos en la nación francesa. Está claro, en este caso, que esta última antecedió al idioma francés como idioma nacional.

El renacimiento de la nación vasca, pese a la casi extinción del idioma vasco en el siglo XX; la fundación de una nación como la paraguaya con dos idiomas oficiales de uso común; la división en más de 11 naciones en América Latina, a pesar de tener un solo idioma mayoritario son ejemplos que muestran que no es el idioma lo que hace a una nación, sino la *voluntad nacional* –usando un concepto de Marx (Marx, K. y Engels, 1978)–, que en su marcha crea gradualmente lo que denominamos como idioma nacional.

El caso de Bolivia es más complejo. Cuando nuestro país nació a la vida estatal en 1825, lo hizo con numerosos idiomas indígenas mayoritarios, en tanto que el idioma castellano era hablado solo por una pequeña minoría[2]. Aquí el idioma de la "nación" boliviana no correspondía al idio-

---

2. Herbert Klein sostiene: "Por fin, en 1846 se llevó a cabo el primer censo nacional de Bolivia, a cargo del estadista José María Dalence. Así se descubrió que la población había aumentado constantemente hasta unos 1,4 millones de personas, fuera de unos 700.000 indios dispersos independientes de los llanos del Oriente (...). Dalence calculó con optimismo que en Bolivia solo había 100.000 personas alfabetizadas en castellano, cifra equivalente al 7% de la población censada (...) Bolivia seguía siendo una sociedad predominantemente rural. El 89% de la población vivía fuera de las ciudades y aldeas (...). Aunque no contamos con estadísticas sobre la situación sociolingüística, no puede considerarse una exageración

ma mayoritario de los bolivianos, y tampoco la identidad boliviana era una identidad unificadora de la voluntad de autodeterminación de las poblaciones mayoritarias del país. Es recién en el último medio siglo que el castellano adquiere un uso predominante, e igualmente, la identidad boliviana recién termina de redondearse como identidad nacional-estatal de la mano de las naciones indígenas que asumen el poder del Estado en el siglo XXI. Se podría decir que la geografía boliviana preexistió a la propia identidad nacional, pero en ningún caso fue su fundamento, de otro modo no se explicaría cómo es que esa nación territorialmente constituida pudo permitir la mutilación de más de la mitad de su geografía estatal. En realidad, lo que aquí va a darse será un desencuentro catastrófico entre la naciente geografía estatal heredada y la territorialidad nacional realmente asumida por las oligarquías dominantes entre los siglos XIX y XX. Para ellas, la geografía estatal se presentaba como una *territorialidad formal*, meramente geográfica, potencialmente ocupable, pero no se asumía materialmente o defendía como una geografía imprescindible de la existencia. La nacionalización de la geografía patria o *territorialización real de la geografía*, es decir, su ocupación plena como extensión orgánica e imprescindible de la identidad nacional, en el caso de nuestro país, será un producto reciente de la construcción nacional boliviana, parcialmente a mediados del siglo XX y plenamente a inicios del siglo XXI, a partir de los procesos nacionalizadores liderizados por los sectores indígenas. La *territorialización formal y real* de la geografía estatal tienen que ver con el paso de su posesión legal a su ocupación material y social, o lo que es lo mismo, con el modo en que la sociedad asume la relación orgánica cotidiana y telúrica con la geografía, el modo de concurrencia social en el espacio terráqueo. El territorio nacional es una forma de politización de la geografía, una voluntad colectiva lanzada a asociar, de manera indivisible, el destino común soberano a una extensión determinada del planeta.

En la definición clásica de la nación, el ancestro común determina la constitución nacional de los pueblos. Sin embargo, Estados Unidos,

---

calcular que no llegaba al 20% la parte de la población que era monolingüe o bilingüe castellana" (2008: 140-141).

con su revoltijo de migrantes provenientes de distintas naciones que exterminaron a los únicos pobladores y poseedores ancestrales del territorio, muestra que, a diferencia de lo que sucede en otras experiencias de formación nacional en las que el ancestro ayuda a cohesionar a las identidades, en este caso el "ancestro" es un invento construido posteriormente para afianzar la creencia cohesionadora de una raíz histórica común.

En suma, vemos que no son el idioma ni el territorio, el ancestro común ni la historia, tomados por separado o en conjunto, los que definen por sí mismos a una nación. Cada uno de estos elementos forma parte de ella, de su existencia y formación, pero en tanto territorio nacional, idioma nacional, ancestro nacional, economía nacional, son siempre el resultado de la voluntad y de la construcción nacional que existe previamente a la conquista o nacionalización real de cada uno de ellos.

¿Qué es entonces lo decisivo de la identidad nacional, de esa *identidad de cohesión fuerte* que hemos denominado *nación*? Las naciones son ante todo artefactos político-culturales performativos de larga duración histórica, con la suficiente fuerza para materializarse y solidificarse en un territorio, en prácticas políticas e instituciones económicas relativamente soberanas respecto a otras naciones, en la idea de un ancestro común y la voluntad de un destino colectivo único, diferenciado al de las otras naciones. Una nación existe cuando los connacionales, independientemente de donde estén y de las condiciones económicas que posean, creen participar de un tipo de hermandad histórica de origen o porvenir, que tarde o temprano se territorializará como espacio geográfico de derechos cotidianos, en el que las personas inscribirán sus luchas además de adherir sus certidumbres de destino. Las naciones son voluntades políticas colectivas objetivadas, conciencia práctica e institucionalizada de fronteras mentales y sociales en las que los miembros, independientemente de la clase social a la que pertenezcan, comparten la convicción de que sus luchas y esperanzas deben desarrollarse como destino en ese lugar y con las personas que habitan en él.

La nación es un entramado de relaciones político-culturales de larga duración, con efecto performativo territorial y estatal que crea lo que podríamos denominar, siguiendo a Gramsci, un *sentido común político trascendente* con la suficiente fuerza para promover una identidad colectiva movilizadora y crear, entre personas de diferentes clases y experiencias sociales, la idea aceptada de su vida en común en un territorio asumido como propio; los connacionales, que quizás nunca vayan a conocerse, viven su destino como partícipes de una hermandad simbólica y material extendida y portadora de derechos sobre los medios materiales de su vida en común. En ese sentido, las naciones son las plataformas territoriales de las hegemonías político-culturales de larga duración de las sociedades.

Por lo general, cuando se utiliza el concepto de nación se lo hace de manera rígida, como algo ya dado, sólido, inamovible y heredado. Ese es un error. Las naciones, aunque en su validación estatal son compactas e institucionales, en realidad son procesos sociales muy flexibles y en permanente fluidez, porque resumen luchas de larga y corta duración que definen el *sentido de lo común* territorializado, tanto en lo cultural, espiritual colectivo y político, como en los bienes económicos, entre personas socialmente muy diferentes. Y en la medida en que la nación hace referencia a un *común primordial* acorazado frente a las pretensiones de otros comunes territorializados y siempre sospechosos de poner en riesgo el que se posee, es una relación política trascendente convocada para garantizar, como objetivo supremo, la soberanía de su escenario de disputas y horizontes de convivencia duradera. Así, la nación es pues la plataforma territorializada de la *hegemonía primordial* de una sociedad, de las hegemonías tectónicas –en el entendido que producen un sentido común trascendente– en torno a una pertenencia colectiva, herencia común –real o inventada pero creída–, y destino igualmente compartido, que asigna a los connacionales el derecho a definir, luchar y usufructuar sobre un conglomerado de cosas comunes que se tienen en una determinada extensión del globo terráqueo. De hecho, la nación es también el tramado histórico de luchas de larga duración temporal de diferentes sectores sociales que se han enfrentado, y continuarán haciéndolo, por monopolizar y legitimar la definición y conducción –aceptada por todos– de esos espacios de lo *común* sobre los que los connacionales se asumen como herederos portadores de derechos. En ese sentido, las naciones son también un tipo de riqueza común territorializada, porque se articulan o se sostienen, se expanden o se contraen en torno a la decisión de gestionar o administrar un conjunto de bienes comunes duraderos, adquiridos o construidos como la cultura, la historia, los recursos naturales, el territorio, las instituciones, las luchas colectivas, el mercado interno, los símbolos de identidad compartida, etcétera.

Los recursos naturales, el gas, el petróleo, el agua, el aire, los ríos, los cerros, el territorio, la tierra, los símbolos, las ideas, la historia común, los sueños compartidos, las derrotas, las certidumbres, las luchas colectivas acumuladas, los valores cívicos, los derechos son el conjunto de bienes comunes materiales y simbólicos de una nación, que permiten cohesionar a la comunidad bajo un sentido de pertenencia y destino compartido.

Tenemos, entonces, que el concepto de nación incorpora dos ejes: un *sentido común trascendente* sobre la pertenencia a una comunidad histórica territorializada, que podríamos llamar el *modo de composición cultural de la nación*, y la comprensión de la posesión inalienable –desde que se nace– de un conjunto de bienes y derechos comunes, que podemos denominar el *modo de composición material de la nación*. En tanto que el pedazo del planeta, asumido y constituido como territorio nacional, ya sea como *territorialidad formal* o *territorialidad real* será el *modo de recepción geográfico de la voluntad nacional*. En el debate teórico, algunos autores privilegian el primero de los ejes –asentado más en la historia común–, y hablan de una definición "natural", orgánica o "alemana" de la nación, pues justamente los primeros en sostenerla, en el siglo XVII, fueron alemanes (Fichte, 1988); mientras que otros autores se refieren más bien a la voluntariedad de la constitución nacional o nación cívica para el acceso a derechos. En realidad, ambos componentes son indisociables y forman las dimensiones de esa única relación sociopolítica territorial llamada *formación nacional*.

Si el sentido común trascendente, los modos de ocupación del territorio y los bienes comunes compartidos dinamizan la espiritualidad y materialidad de la nación como artefacto político, cultural-territorial, está claro que las naciones son plataformas vivas, dinámicas y flexibles en las que se dirimen la conducción e irradiación intelectual, económica y moral de larga duración de las clases y bloques sociales históricos de un país. Y es que al fin y al cabo lo que una sociedad entenderá y asumirá como fidelidades culturales y bienes compartidos en tanto comunidad nacional, es el resultado –en todo momento– de pugnas, luchas y proyectos hegemónicos básicos de grupos y clases sociales con capacidad de adherir exitosamente su existencia dirigente a la vivencia institucionalizada del sentido básico de "comunidad" extendida y de hermandad histórica del resto de las clases sociales de un país; de tal manera que todos "vivan" esa experiencia como un principio primordial de cohesión y destino.

Esta dinamicidad y conflictividad social estructural en la constitución de un sentido común duradero, permite entender que a cada liderazgo de larga duración de un bloque social histórico corresponde, en el sentido leninista, una determinada característica de lo nacional, de su amplitud y contenido. Son estos bloques históricos, sus luchas, discursos, disputas con otros proto-bloques, irradiaciones ideológicas, capacidad de liderazgo, concepciones de la historia pasada y porvenir que pugnan por legitimarse; sus modos de ocupar y recepcionar el territorio como supuesto material de la reproducción social aceptado por el resto de la sociedad; sus modos de articular sostenidamente las adhesiones básicas, que en conjunto definen el sentido común trascendente de un país y las características de lo común compartido entre las sociedades, lo que en definitiva da lugar al *contenido de lo nacional* de las sociedades. Esto significa que el espacio nacional (si bien es mucho más que relaciones de dominación, pues articula también las expectativas y necesidades de adhesión y certidumbre profunda de la sociedad, esto es, las relaciones "tectónicas" de adherencia y destino imprescindibles para que cualquier ser humano *sea* alguien en el mundo) es asimismo una plataforma donde se dirimen las relaciones históricas de fuerzas "tectónicas", profundas de la sociedad, que hasta nuestros días son –y probablemente seguirán siendo por un buen tiempo más– también relaciones de dominación. De esta manera, el *ser* en el mundo (o la identidad nacional) por ahora solo puede existir como *ser en lucha*, como *ser* en medio de una trama de relaciones de dominación.

La nación es entonces también un escenario donde se desarrolla y dirime, por largos periodos históricos, la arquitectura "tectónica" de las relaciones de dominación, resistencia y legitimidad social. De hecho, el contenido de la nación sobre un mismo espacio geográfico, o lo que los connacionales entenderán, vivirán e imaginarán como el *ser nacional*, es siempre un producto histórico de muchas luchas (y en particular de la manera en que el bloque dirigente de la sociedad organiza la voluntad de pertenencia colectiva, articula y expande los comunes poseídos por esa comunidad) y del modo de recepción y ocupación del territorio de la nación.

La formación de la nación boliviana

La construcción de las identidades nacionales en Bolivia, por su complejidad, fragmentación y fragilidad inicial, permite develar de una manera más visible la dinámica social de las formaciones nacionales en otros países.

En 1825, cuando se declara la independencia del país de la corona española, y luego en 1826 cuando se promulga la primera Constitución que diferencia a los bolivianos (todos) de los ciudadanos (pocos) a partir del idioma, la propiedad individual de la tierra y el dinero, no solo se reafirma el horizonte clasista-hacendal de los fundadores de la patria, sino también el horizonte étnico racial con el que los nuevos gobernantes entienden la pertenencia nacional boliviana[3]. Abdicando de todo tipo de impulso unificador de lo indígena-popular, las élites fundantes y dominantes de la naciente Bolivia optan por la exclusión institucionalizada de lo indígena como fundamento de una nacionalidad de pocos y una territorialidad retaceada.

La hacienda, es decir la forma mayoritaria en que existe la propiedad individual sobre la tierra, que es a su vez la forma minoritaria de

---

3. La primera Constitución de la República Boliviana, del 19 de noviembre de 1826, establece en su artículo 14, que para ser ciudadano es necesario: 1. Ser boliviano. 2. Ser casado, o mayor de veintiún años. 3. Saber leer y escribir. 4. Tener algún empleo o industria; o profesar alguna ciencia o arte, sin sujeción a otro en clase de sirviente doméstico. Dalence en su *Bosquejo Estadístico* publicado en 1851, calcula que menos de una décima parte de la población tiene algún tipo de instrucción pública. Ver Dalence (1851: 242).

ocupación sobre ese recurso, marca el inicio y fin de la mirada territorial con la que los doctores de Charcas y los diputados que asisten a la fundación de la patria entienden su significado. Los otros, los indígenas o *indios* –la mayoría de la población no propietaria individual– no se presentan ante los patricios como aspiración o irradiación nacional –lo que supondría una concepción al menos formal de "iguales": los connacionales–, por el contrario, son sinónimo de no-propiedad, de no-civilización, de algo que debe exterminarse o poseerse como propiedad individual (igual que un instrumento más de la hacienda), una herramienta parlante de trabajo. La propiedad comunal y el idioma indígena son por tanto el sello visible de la externalidad de la patria, de la ausencia de derechos y de la imposibilidad de la igualdad. Si la nación es por definición una comunidad formal de iguales ante los bienes comunes, los *indios* son por definición, para las oligarquías que controlarán el Estado, los no-iguales (los que no pueden ser y nunca serán iguales), los que no participan de una comunidad de bienes cívicos compartidos porque son considerados como la negación absoluta de cualquier civilidad reconocida. Los *indios* son pues la no-nación, porque con ellos la oligarquía no imagina un origen común –real o ficticio– ni mucho menos proyecta un destino compartido.

Para las oligarquías dominantes, los indígenas serán meras cosas fatalmente adheridas a la geografía, al igual que las piedras o los animales, con los cuales es imposible imaginar una comunidad de iguales formales –que es el prerrequisito subjetivo de cualquier formación nacional– y no se tiene otra opción más que utilizarlos instrumentalmente.

Por consiguiente, la "nación" boliviana –si es que así puede llamarse a ese linaje oligárquico– tendrá como *territorialidad real* a la hacienda y la mina donde trabajan los mitayos; su *territorialidad formal* llegará hasta donde se pueda reclutar más pongos y mitayos; y el resto de la geografía patria será asumida como tierra "salvaje", como exterioridad. En cuanto a la población sucederá lo mismo: lejos de buscar la irradiación del sentido de pertenencia hasta el último rincón de la patria heredada por los ejércitos libertadores, el boliviano será el que potencialmente pueda ser subsumido por la hacienda o la mina. Y aun así, su incorporación será meramente nominal –al igual que una acumulación de herramientas o enumeración de instrumentos de trabajo–, nunca en calidad de ciudadanos, como seres de derechos y sujetos de igualdad. "Son *indios*" se dirá, y como tales irreductibles a la ciudadanía, igual que un martillo o una vaca, no obstante, necesarios para acumular riquezas; nunca se los considerará "iguales", ni en origen ni en derechos y menos en cuanto a un destino compartido. Al margen de los ciudadanos, el resto de los bolivianos, la inmensa mayoría de indígenas de tierras bajas y tierras altas, de los barrios marginales, solo será una turbamulta salvaje, peligrosa y acechante a esa civilidad de campanario y plaza de armas.

Si como afirman los censos realizados en los primeros años de la República[4], alrededor del 70% de los bolivianos eran indígenas de las más diversas lenguas e identidades territoriales ancestrales, la "nación" boliviana real e imaginada por las élites dominantes se reducía a un conjunto de enclaves de linaje, que por principio moral y civil habían renunciado a cualquier reconocimiento de la plurinacionalidad existente y más aún a cualquier atisbo de irradiación de la identidad boliviana hacia esas otras identidades, porque para ellos los indígenas –o los *indios* a secas– no eran sujetos aptos de unificación, pues en el fondo no creían que fuesen realmente seres humanos de razón, como ya lo había advertido Juan Ginés de Sepúlveda siglos atrás (cfr. De Sepúlveda, 1941).

¿Qué tipo de nación emergió entonces en torno a este imaginario y forma de definición y construcción oligárquico-minera? Una nación archipiélago que se asentaba donde estaba la hacienda y la propiedad de la mina de estaño y plata; más allá de ese espacio no existía otra productividad territorial de la nación, más aún, estaba el mundo "salvaje", es decir, todo lo opuesto a un destino compartido.

---

4. José María Dalence señala que de "1.373.896 personas que existían en la República el año de 1846 [cifra que se habría extraído, según menciona este autor, de los padrones oficialmente elaborados los años 1845 y 1846] eran procedentes de la raza blanca 659.398 y de la aborígena 701.558". Es decir, el 51% de la población pertenecía a la "raza aborigen". Y añade que además se calculaba la presencia de 760.000 "almas infieles" no contabilizadas resultantes de "los informes de los que habitan en las fronteras y de las noticias de los misioneros que han atravesado las regiones, en las que vagan los salvajes". Si añadimos esta cifra de la población indígena no censada a la censada, tendríamos que la población indígena alcanzaba a 1.461.558 personas, el 68% del total de la población estimada en Bolivia. Ver Dalence (1851: 183-184, 208-209).

Así, en esos tiempos de la oligarquía, la "nación" era la hacienda y su expansión, la mina y la propiedad minera, primero de la plata y luego del estaño. La territorialidad de la nación consistía en un archipiélago en medio de un mar de *incivilidad* y de peligros a los que había que atacar antes que incorporar, usurpar antes que articular, utilizar antes que reconocer, porque el indígena escondido en sus tierras remotas representaba lo que esa casta no quería y nunca iba a querer ser.

Los portadores de la nación eran grupos de familias que se reproducían endogámicamente; nos referimos a una nación de estirpe, de piel blanca, habla castellana, y propietaria privada de la tierra. Entonces, ¿quiénes *no* eran partícipes de ella? En primer lugar y por siempre, los *indios*, los indígenas que constituían la inmensa mayoría del país. Entre la oligarquía boliviana y las oligarquías de otros países podía haber diferentes intereses y hasta librarse guerras de reacomodo, pero en el fondo existía un principio de identidad con ellas, el de la exclusión de los *indios*, porque al fin y al cabo también eran islas de civilidad en medio de una geografía fatal repleta de barbarie e *incivilidad*. Por ello, recortar aquí o allá el territorio patrio, ceder tal o cual provincia a cambio de una suma de libras esterlinas o ferrocarriles, además de ser un negocio inmediato para pagar salarios, exportar minerales y edificar nuevas haciendas, era incluso éticamente aceptable, porque se lo hacía entre "iguales", es decir entre propietarios privados herederos de la civilidad de la corona española o portuguesa –y lo que es más importante–, blancos de piel con los mismos gustos estéticos de moda.

En Bolivia, para las oligarquías que se sucedieron hasta la mitad del siglo XX, las pérdidas geográficas no eran asumidas como mutilaciones inaceptables –eso solo acontece cuando el habitante del territorio perdido es igual a uno mismo en cuanto a destino compartido–: el Pacífico, el Acre o el Chaco eran considerados como parajes recónditos, habitados por seres extraños que practicaban idiomas más extraños aún, con los que nada, a no ser el caprichoso mapa, los unía. Así, mientras la plebe concurría a la guerra para defender el territorio como quien defiende la vivienda propia arrebatada –pues ellos sí compartían el destino de la marginación con los invadidos–, los gobernantes acudían casi obligados por un deber al que no sentían como propio. No sentían en el alma ni la geografía arrebatada por el invasor ni los habitantes invadidos, porque no los percibían como a la geografía íntima o al hermano propio. A la larga, la derrota militar refrendaba la derrota histórica de una casta que renuncia desde el principio a asociar geografía con territorio, población con nación, derecho con igualdad.

Interiorizar el principio de igualdad formal entre los habitantes, punto básico de partida para irradiar el concepto de nación, de comunidad extendida real o imaginada en todo el territorio, requería materialmente abandonar la lógica de derechos por estirpe y color de piel. Ello habría supuesto distribuir tierras, reconocer las tierras comunitarias, los derechos colectivos, democratizar los cargos públicos. Pero la negación explícita de esa democratización de la política y la economía era, precisamente, el pivote de la Constitución Política del Estado oligárquica, y también el fundamento material de la propia oligarquía que levantaba la producción de su riqueza y legitimación de su dominio en la obligatoriedad colonial del trabajo indígena y la usurpación de las tierras de los *indios* solamente por el hecho de ser *indios*. La voluntad de destino compartido requería la igualdad como prejuicio colectivo, empezando por las élites dominantes; pero la oligarquía representaba precisamente la constitución de una clase a partir de la desigualdad convertida en principio ético y tecnología económica. Negarla era negarse a sí misma, cosa que generalmente ningún grupo social hace, a no ser que en esa negación esté su nuevo encumbramiento, incluso más sólido que el anterior. Sociológicamente esto se puede entender como una reafirmación de la relación dominante de una clase mediante una reconversión estructural de la propia clase. Sin embargo, la audacia histórica de una mayor igualdad no estaba en la mirada de una oligarquía acostumbrada a la acumulación por expropiación de los desiguales, los *indios*.

La modificación de esta forma de entender la nación como archipiélago de hacienda y de centros mineros, será resquebrajada y obligada a ampliarse por la impronta de los artesanos, de su trabajo, organización y número. Artesanos, mingas asalariados de las minas, comerciantes, arrieros de mineral, productores de chicha, logran con su sublevación, con sus insurrecciones y luchas, ampliar la base urbana de la pertenencia nacional boliviana y obligan a las oligarquías a reconocer sus derechos de ciudadanía, al voto y a la propiedad urbana. No obstante, nunca dejan de ser clases peligrosas y sospechosas de barbarismo. De ahí toda esa literatura del siglo XIX y principios del XX en torno a la ambigua civilidad de los "cholos", mitad blancos, mitad indios, caracterizados por la venalidad, la borrachera, la intriga, el arribismo, la mezquindad y la traición[5]. Se trataba de un estigma cultural construido a modo de barrera "interior" para aislar y desinfectar desesperadamente la imagen "pura" de la civilidad nacional oligárquica, asediada por una plebe que quería trepar por encima de sus murallas a través del ascenso económico, el dinero y la nueva propiedad[6]. Sin embargo, pese a su reconocimiento, este ascenso de las nuevas clases sociales urbanas no modifica el carácter racista, de estirpe, antiindígena y de archipiélago de la identidad nacional boliviana, construida a imagen y semejanza de la economía de los terratenientes y empresarios mineros. El uso descalificador del "cholaje" será el recordatorio victorioso, aún hasta fines del siglo XX, de la inamovilidad estructural del viejo orden de jerarquías oligárquicas y derechos heredados de acuerdo con el apellido y color de piel.

El siglo XX nacerá en la segunda década con la insurgencia de la lucha obrera minera por sus derechos salariales y una nueva voluntad política de trágica unidad interclasista resultante de la derrota de la Guerra del Chaco. La derrota y la muerte democratizada entre indígenas, artesanos

---

5. Ver Armando Chirveches (1969); Enrique Finnot (1997); Alcides Arguedas (2000) y Carlos Medinacelli (1973).

6. La literatura constituye un valioso objeto de estudio para la comprensión de una parte de los imaginarios identitarios de cada época histórica. Sin embargo, hay que relativizar la importancia que B. Anderson le atribuye en la construcción de los movimientos nacionalistas públicos; ver Anderson (2006). Si bien la narrativa literaria forma parte de los espacios públicos donde se constituyen las ideas fuerza de las sociedades, la importancia de las novelas en la constitución del sentido común movilizador dependerá de los niveles de alfabetización de la sociedad, de la amplitud del flujo de ideas a través de los medios impresos en la intelectualidad activa al interior de los sectores movilizados, de la difusión editorial y de la propia recepción social de la novela. Con todo, no cabe duda de que la literatura constituye un escenario privilegiado para indagar parte de los ideales y programas de determinado sector social en un momento dado. Para un análisis de las ideas de modernidad entre las élites letradas bolivianas de fines del siglo XIX y principios del XX, además de la estetización de las jerarquías a través de la novela; ver Romero Pittari (1998). Un estudio revelador sobre las diferentes representaciones referidas a la identidad nacional en las novelas elaboradas por las élites letradas bolivianas en el siglo XIX y mediados del siglo XX, y el papel que le asignan en estas representaciones a las identidades criollas, indígenas, mestizas y "cholas" se encuentra en Soruco Sologuren (2012).

y profesionales por igual, creará en los arenales de esa tragedia la posibilidad de un destino en común.

La nacionalización del petróleo de 1938 será el primer impulso a la formación de una nueva base material de la nación, en la que los que habían concurrido a la muerte en el Chaco, indígenas y clases medias urbanas, se sentirán con el derecho ganado a decidir su destino. Inicialmente esta nacionalización del petróleo y luego la de las minas, crearán no solo el soporte material de un nuevo tipo de nación, sino ante todo la creencia íntima del derecho depositado sobre esas riquezas, al fin compartido entre indígenas y no indígenas. Una nueva forma de imaginar y objetivar la nación se pondrá en marcha de la mano de un nuevo bloque de poder ascendente.

La Revolución de 1952 coronará esta mutación de las capas tectónicas de las *hegemonías primordiales* de la sociedad, es decir, del contenido de lo que habrá de entenderse por nación. La base material de los terratenientes –la hacienda– y de los empresarios mineros privados –las minas de estaño– será expropiada, y a través de ese acto se derrumbará el fundamento material de la vieja nación oligárquica boliviana. La pequeña burguesía letrada e intermediaria asumirá el liderazgo histórico de la sociedad y con ello surgirán otro contenido y territorialidad nacional.

Así, al *sentido común trascendente oligárquico* le sustituirá un nuevo sentido común liderado por la pequeña burguesía letrada civil y posteriormente uniformada, que asumirá –con sus prejuicios de clase social heredera marginal de la vieja sociedad oligárquica– la construcción homogeneizante de la nueva narrativa nacional. Esto corrobora que el contenido de la formación nacional no es de ninguna manera estático; al contrario, es fluido y se dirime, para su duración en un largo periodo de tiempo, a partir de las luchas sociales y la irradiación hegemónica de los bloques sociales capaces de alumbrar las unificaciones de lo nacional-popular en cada época histórica.

Con todo, las nuevas élites dominantes harán un esfuerzo por incorporar parte de la geografía a la lógica de la presencia nacional por la vía de la ampliación del mercado. Se iniciará la llamada "marcha al oriente", y el control hacendal de los circuitos comerciales dará lugar a una proliferación de actividades comerciales locales a cargo de los propios pequeños campesinos. La insurrección obrera del 52 lograda en torno a la vitalidad organizativa del sindicato, incorporará el horizonte salarial y el sindicato como la forma de pertenencia a los derechos y a la nación. La pertenencia al sindicato será la vía de reconocimiento social, acceso inmediato a derechos e interlocución legítima reconocida frente al Estado. Nacerá la *ciudadanía sindical* (cfr. García Linera, 2008), que no es otra cosa más que la constitución del sindicato asalariado, y luego del sindicato campesino, como la forma organizativa de lo nacional-popular en Bolivia. Esto lleva a una modificación sustancial de la composición y modo territorial de formación de la nación. Si en tiempos oligárquicos, el *organizador estatal de la nación* y el *sujeto de la nación* eran el mismo actor social compuesto por hacendados y empresarios mineros, con la Revolución del 52, el *organizador estatal* de la nación (la nueva élite pequeña burguesa letrada) se escinde del *sujeto de la nación* (el sujeto sindicalizado), ahora portador de derechos.

Geográficamente esto implica, también, una ampliación de la territorialidad de la nación y del Estado. La *territorialidad real* de la nación se extenderá a las poblaciones donde surgirá una nueva burguesía industrial, comercial y agrícola (que permitirá la expansión del trabajo asalariado) y también allá donde la organización campesina-indígena tomará la forma de sindicato agrario. Esto acontecerá especialmente en el altiplano y los valles.

Sin embargo, la "astucia" de la historia colonial deparaba dos venganzas más a su favor. Si bien el *sujeto de la nación* se había ampliado democratizando al mundo sindical, modificando el contenido general de la nación boliviana, la función del *organizador estatal* de esta construcción nacional en sí no sería objeto de democratización ni de presencia popular sindical. El sindicato y el sindicalizado se presentaban como una intermediación entre la sociedad civil y el Estado; en momentos excepcionalmente cortos como posibilidad de cogobierno, y por lo general como contención al abuso estatal, pero nunca como mando mismo del Estado o como conductores de la vida estatal. El sindicato será consiguientemente el modo de acceso, pero no de definición de derechos. Y esto tiene que ver ciertamente con los límites del proceso revolucionario, con la separación entre gobernantes y gobernados, interiorizado en las creencias más profundas y duraderas de los subalternos, incluso de los insurrectos victoriosos que portaban el máuser en la mano. Se trata de la abdicación del poder a pesar de su conquista, hecho que marcará a manera de sello a toda una época: el tomar el Estado sin animarse a serlo, que es quizá tanto peor al temor del viejo Karl Marx (1978b) de tomar el Estado sin proceder a cambiarlo. En el primer caso está la interiorización fatal de la subalternidad como condición insuperable; en el segundo, la voluntad de poder, pero como ilusión de poder. A lo mejor ahí radica la desdicha de las experiencias revolucionarias del siglo XX.

De igual manera, el *sentido común* colonial en su sedimento tectónico más básico y fundante, a saber, la exclusión de los indígenas como sujeto colectivo, se mantendrá inalterable. La Revolución del 52, que traerá cambios en la propiedad de los medios de producción y en la democratización política, se detendrá perpleja ante el principio fundador de la colonialidad que había esculpido la propia espiritualidad y el horizonte intelectivo de los propios sublevados. La nueva clase dirigente y los nuevos sujetos de la nación mirarán al *indio* arrebatados por los mismos prejuicios y ordenamientos morales del mundo heredados en su subalternidad colonial, y proyectarán el futuro edificio nacional con los mismos cimientos de la nación oligárquica: el *indio* como externalidad; es decir, el sujeto colectivo mayoritario de la patria, portador de historia, identidad, estructura política, tecnología y territorialidad, nuevamente será excluido de la nación y del Estado. Pese a esta democratización de los contenidos y sujetos de la nación boliviana, el *recaudo interior* colonial o furioso rechazo a los pueblos indígenas como sujetos de derechos colectivos y de presencia estatal, se mantendrá incólume.

La victoria del *habitus colonial* se sobrepondrá a la insurrección de abril. Pese a los antagonismos que los enfrentaban, castas hacendales decadentes, obreros insurrectos y profesionales letrados compartirán en el fondo de su ser –y así lo refrendarán en los años posteriores a la revolución– la creencia suprema de la inferioridad del *indio*, de su externalidad a la civilización e inviabilidad histórica y, por tanto, de su necesaria transmutación a campesino. Cuartel, escuela, propiedad privada y migración serán las nuevas pedagogías civilizatorias del *indígena* para hacer de él un ciudadano, un "mestizo" susceptible de reconocimiento y cultura.

Ni siquiera los obreros triunfantes se salvarán de esa herencia colonial. Mirarán a sus padres y abuelos envueltos en sus ponchos y ojotas, con el desprecio y la distancia anhelada del guardatojo y la reluciente chamarra de cuero, símbolos de la modernidad y de la ideología del mestizaje. El secular prejuicio oligárquico renacerá de manos de los enterradores de la vieja oligarquía: la monoculturalidad volverá a apoderarse del ideario nacional, solo que ahora ya no como patrimonio de pocos, sino como derecho de todos. Si en tiempos republicanos la bolivianidad era para todos, pero la ciudadanía para pocos, ahora todos los bolivianos serán ciudadanos con derechos, siempre y cuando dejen de ser indios, hablen castellano, entierren sus identidades indígenas, abandonen sus idiomas originarios en manos de los abuelos o del pasado, vayan al cuartel, aprendan la civilidad estatal, veneren a los héroes de la narrativa oficial y acepten la ilusión de la pertenencia a una supuesta identidad común, "mestiza".

Los límites de esta lógica nacional serán precisamente la herencia colonial restaurada ya no como exclusión sino, peor aún, como prejuicio colectivo de masas. ¿Cómo construir una nación sin tomar en cuenta a las naciones indígenas preexistentes? ¿Cómo imaginar un ancestro común, cuando la indianitud estaba estigmatizada como barbarie y salvajismo que había que esconder detrás de venturosas invasiones extranjeras y benéficos cruces de sangre? ¿Cómo proyectar un destino común si la civilización indígena era percibida como la oscura y deleznable infancia de la excelsa y apetecible "civilización occidental"? Y, en definitiva, ¿cómo construir la solidez de una nación boliviana si la mayoría de los "bolivianos" no eran reconocidos en su identidad, cultura, historia e idioma como parte fundamental de la *común unidad*; ni mucho menos su derecho a la presencia colectiva –como naciones indígenas– en la formación de la identidad nacional compartida y la conducción del Estado?

De ahí que la democratización de la nación post 52 será una democratización falaz, superficial, aparente. Una nación plena no puede renunciar a la identidad orgánica de sus componentes, y si lo hace es demográficamente incompleta, sustancialmente segregacionista y, a la larga, inconsistente. Y es que el Estado no se convierte en síntesis política (*ilusoria*, agregaría Marx) por cartografiar a los habitantes. Para ello se requiere la concurrencia de estos en el Estado como ciudadanos, pero más que eso, de su historia y organización como derecho e institución. Sin la concurrencia de esto, sigue siendo un Estado aparente[7], como en tiempos de las oligarquías. Y eso es lo que a fin de cuentas sucedió con el Estado entre 1952 y el 2005.

El proceso de democratización real del Estado y de *isomorfismo* o correspondencia radical entre la sociedad boliviana completa –más su historia– con la nación boliviana, tendrá que esperar precisamente la insurgencia nacional de aquella parte del país que a lo largo de los siglos había sido excluida a sangre y fuego de toda presencia y existencia nacional: las naciones indígenas. Solo quienes habían sido objeto del escarnio secular más racista y destructivo para excluirlas de cualquier atisbo de presencia en la construcción nacional, tendrán la fuerza histórico-moral para levantar otro cuerpo de nación, que no será la inversión de la nación oligárquico-colonial (una nación solo de indígenas), sino precisamente la negación radical de toda forma parcial de nación, que sea capaz de incluir a todos los habitantes de Bolivia, más su historia; es decir, se abrirá la época de una nación que se alimentará de las fuerzas vitales y orgánicas de toda la sociedad, sin exclusiones. Pero eso requerirá un nuevo bloque de poder social y una nueva estructura estatal que desplace, no solo económica sino espiritualmente, a los parientes pobres de las oligarquías señoriales. Y eso es justamente lo que se irá gestando gradualmente con la insurgencia del indianismo-katarismo desde los años 70 del siglo XX, con el fortalecimiento del movimiento indígena-campesino, las marchas en defensa de la hoja de coca y la soberanía, las grandes sublevaciones del 2000 al 2005 en contra del neoliberalismo, y la revolución democrática cultural iniciada el 2006, que desembocarán en la formación del Estado Plurinacional.

¿Qué significa el Estado Plurinacional en términos de la construcción de la nación? En principio, el reconocimiento de la existencia de las naciones indígenas en la construcción material del nuevo Estado, en el sistema de instituciones políticas, en el régimen de toma de decisiones, en

---

[7]. Sobre el concepto de Estado aparente, ver "Del Estado aparente al Estado integral: La transformación de la comunidad ilusoria del Estado" (García Linera, 2013).

la narrativa educativa de la sociedad entera, en la memoria y horizonte histórico, en la estructura de los valores colectivos y saberes legítimos. No se trata simplemente de la tolerancia de su presencia como minorías a ser protegidas en su lento pero inevitable tránsito a la disolución cultural, como sucede con los Estados multiculturales. El Estado Plurinacional es la constitución de la totalidad de los sistemas de poder estatal a partir de la plurinacionalidad como plurinacionalidad, es decir, como poder de Estado e institucionalidad gubernamental, cultural, educativa, económica e histórica. En términos estrictos, el Estado Plurinacional es una *forma de Estado* que corresponde a la *forma social* plurinacional.

La nueva Constitución Política del Estado reconoce a 36 idiomas y naciones indígenas con derechos incluso previos a la propia formación de la República boliviana. Eso significa que las naciones indígenas al fin, y para siempre, son reconocidas y potenciadas como componentes sustanciales de la sociedad boliviana; pero, además, se constituyen en el núcleo organizativo del sistema de poder estatal y del régimen de gobierno. Esto implica que no es el Estado el que deviene en nación unificada o el que se encarga de unificar y homogenizar la nación, como sucedió en la mayor parte de los Estados naciones que extinguieron la diversidad nacional que habitaba en ellos. Acá son las naciones indígenas, resistentes a la Colonia y a la República etnocida, las que devienen Estado; en otras palabras, las que convierten la diversidad societal en complejidad estatal y horizonte plural.

Identidad compuesta e indianización de la nación boliviana

Ahora bien, ¿cuál es la relación entre las naciones indígenas, aymara, quechua, guaraní, uru, chiquitana, etc. –cada una de ellas portadora de organización, identidad, sistemas de gobierno y una larga historia, incluso antes de la fundación de la República– respecto a la identidad nacional boliviana? ¿Cuál es la relación entre la nación boliviana y las naciones indígenas? La forma en la que la sociedad misma fue resolviendo este dilema histórico y práctico en el Estado Plurinacional se dio a través de dos procesos político-históricos trascendentes: la *identidad compuesta* y la indianización de la identidad boliviana.

En términos de la *identidad fuerte* (en relación a la diferenciación de otras identidades nacionales-estatales del mundo, al reconocimiento de los derechos individuales de ciudadanía en la vida cotidiana, a la participación electoral en el nombramiento de autoridades, al acceso a la justicia ordinaria, a los derechos propietarios individuales, a la narrativa de la historia reciente compartida y a la narrativa del destino común aceptado por todos los que habitamos la geografía patria) todos somos bolivianos, partícipes de una única identidad histórica nacional boliviana construida desde hace cerca de 200 años desde el Estado, y gradual y expansivamente desde la sociedad. Por ello, por sus características y funciones históricas, la identidad nacional boliviana es asumida hoy como la *identidad nacional-estatal*.

Sin embargo, simultáneamente existen bolivianos que poseen una identidad nacional más antigua que la propia existencia del país; una identidad nacional permanentemente revitalizada como persistencia autónoma, unos idiomas, unos sistemas propios de gobierno locales, de saberes culturales territorializados, de narrativas históricas indígenas-originarias (aymara, quechua, guaraní, moxeño, chimán, uru, yuracaré, chiquitano, etc.), que no solo han resistido la dominación colonial-republicana, y ahora son reconocidas por el Estado como naciones oficiales, sino que además se han convertido en poder y estructura estatal. Eso significa que sus idiomas son oficiales, (están reconocidos en su uso y son exigidos en el sistema institucional del Estado a nivel regional y general, por lo tanto también se practican y enseñan); que los sistemas políticos de autoridad originarios son reconocidos como sistemas legales en todo lo que tiene que ver con la articulación de demandas colectivas y en la propia participación dentro de los tres sistemas de gobierno del Estado (municipal, a través del municipio indígena y el control social; departamental, a través de la elección de asambleístas por usos y costumbres, además del control social; y nacional, por medio de la elección orgánica de candidatos y diputaciones, posteriormente refrendados por el voto universal, la elección de las circunscripciones indígenas, el control social); que se legaliza constitucionalmente la justicia indígena-originaria, la titulación comunitaria de tierras, la transferencia y control de recursos públicos a través de los sistemas organizativos tradicionales (ayllus, sindicatos, federaciones, confederaciones indígenas); que se incorpora, como patrimonio común de todos los bolivianos, a los saberes y tecnologías indígenas, y en general, que los *derechos colectivos* de los pueblos indígenas están vigentes como un componente constitucional del Estado y sus instituciones. En ese sentido, esas identidades nacionales indígenas son las *identidades nacionales-esculturales*.

Hablamos entonces de la formación de la actual identidad boliviana como una *identidad nacional compuesta* entre la *identidad nacional estatal* (la nación boliviana a la que pertenecemos todos los nacidos en este territorio) y las *identidades nacionales culturales* (las naciones indígenas originarias con las que se identifican histórico-culturalmente cerca de la mitad de los bolivianos). Estas dos identidades están tejidas tridimensionalmente a modo de un complejo holograma que permite la articulación de derechos individuales con derechos colectivos, territorialidades macro y territorialidades locales, memorias cortas y memorias largas, sistemas políticos representativos y sistemas políticos comunitarios, ancestros diferentes y destino común compartido en unidad general y diferencia local. Los más de 10 millones de habitantes que vivimos en este país somos bolivianos, y ese es el principio fundamental de unidad y vida en común elegida; pero unos somos bolivianos aymaras, otros bolivianos quechuas, bolivianos guaraníes, bolivianos moxeños, trinitarios, urus, etc., y otros simplemente bolivianos. Ese es el principio de pluralidad y diversidad interna que se refuerza y garantiza, a la vez que es el pilar de que la unidad en torno a lo boliviano sea real.

Hoy la *nación boliviana* se consolida como una *nación estatal* que abarca y une a los más de 10 millones de bolivianos que nacimos en esta patria. Y dentro de ella están las *naciones culturales indígenas-originarias* –poseedoras de una identidad preexistente a la República e incluso a la Colonia–, con capacidad de libre determinación, que nutren a la identidad boliviana. Todos los que nacemos en este territorio somos bolivianos y poseemos la identidad nacional boliviana. Una parte muy importante de los bolivianos son indígenas, es decir, son bolivianos que poseen *una identidad nacional compuesta*: pertenecen a naciones culturales indígenas-originarias como la aymara, quechua, guaraní, moxeña, uru, yuracaré, etcétera.

Las sub-identidades regionales-geográficas son un componente constitutivo de la identidad nacional estatal, y también de las identidades nacionales culturales. Chaqueño, cruceño, paceño, beniano, potosino, etc., son identidades a las que las personas recurren cotidianamente para relacionarse con el resto de los bolivianos. La referencia regional señala no solo una ubicación geográfica sino una manera específica de ser, una idiosincrasia específica, pero al interior de la propia identidad nacional estatal boliviana. Pese a los intentos de algún segmento de la oligarquía, derrotada hace algunos años atrás, por darle un contenido separatista, el ser cruceño, tarijeño, cochabambino o paceño como identidades regionales, son componentes formativos de la identidad nacional estatal boliviana; se desarrollan en su interior y se consagran regionalmente en tanto se asumen como partícipes de una identidad, una historia y un destino mayor que es la identidad boliviana.

Algo similar sucede con las identidades locales indígenas; por ejemplo, hay guaraníes que se identifican con la región del Itika Guazu, mientras otros lo hacen con la región del Isoso; igualmente, entre los aymaras unos reivindican la región de Carangas, otros la de Omasuyos, otros El Alto, etc. Cada una de estas identidades regionales forman, a modo de rompecabezas, la identidad mayor aymara. Entonces, se puede decir que cada identidad mayor es a su vez una articulación flexible de otras identidades menores o locales, que le dan cuerpo y al mismo tiempo encuentran la síntesis de cada particularidad regional en esa identidad nacional mayor, ya sea nacional cultural o nacional estatal.

Este tejido identitario tiene una "trama" interior, decisiva, que sostiene el delicado equilibrio entre *identidad estatal* e *identidad cultural*: la *indianización del Estado* y, con ello, la indianización de la identidad estatal boliviana; o en otras palabras, la creciente indianización de la propia identidad nacional boliviana.

El reconocimiento de los derechos colectivos de las naciones indígenas en el Estado Plurinacional, el reconocimiento también de la jurisdicción indígena-originaria-campesina, la institucionalización de los sistemas de autogobierno indígena en la elección de autoridades públicas (además del control social a cargo de las estructuras sociales indígenas), la oficialización y enseñanza de los idiomas indígenas y, lo más decisivo, la victoria político-electoral de un *gobierno de movimientos sociales* articulados en torno a las organizaciones indígenas originarias, han cambiado la estructura del Estado y la composición del bloque social dirigente de la formación estatal. No solo estamos ante una nueva estructura de alianzas entre clases sociales, con la capacidad de dirección política, intelectual y moral del Estado, sino que por primera vez en la historia estatal tenemos una composición de clases y naciones indígenas como bloque social dirigente del Estado –lo que es ya una doble revolución en el ordenamiento estatal–, clases subalternas que se alzan como organizadoras y dirigentes de la estructura estatal, rompiendo la antigua fatalidad popular de las revoluciones que reafirmaban la subalternidad de las clases subalternas; pero por otro lado, clases sociales subalternas que a la vez son naciones indígenas –o clases populares al lado de naciones indígenas– que asumen la construcción estatal, rompiendo la exclusión secular de las naciones indígenas del mando y reconocimiento del Estado.

Entonces, clases plebeyas y naciones indígenas son hoy en día el bloque social dirigente del Estado Plurinacional, lo que significa, por un lado, que la nueva institucionalidad gubernamental y legal corresponde a esta nueva correlación de fuerzas tectónicas de la sociedad boliviana; y por otro, que el nuevo *sentido común trascendente* (la concepción fundamental del mundo dirigente y organizador de la sociedad) es el que se irradia desde el movimiento indígena campesino. Por ello, tenemos una creciente indianización de las instituciones; por ejemplo, la convivencia constitucional de la democracia representativa junto a la democracia comunitaria, la justicia ordinaria y la justicia indígena-originaria, el control social vía organizaciones sociales, etc. También hay una creciente indianización de la procedencia social de los representantes electos –comenzando por el Presidente del Estado–: más de 2/3 partes de las diputaciones plurinacionales y departamentales provienen de movimientos sociales, principalmente indígenas-campesinos; existe presencia indígena en todos los órganos de la justicia, en la oficialidad armada, en los puestos públicos, en los centenares de alcaldías y concejos municipales (fruto de la fuerza organizativa del movimiento indígena reconvertido en fuerza electoral), etc. Y también tenemos una firme indianización de la narrativa estatal oficial, la historia legítima, el idioma oficial, la enseñanza pública, los símbolos cívicos, los hábitos culturales gubernativos. Al indianizarse el Estado, la materialidad estatal, sus instituciones, componentes decisorios, relatos y formas de gestión también se indianizan, y con ellos los componentes materiales de la nación estatal, es decir, de la identidad nacional boliviana.

Si como hemos demostrado en otros textos (García Linera, 2000), el orden colonial de una sociedad y un Estado se puede medir por la presencia e importancia de la etnicidad como capital acumulable y reconvertible, en nuestro caso el de la "blanquitud" como bien social apetecible y acumulable; entonces la indianización del Estado boliviano y de la propia identidad nacional boliviana de los últimos años, se tradujo también en una fulminante devaluación de esa "blanquitud" como capital.

Hasta hace muy poco, existía en Bolivia una especie de racialización, colectivamente asumida, de las estructuras del poder del Estado: gobiernos, ministerios, Poder Judicial, gobernaciones, universidades, Ministerio Público, Fuerzas Armadas, Policía Nacional, absolutamente todos los poderes del Estado poseían una especie de tamizado étnico de las jerarquías. Los indígenas podían ser mozos, meseros, cabos, sargentos, choferes, comerciantes, albañiles; hasta ahí llegaba su posibilidad de ascenso social real. Tal era la fuerza de la herencia colonial de racialización de las jerarquías sociales que, si alguien quería ser presidente, vicepresidente, ministro, alcalde, gobernador, comandante en jefe necesitaba exhibir los blasones de su blanquitud racial. En nuestro país la blanquitud era un capital, es decir un bien social apetecible, acumulable y *enclasante* dentro del espacio social. La exhibición de un apellido "notable" y de un color de piel más blanca lo colocaban a uno en la jerarquía superior: podía obtener dinero más fácilmente, tenía mayores oportunidades de acceder a un cargo de alto rango (aun a pesar de su baja calificación académica), etc. Apellido y color de piel eran generalmente valorados por encima de los méritos académicos o del dinero. De hecho, el *capital étnico* podía reconvertirse en dinero, y con un poco más de tiempo y esfuerzo, en una infinidad de títulos.

Hoy, en tiempos de Evo Morales y de los movimientos sociales, ni la "blanquitud" de la piel ni la "blanquitud" cultural concentran privilegios; al contrario, como lo demuestran los mecanismos de conformación de nuevos prestigios y méritos en los procesos de selección de los servidores públicos en el Estado Plurinacional, la exhibición de la pertenencia indígena o el aval de las organizaciones indígenas son los más solicitados al momento de postularse a cargos, desde las comandancias militares, tribunales o estructuras parlamentarias. Esto habla de una rápida devaluación del *capital étnico* colonial e inclusive de una cierta indianización de los blasones legítimos ante el Estado.

Tenemos, por tanto, una doble transformación de los contenidos de la nación boliviana: por una parte, la incorporación de las naciones indígenas como componente interior de esta nación, a lo que hemos llamado *identidad nacional compuesta* o, siguiendo el ejemplo de un tejido, la "urdimbre" identitaria compuesta; y por otro, la indianización de la propia identidad boliviana, incluyendo la abrupta devaluación del *capital étnico*, que vendría a ser la "trama" del nuevo tejido o contenido y forma nacional boliviana.

Este cruce vertical y horizontal de los componentes del Estado y la nación, de la nación boliviana y las naciones indígenas, es la forma en que las propias organizaciones sociales indígenas conjuraron la posibilidad de tendencias de autodeterminación de las naciones indígenas. Es sabido que las naciones con mayor vitalidad histórica tienden a inclinarse a la constitución de naciones estatales, como ha sucedido en varias partes del mundo, lo que conduce a guerras de carácter nacional que modifican la configuración territorial de los Estados. Esta posibilidad siempre ha estado abierta en Bolivia y era una de las opciones latentes desde la reemergencia de los diversos movimientos políticos indígenas en los últimos 20 años del siglo XX. La constitución de una nación estatal aymara, y tal vez de una quechua, se abrió como posibilidad ante el blindaje antiindígena del Estado republicano, especialmente en su forma neoliberal[8]. Pero la historia transcurrió por otro camino. Las construcciones de

---

8. El surgimiento organizativo y discursivo del Ejército Guerrillero Túpac Katari en los años 80 del siglo XX, fue la vertiente más radical y sólida de esta tendencia autodeterminadora de la identidad nacional aymara.

hegemonía cultural, de habilidad articuladora de los movimientos indígenas tomaron –para decirlo de algún modo– un rumbo más gramsciano que leninista, en relación a la consolidación estatal de las identidades indígenas; de tal forma que en vez de optar por la autodeterminación nacional indígena (que hubiera supuesto la separación de la identidad boliviana), las luchas discurrieron por la opción de la indianización del Estado boliviano, y la creciente indianización de la identidad boliviana, como el lugar de unificación de las diversas identidades indígenas y no indígenas, paralelamente al reforzamiento cultural de la propia identidad indígena. En ese sentido, lejos de renunciar a la dimensión estatal, las principales identidades indígenas –organizadas como movimiento indígena– decidieron dejar en el camino la latente opción de autodeterminación nacional, que habría abierto la posibilidad de fragmentación territorial, optando por otra forma de realización estatal de la identidad nacional indígena, que no se había previsto ni estaba en ningún manual: la victoria estatal popular-indígena (Estado Plurinacional y *gobierno de movimientos sociales*), en el marco de la unidad territorial con el resto de las naciones (*identidad nacional-estatal boliviana*) y el respeto y reforzamiento cultural de las identidades indígenas.

No cabe duda de que se trata de una novedosa estrategia de resolución de la llamada temática de las nacionalidades[9], que al tiempo de potenciar las identidades indígenas las agrupa a todas –incluidas las no indígenas– en un arco mayor (Bolivia) bajo el liderazgo indígena. El resultado: el Estado Plurinacional.

La *identidad compuesta* consiste en que, cobijados en un único arco identitario, todos los que hemos nacido en territorio boliviano, nos identificamos como tales (bolivianos), pero existe una gran parte de la población que simultáneamente tiene una identidad indígena originaria, que no solo está cobijada en ese arco sino que lo compone y matiza con sus "colores", es decir, con las historias, los sujetos, las prácticas y voluntades políticas de las naciones indígenas originarias cobijadas. De esa manera, todos somos bolivianos, pero casi una mitad de los

---

9. Sobre esta temática en el movimiento socialista revolucionario, ver "El derecho de las naciones a la autodeterminación" (Lenin, 1978). Ver, también, Otto Bauer (1979); Kautsky y otros (1978); Borojov et al. (1979); Luxemburg (1979); Hobsbawm (1990) y Balibar y Wallerstein (1991).

bolivianos son también aymaras, quechuas, chiquitanos guaraníes, yuracarés, etcétera[10].

---

10. En un reciente libro, *La Sirena y el Charango. Ensayo sobre el mestizaje,* Carlos Mesa Gisbert intenta una defensa del mestizaje que podríamos denominar "moralizante" antes que académica o argumentativa. El texto presenta un gran número de errores históricos y prejuicios ideológicos. Así por ejemplo, se menciona que no sería posible decir que durante la Colonia española se habría cometido un genocidio hacia las naciones indígenas pues "Bolivia no tendría hoy treinta y seis pueblos indígenas" (p. 192); afirmación que contrasta con los datos elaborados por investigadores serios de la temática del colapso demográfico en el continente tras la llegada de la invasión española, que muestran que en menos de 30 años, de 1520 a 1550, cerca de 7/10 partes de la población indígena habría perecido a causa de guerras, enfermedades y asesinatos masivos (Sempat Assadourian, 1994). La percepción de Mesa, en ese sentido, peca de una sorprendente frivolidad con relación a los datos de una tragedia histórica. La misma ligereza con los conceptos e información histórica se halla al momento de valorar la rebelión de Túpac Katari. El autor señala que, durante esta, Katari "no tuvo alianza alguna con mestizos y criollos" (p. 160), como si realmente no las hubiera buscado; cuando en realidad las cartas dictadas por Katari y redactadas por sus escribanos, intentando precisamente pactar con los habitantes criollos de la ciudad de La Paz e incluso con los propios habitantes españoles ofreciéndoles respetar su vida y permanencia, pero ya no bajo el régimen colonial de apropiación del trabajo indígena, son bastante conocidas. Es la negativa de ambos sectores a esta forma inédita de convivencia multicultural bajo el mando indígena (con la restitución de las tierras de ayllus), y las continuas incursiones de las tropas españolas que arrasaban a las comunidades sublevadas, lo que lleva a Katari a plantearse una guerra total contra españoles y criollos. (Ver las cartas de Túpac Katari, 1781/1872). Mesa incluso llega a afirmar que Katari habría buscado imponer el dominio indígena aymara en base a "la tradición verticalista y autoritaria del mundo prehispánico" (p. 160), ignorando la cualidad de las estructuras políticas aymaras, caracterizadas precisamente por una incesante atenuación de la concentración del poder, por medio de la organización segmentaria de las jerarquías políticas en las confederaciones aymaras, vivamente retratadas por Katari en sus declaraciones a sus captores. (Ver Platt, 1988). Las mismas inconsistencias argumentales se muestran al momento de descartar la identidad indígena de Evo Morales por su apellido o sus varios oficios, como si la identidad nacional dependiera de los nombres. De ser así, uno no entendería entonces porqué Carlos Mesa es boliviano y no español, de donde seguramente proviene su apellido. Evidentemente, se trata de una explicación pueril que desconoce el funcionamiento de las identidades nacionales que poco tienen que ver con los apellidos u oficios. Pero el error básico en el que se desenvuelve todo el ensayo es la creencia de que el "mestizaje", en tanto mezcla, es la garantía de la igualdad de derechos. Mesa olvida que ningún mestizaje es "angelical" o neutro. Al contrario, todo mestizaje es una heterogeneidad jerarquizada, articulada en torno a un núcleo dominante, a un idioma que niega a los otros idiomas, a unos héroes que esconden otros héroes, a unas prácticas culturales que niegan a tantas otras; y, en ese sentido, todo mestizaje es en cierta forma un tipo de etnocidio. En cada etapa histórica de un país existen tantos tipos de mestizajes como clases sociales o identidades nacionales hay en la sociedad. No existe *"el"* mestizaje, sino un tipo particular de mestizaje impulsado por un tipo específico de grupo social que universaliza sus prácticas culturales a otros grupos o naciones, recogiendo, de manera subordinada, parte de las prácticas culturales y organizativas de estos otros sectores y naciones subordinadas. Finalmente, los prejuicios ideológicos del autor lo llevan a falsear el significado del Estado Plurinacional. Él señala (en la p. 150) que el modelo constitucional que lo sustenta sería el de "compartimientos estancos" que niegan la ciudadanía igual para todos. No cabe duda de que se trata de una falsedad malintencionada, pues no toma en cuenta que el Estado Plurinacional reconoce de manera plena, para todos los bolivianos y bolivianas, la totalidad de los derechos individuales universales, comenzando por los derechos civiles, políticos, económicos, sociales y laborales. Y en ese sentido, la Constitución boliviana es la más avanzada del mundo en lo que se refiere a la garantía de estos derechos conquistados por las luchas

Vista en perspectiva histórica, la identidad boliviana atraviesa tres momentos previos –todos ellos falaces– en su intento de consolidarse como una identidad nacional plena. El primero, en tiempos oligárquicos, cuando la nación boliviana no abarcaba –y tampoco quería hacerlo– ni al 30% de los habitantes del país, por lo que más que una nación podríamos hablar de un linaje extendido, cuya meta histórica solo podía darse a través de la extinción de los *indios*, o de su propia extinción como linaje dirigente (que fue lo que al final sucedió). El segundo momento vino de la mano del nacionalismo movimientista y buscó incorporar al indígena en tanto individuo *desindianizado*, obligándolo a adquirir los hábitos y la cultura castellano hablante pequeñoburguesa, es decir, forzándolo a dejar de ser *indio* o indígena. El resultado final de ese etnocidio encubierto como "mestizaje" fue la emergencia de un poderoso movimiento indígena que a la par de reivindicar el derecho de las naciones indígenas marcará el límite y fracaso catastrófico del mal llamado "mestizaje" movimientista.

El tercer momento se dará en tiempos neoliberales mediante el denominado pluri-multi-culturalismo. El Estado reconocerá a los "pueblos" (mas no naciones) indígenas como *parte minoritaria* de la sociedad, pero nunca como parte constitutiva del Estado, y buscará implementar políticas tibias de resguardo de sus prácticas "folklóricas". Era un reconocimiento ornamental del indígena como sujeto vulnerable y objeto de políticas sociales caritativas que permitieran atemperar su gradual e inevitable extinción histórica, en correspondencia a los "tiempos de la globalización", donde sobrevivirían solo las grandes identidades competitivas.

En estos tres momentos, la solución propuesta para la consolidación de la identidad boliviana siempre fue la extinción del *indio* y por tanto el desconocimiento de las naciones indígenas. Ya sea por la vía

---

sociales mundiales a lo largo de los últimos 200 años. Estos derechos individuales universales son la garantía de la unicidad del Estado y *la nación estatal boliviana*. Pero, además, sobre la base y bajo el amparo de la cúpula de estos derechos individuales, el Estado Plurinacional les reconoce a los bolivianos que son a la vez indígenas, un conjunto de derechos colectivos políticos, territoriales, sociales, económicos y culturales, propio de las *identidades nacionales culturales dentro del Estado*. Esto garantiza el reconocimiento *en* el Estado de las naciones culturales indígenas. Y esta articulación de *la diferencia cultural en la unidad estatal*, es la *identidad nacional compuesta*.

de la exclusión legal, del exterminio físico y del antimestizaje explícito (tiempos oligárquicos), del suicidio identitario del mestizaje (tiempos movimientistas), o de la lenta y edulcorada extinción de las minorías folklóricas (tiempos neoliberales), lo que se buscaba era planificar el fin del *indio*, de los pueblos indígenas y de su historia –entre humana y animal, entre colorida y salvaje– que nunca dejaron dormir tranquilas a las sucesivas élites que asumieron la conducción del Estado. En el fondo el único indígena aceptado era el que ya no lo era, o en otras palabras el que se había "blanqueado" tanto cultural como corporalmente. En ese sentido, no deja de ser paradójico el hecho de que la consolidación de la nación boliviana, su completitud realizada, la unidad *real* entre población total e identidad consistente, entre territorio realmente estatalizado y geografía heredada, se dé precisamente a través de la recuperación de lo negado por toda la historia previa de la bolivianidad: a saber, el *indio*, las naciones indígenas, su historia y porvenir.

Y es que el triunfo histórico de la identidad boliviana no podía ni pudo pasar por la negación del indígena, pues dicho triunfo significaba justamente la indianización de la identidad boliviana; y es en ese proceso que esta última encuentra las raíces, la irradiación hegemónica, la territorialización plena de la geografía y el destino común compartido con todas las identidades, regiones y clases sociales existentes. Lo boliviano deviene real solo en el momento en que se indianiza; deviene como unificador pleno de la sociedad solo en tanto asume como una de sus fuentes vitales a las naciones indígenas que prosperan en su interior; se convierte en identidad irradiante y totalizadora de las otras identidades (convocante de indígenas y no indígenas) solo cuando el sujeto social colectivo que dirige lo que debe entenderse como boliviano, son precisamente los indígenas.

Extraña paradoja de la historia de una identidad, la nacional boliviana, que durante casi dos siglos lucha a muerte contra los indígenas para supuestamente consolidarse, cuando en realidad la única manera que tenía para volverse completa y unificar a la sociedad boliviana era precisamente a través de la conducción de la constitución de la identidad por parte de los indígenas proscritos.

Esta característica de *identidad compuesta* e indianización creciente de la identidad boliviana constituye la clave que ayuda a entender los resultados del Censo de Población y Vivienda del año 2012, que estableció que el 46,7% de los bolivianos mayores de 15 años pertenecían a alguna nación indígena. El 2001, el 62% de las personas mayores de 15 años que se identifican como pertenecientes a un pueblo o nación indígena, reunirá en una sola cifra y en torno al liderazgo del movimiento indígena insurrecto, la constitución, desde la sociedad civil, del bloque nacional-popular, opuesto al régimen neoliberal. Desmontado el Estado neoliberal vía indianización de la forma estatal del Estado Plurinacional, las identidades indígenas se acomodan en su nueva dimensión demográfica, mientras que lo popular boliviano tiene ya en ese nuevo Estado el referente de su reconocimiento social y de su nuevo modo de articulación en torno a lo indígena. Hablamos entonces de dos momentos de la constitución de las identidades. En el caso de las cifras del 2001, estamos ante la fusión de lo popular y lo indígena *desde la sociedad civil frente al Estado*. Las cifras del 2012, en cambio, hablan de lo popular y lo indígena *en el Estado*.

Mestizaje

Llegado a este punto, está claro que en general toda identidad –y en particular toda identidad nacional– es una relación y una correlación de fuerzas de larga duración; una construcción o convención social conscientemente producida, o pre reflexivamente asumida y modificada, enriquecida mediante el flujo continuo de relaciones e interrelaciones con otras identidades y con el Estado. Toda identidad se mueve en un espacio de identidades afines que pugnan, luchan, se jerarquizan, redefinen, se expanden (a costa de otras), se alimentan selectivamente de otras, y se afirman contra y con las influencias de otras. Por ello cada identidad tiene un *contenido heterogéneo*, con un núcleo articulador que le permite perseverar, adquirir, innovar y adjuntar influencias externas con el único fin de preservarse históricamente.

Las identidades nacionales son pues formas duraderas de luchas político-culturales, de silenciosas guerras ideológico-discursivas con efecto performativo territorial y estatal, que necesitan renovarse permanentemente, alimentarse de sí mismas y de las otras identidades interiores y exteriores para preservarse históricamente. Las naciones contemporáneas, tal como las conocemos, tienen una historia reciente; han emergido en medio de un torbellino de luchas político-culturales y son parte cotidiana de ellas, además de que sirven a esas luchas. Por ejemplo, la identidad nacional boliviana, tal como la conocemos y vivimos hoy, es radicalmente distinta a la forma en que se originó en tiempos oligárquicos. Lo que hoy entendemos como *lo boliviano* ha atravesado el influjo decisivo de los artesanos y arrieros del siglo XIX, de la derrota del Chaco y del sindicato obrero del siglo XX, de la multitud urbana fruto de las migraciones, y de la organización indígena de los siglos XX y XXI. El "ser" boliviano hoy, en su contenido y representación, con seguridad no tiene nada que ver con el "ser" boliviano de la fundación republicana, a no ser el nombre y el mapa geográfico (aunque incluso en cuanto a este último, actualmente solo queda la mitad de lo que era nuestra geografía inicial). Todas las identidades nacionales –absolutamente todas– mutan, se transforman incesantemente porque en sí mismas son cristalizaciones temporales de luchas hegemónicas ancladas territorialmente. En sentido estricto, todas las identidades del mundo son heterogeneidades sociales e históricas (*principio de socialidad*), solo que cada una de ellas se asume como única y exclusiva (*principio de individualidad*). De hecho, la forma de comprobar la existencia y vitalidad de una nación es ver si se ha transformado internamente con el tiempo; ese es su *signo vital* histórico. Si una nación se congela o se fosiliza, es que ha muerto, y seguramente ha dado paso a otra u otras identidades nacionales. Incluso las propias naciones indígenas tal como hoy las conocemos, son muy distintas a cuando fueron descritas por los colonizadores. Es el caso de la nación chiquitana, a la que hoy entendemos como una identidad geográficamente ubicada, con el bésiro como idioma compartido y una tradición anclada en parte en la experiencia jesuítica. Sin embargo, si revisamos su historia, el espacio de esa nación en los siglos XVI y XVII fue en realidad un conjunto de numerosas naciones e idiomas con sistemas políticos y prácticas culturales diferenciadas[11], cuya relación con las misiones estuvo marcada muchas veces por la resistencia, el enfrentamiento y la huida.

De igual manera, cuando nos referimos a la nación aymara, la unidad lingüística, geográfica e histórica que hoy vemos, es un producto reciente del último siglo. Al momento de la colonización, lo que existía era un conjunto de "señoríos" y confederaciones indígenas que estaban presentes desde inmediaciones del Cuzco, (Canchis, Canas), alrededor del lago Titicaca (Collas, Lupacas, Pacajes) y se extendían hasta el norte argentino pasando por el lago Poopó (Carangas, Soras, Charcas, Quillcas, Caracara, Chuis, Chichas...) (Albó, 1988), con sus respectivos sistemas de autoridad política, posición territorial y decisiones autónomas respecto a sus relaciones entre sí, con el Inka o la Colonia española (Platt, Bouysse-Cassagne, Harris 1991). La identidad aymara contemporánea, tal como ha sido reconstruida por el movimiento político-cultural indianista-katarista, si bien rescata la memoria unificada en las grandes sublevaciones de Túpac Katari[12] y Zárate Willka, incorpora también las propias unificaciones externas que la dominación colonial estableció a raíz del régimen de tributación, empadronamiento y encomienda. Se trata de un proceso de luchas de resistencia a imposiciones coloniales que a la larga crean una identidad unificada, muy diferente por ejemplo a las identidades precoloniales, o a aquellas identidades reivindicadas por algunas ONGs y sus organizaciones "originarias" financiadas, que priorizan el rescate de las identidades fragmentadas de los antiguos señoríos.

En todo caso, lo decisivo aquí es la cualidad fluida, cambiante, heterogénea y continuamente enriquecida por el contexto y el entorno, de cada identidad nacional. No hay identidad pura, perenne, incapaz de absorber o transformarse por el enriquecimiento (en lucha) de las otras identidades paralelas, dominantes y dominadas. Una identidad nacional "pura" es objetivamente una identidad fósil, muerta, carente

---

11. Ver Matienzo Castillo, (2011); Tomichá Charupá (2002); Combes (2011).

12. Sobre el papel de la guerra en los procesos de unificación nacional de la identidad aymara, ver "Consideraciones sobre la nación a partir de la forma del valor" (García Linera, 2009).

de vitalidad histórica y condenada a la extinción. Esto no quiere decir que los connacionales no puedan imaginar una "pureza" de origen y destino, pero se trata de una autenticidad subjetiva, que es parte de los repertorios imaginados-inventados que la gente necesita creer para cerciorase de su particularidad y exclusividad identitaria. No obstante, son dos cosas completamente distintas: la autenticidad (o "pureza") como creencia socialmente inventada, y la autenticidad real, que no existe ni puede existir objetivamente porque eso sería la muerte misma de la propia identidad. Esto significa que toda identidad objetivamente es una hibridación histórica. La única manera de persistir en un espacio de luchas, tanto político-culturales internas que le dan forma histórica, como con otras identidades que la aprisionan territorialmente, es absorber o subsumir permanentemente las influencias externas, readecuarlas a sus necesidades y designios. Es como si una nación no pudiera permanecer en sí misma si no es a costa de *subsumir formal* y *realmente* determinados componentes de las otras identidades; ya sea en la comida, los usos idiomáticos, las tecnologías productivas, las ideas organizativas, las expectativas, toda nación diariamente mezcla, adquiere y procesa lo que otras identidades producen, sin que ello debilite a la propia identidad. No hacerlo sería su ruina.

Entonces, toda identidad nacional puede ser vista como una maquinaria social de absorción ordenada y jerarquizada en torno a un núcleo fuerte, de influencias y creaciones del resto de las identidades nacionales. En otras palabras, toda nación del mundo es –y ha sido– una máquina de mestizaje perpetuo; por tanto, su diferenciación entre sí no se debe a que unas son mestizas y otras no. Preguntarse si una nación es mestiza es como preguntarse si un pueblo tiene vínculos sociales; definitivamente una tautología. La materia prima común de las naciones es la heterogeneidad social, es decir, el mestizaje; en cambio lo que las diferencia es la manera en que ese mestizaje social es organizado, jerarquizado, nombrado, priorizado y proyectado para posesionarse y legitimarse estatalmente en el territorio, que deviene consiguientemente en el territorio de la nación. Por lo tanto, lo que diferencia a una identidad nacional de otra es el núcleo organizador del mestizaje social; esto es, el bloque social dirigente más su historia y proyecto histórico en torno al cual se articulan los flujos heterogéneos de la vida social[13].

Por eso el debate en torno al mestizaje en Bolivia no deja de ser una impostura intelectual. A raíz del último Censo de Población (del 2012) surgieron voces afirmando: "los que no son indígenas son mestizos", reproduciendo hoy, con un lenguaje cultural-biológico, ese centenario debate sobre la diferencia irreductible entre indios y no indios. De manera a veces inconsciente, la dualidad indígena/mestizo reproduce la de salvaje/civilizado de principios del siglo XX, que a su vez reprodujo la de humano/semihumano del siglo XVI. Se trata de la misma vieja demonización del *indio*: antes sin alma; después sin cultura; más actualmente sin vitalidad, aislado, inerte, "puro", lo que es lo mismo que fósil, incapaz de un porvenir que no sea el de la reproducción de su casa de piedra o barro, su techo de paja, su arado manual, su destino infecundo, su aislamiento de museo y de caridad navideña. En sentido estricto, todos somos biológicamente mestizos; no existe un ser humano que tenga –enfatizo, entre comillas– "sangre pura". El ser humano es por definición un ser social, un ser resultante de la interdependencia con otros seres. El desarrollo humano es producto de esta interdependencia social-natural; y si en algún momento la distancia geográfica ha separado a parte de los miembros de la familia humana, la interconexión de los océanos superó esos distanciamientos potenciando de una manera irreversible la interdependencia universal de todos nosotros. Lo que cada uno es, en lo biológico y lo cultural, es un producto de todos los demás seres humanos; por la sangre de cada ser humano circulan todas las sangres. Todos tenemos biológicamente el 99,9% del mismo ADN, y en el restante 0,1% nos diferenciamos por las condiciones culturales.

Y así como todos somos biológicamente mestizos, con mayor razón toda nación es culturalmente mestiza, porque recoge la experiencia cultural, el adelanto técnico, el hábito culinario, las habilidades manuales y científicas de otras naciones; y es debido a esa capacidad de adaptación en torno a un núcleo articulador y a una lógica interna que la identidad

---

13. Para un debate enriquecedor sobre el uso contemporáneo del mestizaje, ver las ponencias de Spedding, Rivera y Barragán en el *Seminario Mestizaje: Ilusiones y Realidades* (1996).

nacional persiste y se fortalece. Entonces, decir que unos son "mestizos" y otros "indígenas", es afirmar que unos son humanos (producto de relaciones sociales vivas), en tanto que los otros (los indígenas) carecen de ese intercambio y heterogeneidad social, y en el fondo no tienen características humanas.

La diferencia entre indígenas y no indígenas no radica en que unos son mestizos, mientras que los otros son supuestamente "puros" (que equivale a decir que son sujetos fósiles, propios de un museo). Esta diferenciación culturalista disfraza una distinción racista desde todo punto de vista inaceptable. Igualmente es incorrecta la diferenciación entre los que viven en la ciudad, en bulliciosos y dinámicos barrios, y los que viven en el campo o en comunidades aisladas, tal como sugiere cierta ideología ecologista reaccionaria, que se imagina al indígena del campo con "su gorrita y su llamita", o en la selva, rodeado románticamente por la naturaleza intocada e intocable. Ese es el indígena de postal, de carácter bucólico, siempre lejos –y cuanto más lejos de uno mejor–, aislado, autárquico, fosilizado como una piedra o un árbol perenne, e idílicamente confundido con el paisaje. Sin duda, se trata de un bucolismo romántico posmodernista que no puede encubrir su descarnado colonialismo mental de inferiorización del indígena –¡claro!– reducido a un aditamento inmóvil del paisaje; el indígena ha perdido así su condición humana de *ser* universal, *ser* de relaciones con el resto de los seres humanos y portador de capacidades transformadoras del entorno natural[14].

Y es que el indígena real, el que no reporta ganancias plasmado en una postal ni como objeto del informe de financiación extranjera, está en el campo y en la ciudad; produce la tierra con un arado egipcio o con

---

14. En realidad, esta imagen del indígena como efigie petrificada en su choza, subsumido en una naturaleza inerte es común al modernismo racista de inicios del siglo XX, a los nacionalistas de mediados de ese siglo, a los neoliberales de fines también de ese siglo, y a los melancólicos contemporáneos del fallido nacionalismo movimientista. La imagen más brutal de esta fosilización del indígena la llevó a cabo Sánchez de Lozada durante su segundo gobierno, cuando en una recepción social para las élites empresariales extranjeras mandó a ornamentar las paredes del salón con unas vitrinas en las que se hallaban mujeres indígenas, casi inmóviles, realizando movimientos como en cámara lenta en antiguos telares. La inmutabilidad del indio ante la historia, sostenida por Tamayo, o la versión de que por pensar en carreteras el indio se vuelve en mestizo, sostenida por Mesa, refleja que ambos autores, a pesar de la diferencia de un siglo, comparten el mismo imaginario del indígena como una mera petrificación de la naturaleza en la historia. Ver Tamayo (1986) y Mesa Gisbert (op. cit.).

un tractor –cuando le es posible–; trabaja en comunidad en el campo y hace negocios con China para vender *smartphones* o *software*; es agricultor, pero también ingeniero o médico; rinde culto a la Madre Tierra para pedir una buena cosecha, pero también se sube a aviones, tala árboles, maneja automóviles propios, se esfuerza para mandar a sus hijos a la universidad, y cuando puede se compra una casa en la ciudad; habla el idioma de sus abuelos pero también el castellano, e intenta aprender el inglés, o al menos que sus hijos lo hagan para desenvolverse mejor usando la computadora. El indígena contemporáneo es agricultor, cazador y recolector, pero también es chofer, empresario, profesional, oficinista, vendedor; puede cosechar quinua, pero también es diestro en el manejo de las tecnologías modernas, e incluso las inventa.

El ser indígena no es una cualidad legal de la tierra –como desearía el típico abogado de ONG– ni el ser aislado que contempla petrificado en el tiempo un mundo indiferente, es un ser social universal como el resto de los seres humanos, fruto de la historia común de toda la humanidad, partícipe de las posibilidades, influencias y límites de la sociedad; y al igual que otras identidades se alimenta de los aportes de la humanidad entera y también ha aportado, y seguirá haciéndolo, al conocimiento humano, a las relaciones culturales y políticas del resto de las identidades sociales.

Las naciones indígenas son identidades nacionales históricas, portadoras de una fuerza histórica y de un destino. El uso de un celular no le quita al indígena su identidad, así como el uso de la lógica del lenguaje aymara para encriptar mensajes digitales en el mundo entero no disminuye la autenticidad aymara. Ninguna nación puede persistir en la historia sin ese flujo intenso de influencias y recepciones con el resto de las identidades, sin *mestizarse* continuamente; la clave para su continuidad está en el modo en que toda esta influencia es recepcionada y emitida en torno a la propia lógica organizativa y narrativa identitaria de cada nación en particular.

La diferencia entre indígenas y no indígenas no es pues el "mestizaje", porque todas las naciones y todas las identidades sociales son mestizas cultural y biológicamente. La diferencia radica en la composición de la identidad nacional. Mientras unos se identifican como bolivianos, es decir, con la identidad nacional estatal, los indígenas poseen una identidad nacional compuesta: son bolivianos y además aymaras, quechuas, guaraníes etc., es decir, se identifican con la nación estatal y adicionalmente con una nación cultural indígena dentro de la nación estatal.

El "mestizaje" no es una diferencia –ya que todas las naciones del mundo son por principio mestizas en mayor o menor grado– ni una identidad –ya que ningún boliviano cometería la locura de decir que pertenece a la "nación mestiza" cuando viaja al exterior. Si a alguien se le pregunta de qué nacionalidad es, con seguridad jamás responderá "soy de la nación mestiza", lo que equivaldría a decir "soy de la nación humana".

En el fondo el llamado político al "mestizaje" como identidad diferenciada de la indígena es una forma racista y discriminatoria de diferenciación del indígena, una manera de devaluarlo. Si bien existen personas que –sin ningún afán discriminatorio– cotidianamente usan la categoría por comodidad para establecer una diferencia, en los hechos, sin desearlo, reavivan y refrendan esa historia de terribles descalificaciones y dominaciones hacia lo indígena.

El uso del "mestizaje" como herramienta política clasificatoria tiene un origen y una función colonial. Como lo demuestra Larson en el siglo XVII en Cochabamba, el mestizaje nació como un modo de categorización colonial para agrupar censalmente a aquellos pobladores dedicados a oficios artesanales urbanos, por lo general indígenas que habían huido de sus comunidades para dejar de tributar (Larson, 1992); se trataba de *indios*, solo que se dedicaban a nuevos oficios artesanales[15]. En los prime-

---

15. Una de las deficiencias conceptuales en el debate sobre nación e identidades, es la separación forzada entre condición social de clase e identidad. El punto de partida de esta falsa escisión provino ciertamente de las lecturas economicistas sobre clase social heredadas desde la III Internacional; con el tiempo, la reacción fue la lectura culturalista de la identidad. Como hemos visto, en realidad la identidad y la cultura son formas históricas de realización de las luchas de clases en el terreno de las ideas, las representaciones, los estilos de vida, las concepciones estéticas del mundo, en la construcción práctica de los imaginarios, en el arte. Se trata de procesos indivisibles. En Bolivia, el debate en torno al mestizaje ha carecido precisamente de esta determinación social de la constitución de las clases sociales en la Colonia, y por ello, por lo general se la trata como un ente amorfo, meramente culturalista, discursivo u ornamental. Por ejemplo, se ha señalado que los usos emblemáticos de las vestimentas o las diferenciaciones sociales entre chola/mestiza/ criolla/birlocha, habilitarían un conjunto de distinciones propias de sociedades coloniales como la boliviana, que superaría cualquier consideración sobre la clase social. Respecto a los usos emblemáticos de la vestimenta, está claro que no representan ninguna "exclusividad" propia solo de las sociedades coloniales, ya que corresponden al ámbito de competencias simbólicas de las clases sociales de cualquier sociedad, colonial o no. Los estilos de vida, comenzando por la vestimenta, son parte de las tomas de posición con las que las personas que poseen determinadas condiciones objetivas de existencia similares –una clase objetiva–, afirman y representan simbólicamente su posición y su distinción de otras personas que poseen otras condiciones de existencia –otras clases. Y al hacerlo, reafirman sus monopolios y protegen el propio "valor" de sus condiciones objetivas de vida. Las representaciones simbólicas y las diferenciaciones de los estilos de vida no solo "expresan", sino que también reafirman la propia condición social, generando entonces un efecto material de enclasamiento al interior del espacio donde se despliegan las luchas sociales por posiciones y recursos sociales escasos. En este caso, las representaciones estéticas adecúan la posición y la trayectoria del grupo social (la clase), mediante el gusto a las cosas que sus posibilidades brindan (trayectoria de clase); a la vez que distinguen, y buscan distinguirse, de las personas que poseen condiciones económicas y laborales más "bajas" en la estructura social (otras clases). Paralelamente, debido a la propia lógica del campo social, las personas en situación más "baja" buscarán imitar los usos estéticos y emblemáticos de las personas colocadas en un escalón más arriba de las jerarquías sociales, obligando a estas últimas a cambiar sus emblemas, para así garantizar su distinción y condiciones de vida, en una cadena interminable de mutaciones emblemáticas de cada grupo social.

Respecto a los "desprecios escalonados, cada cual afirmándose contra el grupo anterior estos tienen que ver con la competencia por la incesante apropiación de los bienes culturales legítimos de una sociedad, a saber, la vestimenta de las élites, la lengua legítima, los gustos legítimos, la *hexis* legítima, etc., que empuja a las clases dominadas a una situación de búsqueda permanente de los bienes de las clases ubicadas en los escalones inmediatamente superiores y, a la larga, al abandono progresivo de los bienes que poseen y que "delatan" su condición de subalternidad. Esto lleva, a su vez, inmediatamente, a la devaluación de los bienes culturales del escalón superior que al verse "invadido", es decir, al ver masificados los valores de sus usos emblemáticos de clase "superior", intenta nuevamente, de manera espontánea, distinguirse de esta "divulgación" de sus estilos de vida, a fin de preservar los privilegios sociales que monopoliza; desatándose una carrera sin fin en la que las clases dominadas quedarán ubicadas, una vez más, en la posición de dominadas pese a esa su búsqueda de ocupación de los símbolos distintivos de las clases superiores (vestimenta, lenguaje, alimentos, etc.). Todo estilo de vida de cada clase social existirá siempre en tanto búsqueda por escalar hacia los estilos de vida de las clases "superiores", a nivel de país, región o del mundo, que expresan su anhelo del deber ser; pero también en contraste con otros estilos de vida exhibidos por las clases más desposeídas (en el caso de Bolivia, hasta hace poco, los "indios"), como referencia negativa de lo que no se puede ni debe ser. Todas las clases sociales tienen un referente negativo como una especie de mito que permite asegurar el gusto con el tipo de gusto que se posee, pero también un referente positivo, que agrupa la inclinación y adecuación de los gustos actuales con lo que se debe tener para ser "alguien" en vida, para ser reconocido. El estigma con el que los usos emblemáticos de la vestimenta, el lenguaje o el oficio son marcados o descalificados (por ejemplo, chola/birlocha/ de pollera/de vestido/señorita/ de mandil/chota/ enzapatado/enternado/chojcho/ refinado/talón rajado, etc.), señala cómo es que las diferentes clases sociales producen el campo simbólico, ocupan el poder simbólico y defienden o pugnan por ocupar ese poder simbólico. Son luchas simbólicas y discursivas empleadas por personas que, ocupando una posición social de clase objetiva, denuncian y descalifican la trayectoria social de otro sujeto que pretende o ha logrado ocupar la posición económica de la persona denunciante; al "denunciarlo" con un calificativo, buscan devaluarlo simbólicamente, y por tanto, obstruir su ascenso o desplazarlo de la posición ocupada como arribista, para, de esa manera, impedir la devaluación de sus condiciones de vida como resultado de la "masificación" de la posición que ocupan. La estigmatización surge, así, como estrategia de depreciación de los bienes portados por los recién llegados, y como afirmación de la exclusividad, es decir, del "valor" y prestigio de la posición de clase, de su distinción. Cuando estas luchas simbólicas, mediante las cuales cada clase social pretende cerrar las fronteras simbólicas son atribuidas a una diferencia de naturaleza, estamos

ros tiempos de la República, la categoría *mestizo* designaba ya prioritariamente a un oficio laboral (Barragán, 1990), y después de la Guerra del Chaco devendrá en sujeto político[16].

El MNR construirá en torno a ella una propuesta política de la clase pequeñoburguesa letrada y castellano hablante que, a tiempo de enfrentarse a la oligarquía terrateniente, buscó imponer su cultura, su idioma, su lógica propietaria y sus prejuicios al resto de la población susceptible de ser movilizada frente a la rosca minero-latifundista. La convocatoria al "mestizaje" fue entonces un modo colonial y falaz de articular el bloque popular antioligárquico, destruyendo las identidades indígenas para consagrar una única identidad dominante, la pequeñoburguesa castellano hablante. Decimos que era colonial porque proponía que, a cambio de la pequeña propiedad de la tierra, los indígenas enterraran su propia identidad nacional, su historia más antigua que la propia patria, su idioma y cosmovisión, es decir, representaba su etnocidio en pleno. Pero además era falaz, porque esa manera de articular lo popular reconstruía el núcleo duro de la función y de la ideología oligárquica: su antiindianismo o su visceral negación del *indio*. El movimientismo, en todo su afán de lucha contra la oligarquía, al final, mediante el llamado al "mestizaje" reconstruirá a partir de entonces la mismísima razón oligárquica, a saber, la extinción del indígena.

En realidad, en esta propuesta política del mestizaje se jugaba una ilusión que justificaba por otros medios, al margen del exterminio físico, el exterminio cultural y nacional del *indio*. Claro, en la imagen primaria o común del mestizaje está la idea de que se trata de la fusión de dos polos que dan nacimiento a un tercero, es decir, la convocatoria a que "unos" (los indios) y los "otros" (los españoles o criollos) abdiquen, cada

---

ante un tipo de racismo de clase. En sociedades coloniales, si bien nos referimos a una sociedad entera que se sobrepone, domina a otra, y se legitima bajo argumentos raciales y culturales; esto no nos debe hacer olvidar que la sociedad dominante también deviene en clase social objetiva, con sus distintas fracciones de clase, dando lugar a un campo social de clases sociales y lucha de clases. En ese sentido, las identidades coloniales como criollo, mestizo, chola, etc., forman parte de las luchas materiales y simbólicas por el monopolio de las posiciones sociales objetivas dentro de la constitución colonial y poscolonial de las clases sociales.

16. Un texto emblemático de esta construcción del sujeto histórico "mestizo" está en Céspedes (1936/1978).

uno, de su ser social y cultural, para dar lugar a un tercero que no será ni uno ni otro, sino la fusión de ambos: el mestizo, con raíces indígenas y españolas, pero ahora diferente a ambos, y por tanto un nuevo ser nacional. En el fondo esa es la ilusión ingenua y tramposa del mestizaje.

Ilusión ingenua, porque según esta cada identidad, a saber, el peso de la historia colectiva de toda una sociedad, está dispuesta a hacer borrón y cuenta nueva de su existencia para reducirse a mera "raíz" y ser sustituida por algo distinto; como si el idioma, las prácticas productivas y políticas, las experiencias sociales hechas cuerpo, en otras palabras el *habitus* (Bourdieu, 1999) o la concepción del mundo interiorizada en cada pliegue de la piel a lo largo de siglos, pudiera desaparecer por decreto o voluntad. En la vida, lo más duradero –más que las ideas– es la piel, es decir, la historia heredada, acumulada, practicada desde la niñez, convertida en envoltorio corporal.

Pero también es una ilusión tramposa, porque si bien se les dice al indígena y al "criollo" que se conviertan en mestizos (el indígena dejando de ser indígena y el "criollo" dejando de ser "español"), se olvida mencionar que el "mestizo", que supuestamente está emergiendo como un nuevo ser, habla español como los españoles y reivindica como la "nueva" civilidad a ser venerada, la construida por los parientes americanos de los españoles; asimismo, se oculta que la narrativa nacional "mestiza" enarbolada por todos, los valores "mestizos" a ser aprendidos, las prácticas "mestizas" a ser imitadas, no son, ni más ni menos, que aquellas dejadas por los sucesores de los españoles en el manejo de la política y la economía.

Esta falacia del mestizaje como propuesta política identitaria olvida deliberadamente explicar que toda fusión social (todo mestizaje) es siempre, de manera ineludible, una asimilación porque tiene un eje identitario articulador, un idioma dominador, unas prácticas dirigentes, una identidad que se impone frente al resto bajo el discurso legitimador de que no hay otra identidad superior y que todas han quedado unidas en la nueva. En ese sentido, el prejuicio común de que el mestizaje es la disolución de todos en un nuevo ser, es una falacia. Todo mestizaje es una *asimilación* de unas identidades por otra (dominante), una *fusión* bien fundada de otras identidades, es decir, jerarquizada, articulada y organizada por alguna de ellas que hace creer al resto que todas se disolvieron por igual para dar lugar a una "nueva" identidad; cuando en verdad todas se han disuelto, excepto una. La disolución del resto de las identidades sirve en realidad para reforzar y consolidar a esa identidad no disuelta, en tanto identidad dominante y dirigente; en otras palabras, al enriquecerse con el aporte de las otras identidades, el núcleo identitario persistente y dominante, les hace creer que es una nueva identidad.

Por consiguiente, el uso de la consigna del "mestizaje", absolutamente inconsistente en términos académicos, cumplió en términos ideológicos, a mediados del siglo XX, una función estrictamente política. Ayudó a crear un campo opositor que derrotó físicamente a la oligarquía, pero reconstruyó de modo más generalizado la cultura y el sentido común oligárquico del feroz exterminio de las identidades indígenas. El uso de la categoría del "mestizaje" como modo de identificación y diferenciación de los indígenas, constituye pues una reliquia política y lingüística movimientista de carácter etnocida, y por ello se la debiera abandonar, a no ser que se busque deliberadamente restaurar nuevamente dicha ideología colonial antiindígena.

Ya que el fondo común de las construcciones nacionales es la heterogeneidad o el mestizaje social, todo proyecto de organización política identitaria de la sociedad –en cualquier parte del mundo– es un tipo de "mestizaje". El proyecto oligárquico, por ejemplo, fue también uno, aunque quizá por la mayor formación de sus ideólogos al menos tuvo la decencia de no llamarse "mestizo". El proyecto movimientista llevado adelante por la clase media letrada, que en el fondo fue otra manera de negación de los pueblos indígenas, sí fue llamado "mestizo", y al final fracasó porque no logró homogenizar a la población. Mucho antes de esos dos proyectos fallidos de nación, quizá el intento más serio de reconocimiento y articulación equilibrada entre el mundo indígena y el mundo colonial, se dio en el siglo XVI, cuando un grupo de jesuitas rebeldes a la jerarquía, propuso un tipo de diarquía entre el heredero Inka y el Rey (Laurencich-Minelli, 2011), lo que habría podido inaugurar un tipo de "plurinacionalidad" que hubiese cambiado drásticamente el destino del régimen colonial, etc.; y podríamos seguir enumerando múltiples posibilidades de "mestizaje", unos diferentes de otros. En todo caso, lo que queda claro es que existen tantas opciones concretas de mestizaje en un país como clases sociales y naciones hay al interior de una patria en un momento dado. Todo producto social identitario es "mestizo", porque su punto de partida es igualmente la heterogeneidad social. Lo que diferencia un mestizaje de otro es el idioma, las prácticas culturales, la historia legítima, elementos que se universalizan y se instituyen como dominantes, recogiendo –de manera subordinada– las prácticas culturales, las formas organizativas y las historias de las otras clases sociales o naciones que habitan en un territorio dado.

En sociedades con una diversidad nacional en su interior, lo que diferencia la historia profunda de sus Estados respecto a las de los otros que las rodean, es la manera en que se unen, articulan o subordinan el resto de las naciones interiores en torno a la identidad dirigente y dominante. Cuando las clases y la identidad dominante desconocen y homogenizan a las restantes naciones dentro del Estado, el mestizaje es un etnocidio y el resultado es un Estado monocultural confrontado con el resto de la sociedad plurinacional. En cambio, si la identidad y las clases sociales dirigentes reconocen a esas otras identidades nacionales y estas últimas inscriben sus prácticas materiales en el ordenamiento estatal, estamos ante una ecuación de *isomorfismo* entre Estado, sociedad y territorio que caracteriza a los Estados plurinacionales. Y eso es lo que Bolivia es hoy.

3. Nación*

Una nación es una comunidad política extendida con la suficiente fuerza interior para persistir en la historia, materializarse en un territorio propio, en prácticas políticas y culturales soberanas, en la idea de un ancestro común y en la voluntad de un destino colectivo único.

Una nación existe cuando los connacionales, independientemente de donde estén y la condición económica que posean, creen participar de una hermandad histórica de origen y de destino cultural, que han de traducirse, luego, en derechos que la diferencia de otras naciones. En ese sentido es que puede decirse que la nación es una forma de riqueza material, institucional, natural y simbólica compartida.

La nación es, pues, la consciencia práctica de una frontera social e institucional en las que las personas inscriben sus luchas, sus creencias fundamentales y el futuro de su descendencia.

Las naciones son, por tanto, artefactos político-culturales vivos que se expanden y contraen, que se modifican internamente en su sustancia cohesionadora dependiendo de los sujetos sociales que liderizan, de manera duradera, la conducción intelectual y moral, el "sentido común" (Gramsci) de todos los connacionales. De ahí que se puede afirmar que la nación es la plataforma territorial de las hegemonías primordiales o de larga duración de las sociedades.

---

* Extraído de García Linera, Á. (2013, 6 de agosto). Discurso del Vicepresidente de la Nación. *Solemne Sesión de Honor en Conmemoración a los 188 años de Independencia del Estado Plurinacional de Bolivia. Sexta Sesión Ordinaria de la Asamblea Legislativa Plurinacional.* Cochabamba, Congreso del Estado Plurinacional de Bolivia.

En el caso de Bolivia, cuando nació, hace 188 años, no era una nación de todos, ni una voluntad de nación para todos los habitantes del país. Abdicando de todo tipo de impulso unificador de lo indígena-popular, las élites fundantes de la nacionalidad prefirieron la exclusión constitucional de los indígenas, de los derechos a la ciudadanía, ya sea por carecer de propiedad privada o por no hablar castellano, dando lugar a una nacionalidad archipiélago, enclaustrada en la hacienda y basada en la estirpe, el apellido, el color de piel de hacendados y propietarios mineros.

La nacionalidad boliviana emergió de la colonia sin indios; más aún, cabalgando en contra de los indios, considerados solo como herramientas parlantes de trabajo y elementos de desprecio.

Si la nación es una común-unidad expansiva, ¿qué de común y de unidad tenían el mitayo y el patrón minero, el pongo y el hacendado? ¡Nada! Ningún derecho, ninguna riqueza compartida, ningún ancestro; peor aún: ningún porvenir.

Se trataba, entonces, de una nacionalidad excluyente y racializada. Por principio fundador, la posibilidad de modernizar el Estado y de irradiar la nacionalidad hacia las poblaciones indígenas estaba descartada en la mente de los gobernantes. Ello hubiera supuesto distribuir tierras, reconocer derechos colectivos, democratizar los cargos públicos, es decir, hubiera requerido que las oligarquías se negaran a sí mismas, demolieran las bases materiales de su existencia asentada en la creencia cerrada de su superioridad natural sobre los pueblos indígenas. Y está claro que, en la historia del mundo, ninguna clase social se suicida.

Si algo comenzó a ampliar la base social de la nacionalidad boliviana y, por tanto, a modificar el contenido de lo que entenderemos por nación boliviana, no fueron sus élites ni la gelatinosidad de su cultura; fueron las sublevaciones y luchas democratizadoras de la plebe que comenzaron a construir el nuevo contenido, la nueva sustancia de lo que entenderemos por nación boliviana.

En el siglo XIX, fueron los artesanos de Belzu, los comerciantes de chicha, los arrieros de mineral y los mingas asalariados de las minas, los que, en medio de revueltas y capacidad económica, obligaran a las élites a ampliar derechos y, con ello, a extender la base social urbana popular de la nacionalidad boliviana.

En el siglo XX, la lucha obrera por sus derechos salariales y la unidad trágica de la derrota de la Guerra del Chaco, modificarán parcialmente el contenido identitario de la bolivianidad, al incorporar el horizonte del sindicato en el ámbito de pertenencia nacional.

La nacionalización del petróleo en 1938, de las minas en el año 52, el voto universal, la guerra agraria que eliminó la hacienda en valles y altiplano en 1953, al tiempo de crear la base material de lo nacional-popular boliviano, eliminará la base material de la nación oligárquica (hacienda y gran propiedad minera).

Así, el sentido común oligárquico dará paso a un nuevo sentido común colectivo liderizado por la pequeña burguesía letrada, que asumirá, con sus prejuicios, la construcción homogeneizante de la nueva narrativa nacional. Esto supone que el contenido de una nación no es estático, sino que se dirime en cada época histórica a partir de las luchas sociales y la irradiación hegemónica del bloque social capaz de alumbrar la unificación de lo nacional-popular en cada época histórica.

Pero, pese a todo ello, el núcleo colonial con el que la nacionalidad había nacido, a saber, el desconocimiento de las naciones indígenas preexistentes a la república, el desconocimiento de los derechos colectivos y de los sistemas políticos-culturales indígenas seguirá en pie.

La superación real de la nacionalidad fundada en el apellido vendrá de la mano del movimiento indianista y katarista, de las sublevaciones indígenas-campesinas-vecinales-obreras y populares de inicios del siglo XXI, que producirán tres grandes cambios estructurales.

El primero, el reconocimiento constitucional e institucional de las naciones indígena originarias dentro del Estado boliviano. Ni folclore ni pasado a ser superado; las identidades colectivas indígenas serán reconocidas como naciones portadoras de una vitalidad histórica propia.

El segundo, este reconocimiento se dará lugar al momento de una ampliación de la base material de la nación boliviana y de las naciones indígenas, resultante de la nacionalización de los Recursos Naturales, el inicio de la industrialización, la eliminación del latifundio en el oriente y la redistribución democrática del excedente económico hidrocarburífero.

El tercero, la conformación de un nuevo bloque dirigente y unificador de la identidad nacional boliviana y del Estado, a la cabeza de los Movimientos Sociales indígenas-campesinos-populares que desplazarán la hegemonía de la burguesía exportadora y de la pequeña burguesía letrada. Con ello, la nación boliviana reconoce y fortalece las naciones indígenas; y las naciones indígenas asumen el papel dirigente de la construcción y de los contenidos de la nación boliviana, dando lugar a una indianización de la propia identidad boliviana.

Esta indianización no solo está en la nueva narrativa estatal de los orígenes indígenas de nuestro ser nacional presente en los nuevos textos escolares, en la ampliación del panteón de los héroes fundadores de la patria, en la oficialización de los idiomas indígenas, en la nueva iconografía cívica; también lo está en la distribución de tierras a comunidades indígenas, en la multiplicación de las inversiones estatales controladas por municipios, comunidades, sindicatos y barrios urbanos indígenas, originarios y campesinos; pero también, en la ocupación, en todos los niveles de decisión estatal, comenzando desde la presidencia del Estado, de hombres y mujeres de pertenecía indígena-originaria-campesina, además del control y mando de la gestión estatal por parte de las organizaciones indígenas, urbanas campesinas.

El Estado se ha indianizado y, con ello, la nación estatal boliviana está cambiando su contenido y forma mediante la sustitución del "sentido común" de la tradicional clase media castellano hablante letrada, por un nuevo "sentido común" de época emergente de los movimientos sociales indígenas-populares.

Hoy, la nación boliviana se consolida como la nación estatal que abarca y une a los más de diez millones de bolivianos que hemos nacido en nuestra patria. Y dentro de ella, están las naciones culturales indígenas-originarias poseedoras de una identidad preexistente a la república, e incluso, a la colonia, con capacidad de libre determinación y que nutren a la identidad boliviana.

Todos los que nacemos en el territorio boliviano somos bolivianos y poseedores de una identidad nacional boliviana. Y una parte muy importante de los bolivianos son indígenas, es decir, poseen una identidad nacional compuesta; pertenecen a naciones culturales indígenas-originarias aymara, quechua, guaraní, moxeña, uru, yuracaré, etcétera.

El censo del año 2012 expresa esta recomposición del ser nacional. A diferencia del realizado en 2001 cuando la polarización de las "agendas de octubre y de la media luna" llevó a que la identidad indígena asuma la función de polo aglutinante de lo nacional-popular para contener la exclusión y el racismo estatal neoliberal; en el año 2012, superada la polarización a favor del bloque indígena-popular e iniciado el proceso de indianización del Estado y de la identidad boliviana, el 40% de las personas afirmaron su identidad compuesta: bolivianos pertenecientes a una nación indígena.

La diferencia entre los que *somos bolivianos y los que somos bolivianos* que tenemos una identidad nacional indígena, no es que unos somos indígenas y otros mestizos; esa es una falsa diferencia. El mestizaje no es una identidad, es una categoría colonial tributaria y un modo racializado de diferenciarse de los indígenas. En sentido estricto, todo ser humano del mundo es biológicamente mestizo; por nuestra sangre fluyen todas las sangres. Y, culturalmente, toda identidad en el mundo también es mestiza, no es pura, ni se mantiene estática desde hace diez mil años.

Al contrario, toda cultura se enriquece permanentemente de los conocimientos, de las prácticas, costumbres, tecnologías y alimentos de otras culturas; pero que son organizadas y significadas por un núcleo propio que ordena las influencias externas. Por eso hay aymaras comunarios, hay aymaras ingenieros, hay aymaras profesionales o transportistas.

En el fondo, el mestizaje es el eufemismo culturalista de una ideología y un proyecto de carácter clasista pequeñoburgués letrado castellano hablante, que en los años 50 del siglo XX buscó imponer su cultura y su sentido común al resto de las clases sociales y de las naciones indígenas existentes.

En realidad, hay tantas posibilidades de mestizaje como clases sociales existen; y por eso toda nación en el mundo es mestiza. Pero, lo que diferencia a una nación de otras es la identidad que une o fusiona al resto de las nacionalidades. Cuando la identidad dominante desconoce y homogeneiza al resto de las naciones dentro del Estado, el mestizaje es un etnocidio, y el resultado es un Estado monocultural confrontado a una sociedad plurinacional. Cuando, en cambio, la identidad dirigente reconoce las otras identidades nacionales, estamos ante una ecuación de óptimo social entre Estado plurinacional y sociedad plurinacional.

4. La ideología de la globalización ha muerto

El desenfreno por un inminente mundo sin fronteras, la algarabía por la constante jibarización de los Estados nacionales en nombre de la libertad de empresa y la cuasi religiosa certidumbre de que la sociedad mundial terminaría de cohesionarse como un único espacio económico, financiero y cultural integrado, acaban de derrumbarse ante el enmudecido estupor de las élites globalófilas del planeta.

La renuncia de Gran Bretaña a continuar en la Unión Europea –el proyecto más importante de unificación estatal de los últimos 100 años– y la victoria electoral de Trump –que enarboló las banderas de un regreso al proteccionismo económico, anunció la renuncia a tratados de libre comercio y prometió la construcción de mesopotámicas murallas fronterizas– han aniquilado la mayor y más exitosa ilusión liberal de nuestros tiempos. Y que todo esto provenga de las dos naciones que hace 35 años atrás, enfundadas en sus corazas de guerra, anunciaran el advenimiento del libre comercio y la globalización como la inevitable redención de la humanidad, habla de un mundo que se ha invertido o, peor aún, que ha agotado las ilusiones que lo mantuvieron despierto durante un siglo.

Y es que la globalización como metarrelato, esto es, como horizonte político ideológico capaz de encausar las esperanzas colectivas hacia un único destino que permitiera realizar todas las posibles expectativas de bienestar, ha estallado en mil pedazos. Y hoy no existe en su lugar nada mundial que articule esas expectativas comunes; lo que se tiene es un repliegue atemorizado al interior de las fronteras y el retorno a un tipo de tribalismo político, alimentado por la ira xenofóbica, ante un mundo que ya no es el mundo de nadie.

La medida geopolítica del capitalismo

Quien inició el estudio de la dimensión geográfica del capitalismo fue Marx. Su debate con el economista Friedrich List sobre el "capitalismo nacional" en 1847 y sus reflexiones sobre el impacto del descubrimiento de las minas de oro de California en el comercio transpacífico con Asia, lo ubican como el primer y más acucioso investigador de los procesos de globalización económica del régimen capitalista. De hecho, su aporte no radica en la comprensión del carácter mundializado del comercio que comienza con la invasión europea a América sino en la naturaleza planetariamente expansiva de la propia producción capitalista.

Las categorías de subsunción formal y subsunción real del proceso de trabajo al capital con las que Marx devela el automovimiento infinito del modo de producción capitalista suponen la creciente subsunción de la fuerza de trabajo, el intelecto social y la tierra, a la lógica de la acumulación empresarial, es decir, la supeditación de las condiciones de existencia de todo el planeta a la valorización del capital. De ahí que en los primeros 350 años de su existencia, la medida geopolítica del capitalismo haya avanzado de las ciudades-estado a la dimensión continental y haya pasado, en los últimos 150 años, a la medida geopolítica planetaria.

La globalización económica (material) es pues inherente al capitalismo. Su inicio se puede fechar 500 años atrás, a partir del cual habrá de tupirse, de manera fragmentada y contradictoria, aún mucho más.

Si seguimos los esquemas de Giovanni Arrighi en su propuesta de ciclos sistémicos de acumulación capitalista a la cabeza de un Estado hegemónico: Génova (siglos XVXVI), los Países Bajos (siglo XVIII), Inglaterra (siglo XIX) y Estados Unidos (siglo XX), cada uno de estos hegemones vino acompañado de un nuevo tupimiento de la globalización (primero comercial, luego productiva, tecnológica, cognitiva y, finalmente, medio ambiental) y de una expansión territorial de las relaciones capitalistas. Sin embargo, lo que sí constituye un acontecimiento reciente al interior de esta globalización económica es su construcción como proyecto político-ideológico, esperanza o sentido común, es decir, como horizonte de época capaz de unificar las creencias políticas y expectativas morales de hombres y mujeres pertenecientes a todas las naciones del mundo.

El "fin de la Historia"

La globalización como relato o ideología de época no tiene más de 35 años. Fue iniciada por los presidentes Ronald Reagan y Margaret Thatcher, liquidando el Estado de bienestar, privatizando las empresas estatales, anulando la fuerza sindical obrera y sustituyendo el proteccionismo del mercado interno por el libre mercado, elementos que habían caracterizado las relaciones económicas desde la crisis de 1929.

Ciertamente fue un retorno amplificado a las reglas del liberalismo económico del siglo XIX, incluida la conexión en tiempo real de los mercados, el crecimiento del comercio con relación al Producto Interno Bruto (PIB) mundial y la importancia de los mercados financieros, que ya estuvieron presentes en ese entonces. Sin embargo, lo que sí diferenció esta fase del ciclo sistémico de la que prevaleció en el siglo XIX fue la ilusión colectiva de la globalización, su función ideológica legitimadora y su encumbramiento como supuesto destino natural y final de la humanidad.

Y aquellos que se afiliaron emotivamente a esa creencia del libre mercado como salvación final no fueron simplemente los gobernantes y partidos políticos conservadores, sino también los medios de comunicación, los centros universitarios, comentaristas y líderes sociales. El derrumbe de la Unión Soviética y el proceso de lo que Gramsci llamó *transformismo* ideológico de exsocialistas devenidos en furibundos neoliberales, cerró el círculo de la victoria definitiva del neoliberalismo globalizador.

¡Claro! Si ante los ojos del mundo la URSS, que era considerada hasta entonces como el referente alternativo al capitalismo de libre empresa, abdica de la pelea y se rinde ante la furia del libre mercado –y encima los combatientes por un mundo distinto, públicamente y de hinojos, abjuran de sus anteriores convicciones para proclamar la superioridad de la globalización frente al socialismo de Estado–, nos encontramos ante la constitución de una narrativa perfecta del destino "natural" e irreversible del mundo: el triunfo planetario de la libre empresa.

El enunciado del "fin de la Historia" hegeliano con el que Fukuyama caracterizó el "espíritu" del mundo, tenía todos los ingredientes de una ideología de época, de una profecía bíblica: su formulación como proyecto universal, su enfrentamiento contra otro proyecto universal demonizado (el comunismo), la victoria heroica (fin de la Guerra Fría) y la reconversión de los infieles.

La historia había llegado a su meta: la globalización neoliberal. Y, a partir de ese momento, sin adversarios antagónicos a enfrentar, la cuestión ya no era luchar por un mundo nuevo, sino simplemente ajustar, administrar y perfeccionar el mundo actual pues no había alternativa frente a él. Por ello, ninguna lucha valía la pena estratégicamente pues todo lo que se intentara hacer por cambiar de mundo terminaría finalmente rendido ante el destino inamovible de la humanidad que era la globalización. Surgió entonces un conformismo pasivo que se apoderó de todas las sociedades, no solo de las élites políticas y empresariales, sino también de amplios sectores sociales que se adhirieron moralmente a la narrativa dominante.

La historia sin fin ni destino

Hoy, cuando aún retumban los últimos petardos de la larga fiesta "del fin de la Historia", resulta que quien salió vencedor, la globalización neoliberal, ha fallecido dejando al mundo sin final ni horizonte victorioso, es decir, sin horizonte alguno. Trump no es el verdugo de la ideología triunfalista de la libre empresa, sino el forense al que le toca oficializar un deceso clandestino.

Los primeros traspiés de la ideología de la globalización se hacen sentir a inicios de siglo XXI en América Latina, cuando obreros, plebeyos urbanos y rebeldes indígenas desoyen el mandato del fin de la lucha de clases y se coaligan para tomar el poder del Estado. Combinando mayorías parlamentarias con acción de masas, los gobiernos progresistas y revolucionarios implementan una variedad de opciones posneoliberales mostrando que el libre mercado es una perversión económica susceptible de ser reemplazada por modos de gestión económica mucho más eficientes para reducir la pobreza, generar igualdad e impulsar crecimiento económico.

Con ello, el "fin de la Historia" comienza a mostrarse como una singular estafa planetaria y nuevamente la rueda de la historia –con sus inagotables contradicciones y opciones abiertas– se pone en marcha. Posteriormente, en 2009, en EE. UU. el hasta entonces vilipendiado Estado, que había sido objeto de escarnio por ser considerado una traba a la libre empresa, es jalado de la manga por Obama para estatizar parcialmente la banca y sacar de la bancarrota a los banqueros privados. El *eficienticismo* empresarial, columna vertebral del desmantelamiento estatal neoliberal, queda así reducido a polvo frente a su incompetencia para administrar los ahorros de los ciudadanos.

Luego viene la ralentización de la economía mundial, pero en particular del comercio de exportaciones. Durante los últimos 20 años, este crece al doble del Producto Interno Bruto (PIB) anual mundial, pero a partir del 2012 apenas alcanza a igualar el crecimiento de este último, y ya en 2015 es incluso menor, con lo que la liberalización de los mercados ya no se constituye más en el motor de la economía planetaria ni en la "prueba" de la irresistibilidad de la utopía neoliberal.

Por último, los votantes ingleses y norteamericanos inclinan la balanza electoral a favor de un repliegue a Estados proteccionistas –si es posible, amurallados–, además de visibilizar un malestar ya planetario en contra de la devastación de las economías obreras y de clase media, ocasionado por el libre mercado planetario.

Hoy, la globalización ya no representa más el paraíso deseado en el cual se depositan las esperanzas populares ni la realización del bienestar familiar anhelado. Los mismos países y bases sociales que la enarbolaron décadas atrás, se han convertido en sus mayores detractores. Nos encontramos ante la muerte de una de las mayores estafas ideológicas de los últimos siglos.

Sin embargo, ninguna frustración social queda impune. Existe un costo moral que, en este momento, no alumbra alternativas inmediatas, sino que –es el camino tortuoso de las cosas– las cierra, al menos temporalmente. Y es que a la muerte de la globalización como ilusión colectiva no se le contrapone la emergencia de una opción capaz de cautivar y encauzar la voluntad deseante y la esperanza movilizadora de los pueblos golpeados. La globalización, como ideología política, triunfo sobre la derrota de la alternativa del *socialismo de Estado*, esto es, de la estatización de los medios de producción, el partido único y la economía planificada desde arriba. La caída del muro de Berlín en 1979 escenifica esta capitulación. Entonces, en el imaginario planetario quedo una sola ruta, un solo destino mundial. Y lo que ahora está pasando es que ese único destino triunfante también fallece, muere. Es decir, la humanidad se queda sin destino, sin rumbo, sin certidumbre. Pero no es el "fin de la Historia" –como pregonaban los neoliberales–, sino el fin del "fin de la Historia"; es la nada de la historia.

Lo que hoy queda en los países capitalistas es una inercia sin convicción que no seduce, un manojo decrépito de ilusiones marchitas y, en la pluma de los escribanos fosilizados, la añoranza de una globalización fallida que no alumbra más los destinos. Entonces, con el socialismo de Estado derrotado y el neoliberalismo fallecido por suicidio, el mundo se queda sin horizonte, sin futuro, sin esperanza movilizadora. Es un tiempo de incertidumbre absoluta en el que, como bien intuía Shakespeare, *"todo lo sólido se desvanece en el aire"*. Pero también por ello es un tiempo más fértil, porque no se tienen certezas heredadas a las cuales asirse para ordenar el mundo. Esas certezas hay que construirlas con las partículas caóticas de esta nube cósmica que deja tras suyo la muerte de las narrativas pasadas.

¿Cuál será el nuevo futuro movilizador de las pasiones sociales? Imposible saberlo. Todos los futuros son posibles a partir de la "nada" heredada. Lo común, lo comunitario, lo comunista es una de esas posibilidades que está anidada en la acción concreta de los seres humanos y en su imprescindible relación metabólica con la naturaleza. En cualquier caso, no existe sociedad humana capaz de desprenderse de la esperanza. No existe ser humano que pueda prescindir de un horizonte, y hoy estamos compelidos a construir uno. Eso es lo común de los humanos y ese común es el que puede llevarnos a diseñar un nuevo destino distinto a este emergente capitalismo errático que acaba de perder la fe en sí mismo.

5. La globalización crepuscular y la reinvención de las izquierdas*

Muy buenas tardes, un saludo muy respetuoso a la directora del Instituto Iberoamericano, que ha tenido la amabilidad de invitarme; a la Fundación Friedrich Ebert, que me contactó en Bolivia para poder venir a conversar con ustedes, diputados, profesores académicos, compañeros que, amablemente, han venido a tocar nuestra música que es nuestra alma y nuestra fuerza.

En la exposición voy a concentrarme en una mirada general de cómo veo el mundo y cómo veo la situación de las izquierdas y ya en las preguntas, si ustedes ven por conveniente, podremos entrar a conversar más específicamente sobre América Latina o más específicamente sobre Bolivia.

Quiero agradecer la generosa reseña que ha hecho el director académico sobre nuestra trayectoria.

La primera parte de la exposición tiene que ver con las siguientes preguntas: ¿Cómo está el mundo? ¿Cómo creo que está el mundo?

He traído una imagen elaborada por esta Asociación de Bancos Internacionales que hacen una gráfica del desarrollo de la economía desde hace más de 150, 180 años. La línea roja representa a los activos financieros y la azul, al comercio; si ustedes se fijan, en el primer ciclo, la economía muestra que hay un desarrollo del comercio por encima de los

---

* Extraído de García Linera, Á. (2019, 10 de abril). Globalismo crepuscular y la reinvención de las izquierdas. *Conferencia magistral*, organizada por el Instituto Iberoamericano y la Fundación Friedrich Ebert. Berlín, Alemania.

flujos financieros, hasta 1855, 1860; a partir de ese momento, a la cabeza de Inglaterra, comienza un proceso de liberalización de la economía mundial que va a durar hasta los años 1935, 1940, es el ciclo liberal de la economía mundial.

Hay una expansión de los activos financieros, un desarrollo de los mercados y, a partir de los años de 1945, entra nuevamente el ciclo proteccionista que en Europa se conoció como el Estado de bienestar; *Welfare State* en Estados Unidos; Estado Nacional Popular, en América Latina, que es un repliegue de los Estados hacia una economía proteccionista. Entonces, los flujos financieros caen hasta fines de los años 70 y el comercio registra una expansión moderada.

A partir del final de los años 70 comienza el nuevo ciclo que se ha llamado neoliberal, impulsado por Margaret Thatcher y Ronald Reagan, que va a desplegar de manera inusitada el desarrollo y la expansión de los flujos financieros mundiales –es la línea roja que se dispara– e igualmente, el comercio mundial.

Expongo esta gráfica porque nos está mostrando la tendencia a ciclos: ciclo proteccionista, mediados del siglo XIX; ciclo liberal, ciclo proteccionista y ciclo nuevamente de apertura, lo que hoy llamamos globalización sería parte de esta expansión del ciclo de los mercados y de los flujos financieros.

Lo que quiero proponer como hipótesis es que este ciclo se está cerrando, este ciclo de expansión de los flujos financieros, este ciclo de expansión de los mercados internacionales pareciera ser que ha entrado en un punto de quiebre, en un momento de bifurcación que para algunos puede ser leído como el cierre del ciclo y, entonces, el inicio de un nuevo ciclo proteccionista o, para otros, simplemente un recodo para una especie de neoliberalismo ampliado, eso es lo que se va a poner en debate en esta primera etapa.

Si uno se fija qué es lo que ha pasado en los últimos años, no cabe duda que, junto a una expansión de los flujos financieros, una expansión del mercado y los mercados, en cierta manera se sigue construyendo un ámbito planetario de ciertos aspectos de la economía, sabemos que desde el siglo XIX ya se creó el mercado mundial, es decir, la integración de

Europa, América, Asia y África y este redondeamiento del mundo, esto es algo que lo hemos heredado del siglo XIX.

¿Qué es lo que heredamos de fines del siglo XIX y principios del siglo XX? Los flujos financieros transfronterizos que ya existían en el siglo XIX, solamente que en el siglo XX y principios del siglo XXI, se expanden y empiezan a tupir el conjunto del planeta.

¿Qué es lo nuevo de esta etapa de la globalización? Las cadenas de valor global, es decir, la posibilidad de que ciertos productos ya no tengan un lugar de origen territorial específico, sino que su lugar de origen sea una articulación de una cadena de valor transcontinental, transnacional y, en muchos casos, globalizada, pongamos el caso del iPad, diseño norteamericano, microchip entre japoneses y alemanes, carcasa y materia prima de muchos países del tercer mundo, ensamble chino; ¿dónde ha sido fabricado el iPad? En el mundo, forman parte de un conjunto de cadenas de valor global que hacen que un producto ya no tenga un lugar de origen, como lo tenía hasta el siglo XX, sino que ahora el lugar de origen articula varios países, varias regiones simultáneamente.

Ese es un hecho material, este es un hecho objetivo, independientemente de que entremos en un nuevo ciclo proteccionista o no, es claro que, así como está el mercado mundial y así como están los flujos financieros transfronterizos hay una nueva estructura de producción más o menos globalizada, más o menos desterritorializada de riqueza social.

Y el cuarto componente sería la plataforma informacional planetaria, el internet, como en su tiempo, en el siglo XIX, el cable que permitía el telégrafo y la transmisión en tiempo real, hoy se ha creado otra plataforma de transmisión de datos, de información y de conocimientos que llamamos internet; este también se constituye en un hecho objetivo, material, la nube ya es un hecho material a partir del cual hay que imaginar cualquier tipo de desarrollo de la economía, ya sea bajo una onda proteccionista o una globalizada, nuevamente, del desarrollo productivo e informacional.

Está claro, entonces, que estos cinco componentes forman una base material de la globalización que se constituye como el punto de partida o el apoyo para entender lo que vaya a pasar en las siguientes décadas.

Junto con este desarrollo de una nueva base material de la globalización ha venido un relato, una manera de entender y de organizar el mundo que le hemos llamado globalismo.

La base material de la globalización económica no es lo mismo que el globalismo como ideología, como sentido común o como relato articulador de objetivos políticos y económicos.

Esta ideología globalista se comenzó a construir a fines de los años 70, desde Europa, cuando se hablaba del fin de las ideologías, del fin o de la muerte de la clase obrera, ya no había los grandes relatos, izquierda derecha, socialismo comunismo, sino que entramos en un periodo en el que todo se confundía, todo era lo mismo, y surgía un apego a los microrrelatos; fin de los metarrelatos, del GES y toda la filosofía francesa que se puso de moda en el mundo entero, los posestructuralistas y el surgimiento de propuestas de microrrelatos segmentados y, por supuesto, también más plurales.

Igualmente, se hablaba de que la clase obrera –la clásica clase obrera, la de los grandes sindicatos y las grandes fábricas, que había caracterizado la economía de todos los países desarrollados del mundo y que había dado lugar a la estructura, al trípode del Estado de bienestar, Estado, clase obrera organizada en sindicatos y empresarios– se comenzaba a diluir.

Procesos de desterritorialización del sector industrial de los países centrales, Europa y Estados Unidos, hacia los países del tercer mundo, procesos de precarización del trabajo, procesos de des-sindicalización a la fuerza o a la buena crearon un sentimiento de que el mundo del trabajo, el mundo obrero, la llamada centralidad obrera estaba desapareciendo y todos nos estábamos convirtiendo en emprendedores, microempresarios emprendedores u otra categoría o clase media, pero estábamos asistiendo a la extinción del sujeto obrero-organizado y con ello al sujeto al que la izquierda le había atribuido, durante cien años, el papel transformador del mundo, la clase obrera.

Con la caída del muro de Berlín y el fracaso del socialismo real, también se demuestra de que, evidentemente ya no hay clase obrera, evidentemente ya no hay grandes relatos, ya no hay grandes oponentes, evidentemente ya no hay grandes adversarios y se le coloca un epitafio, se abre una tumba para enterrar al comunismo.

El comunismo ya no se presenta como una alternativa creíble y viable para superar el orden de cosas vigente, junto con este relato ideológico y la construcción de un sentido común planetario que se va a difundir por las academias, los medios de comunicación, los centros de investigación, los libros, los seminarios, va a surgir una manera renovada de expansión del capitalismo, repliegue de las empresas del Estado, que había caracterizado la economía desde los años 40 hasta los 70, la empresa privada como el principal y como el único actor decisivo de la creación de riqueza, de la generación de riqueza y la generación de empleo, el libre comercio, la apertura de fronteras, los tratados de libre comercio y, por supuesto, el complemento político de la democracia representativa.

Este conjunto de ideas-fuerza se va a consolidar a partir de los años 80, no sin tomar en cuenta la resistencia de sectores organizados como el caso de Inglaterra, Alemania, Estados Unidos y América Latina, pero que al final van a ser derrotados por la fuerza de la expansión no solamente de esta nueva fase de la economía global, sino por esta nueva fase de los discursos organizadores del sentido común.

A todo este relato se lo va a llamar "el fin de la Historia". En una lectura que hace de Hegel el profesor Fukuyama establece que ese es el destino inevitable de la humanidad, hagamos lo que hagamos, tarde o temprano, todos vamos a desembocar hacia el libre mercado, la democracia representativa, el papel de la empresa privada y el fin de las grandes ideologías y de los grandes relatos antagonistas del estado de situación del mundo.

Así estábamos hasta inicios del siglo XXI, hasta 2005, 2007, todo marchaba bien, el internet, los flujos financieros, la expansión del comercio, la ampliación de las cadenas de valor globales, la derrota ideológica de las fuerzas de izquierda, que no van a ser capaces de contraponer una propuesta alternativa y lo que van a hacer es adecuarse, jalando un poquito hacia la izquierda el curso general de la historia.

Es un momento en el que las izquierdas o se vuelven marginales y se atrincheran en la academia, en algunas fuerzas sindicales o en actividades de autogestión autónomas, en tanto que el resto de la izquierda lo que va a hacer es tener un proceso de transformismo social o de transformismo ideológico, enterrar sus viejas banderas de socialismo y de cambio social y comenzar a dar un rostro más social, un rostro más participativo a la estructura del modelo neoliberal, de libre empresa, libre comercio, privatizaciones y expansión de la economía global.

Sin embargo, esto va a comenzar a presentar sus fallas. Este es un cuadro que he sacado del Instituto McKinsey, que es un instituto que hace un conjunto de investigaciones sobre la economía mundial y muestra el papel y el crecimiento de los capitales transfronterizos como porcentaje del Producto Interno Bruto mundial; en el año 89, 5,2%; en el año 2001, 12,2%; en el año 2007, 20,7%; y los flujos transfronterizos como parte del total de la economía mundial que, a partir de la crisis de 2008 hubo una caída brutal, para el año 2015, y que es el último dato que proporciona el Instituto McKinsey, este papel de flujos fronterizos cae de un 20% del Producto Interno Bruto mundial a un 2,6%. Es una primera alarma de que las cosas están comenzando a mostrar dificultades.

Ya no en porcentajes, sino en billones de dólares, en el año 2007 los flujos transfronterizos alcanzaban a 11,9 billones de dólares, caen a 4,9, en 2015; caen a 3,4 en 2016; luego remontan un poco a 5,9 y veremos qué pasa en el año 2019. Está claro que de esos 11,9 billones de dólares que se movían hace 11 años atrás hay una caída a cerca del 30%, y, en este caso, cerca del 40% a 45%.

Esta es otra gráfica que muestra sobre cómo está el movimiento de la globalización, la línea roja muestra el crecimiento del Producto Interno Bruto mundial y la línea azul muestra el crecimiento del mercado mundial, si ustedes se fijan a lo largo de los años 90 hasta el año 2008, el crecimiento del mercado mundial era de dos a tres veces por encima del Producto Interno Bruto mundial, es decir, si la economía crecía dos, el mercado mundial crecía seis; si la economía mundial crecía tres, el mercado mundial crecía nueve e incluso mucho más, en promedio, tres veces el crecimiento de la economía real.

A partir de la crisis del año 2008, tenemos una fluctuación que tiende a la baja, con pequeños despuntes, hoy por hoy, en la última década, en promedio, los mercados mundiales están creciendo a una tasa menor que el crecimiento de la economía mundial; es decir, sigue creciendo el mercado mundial, pero ya no a una tasa tres veces superior a la de la economía real, sino a la mitad de la economía real. Este es otro síntoma de que algo le está pasando a la famosa globalización.

Este es un cuadro del profesor Gordon, norteamericano, sobre la riqueza de Estados Unidos y muestra las tasas de productividad que se dan en el país del norte –solo tenía cuadros de Estados Unidos y de Inglaterra, no tenía de Alemania– en el ciclo de los años 90 al 20, ciclo liberal, 0,45; en el ciclo proteccionista, 1,8; en la crisis 0,57; en los últimos años 1 y 0,4. Es decir, hay un declive de la tasa de crecimiento de la propia productividad de los factores de producción, crece la productividad pero no está en su mejor momento.

Tenemos, entonces, una contracción de los flujos financieros, no desaparecen, pero ya no crecen a la misma velocidad los flujos financieros transfronterizos, tenemos una declinación del crecimiento del comercio mundial respecto a la producción mundial.

Y, a partir de eso se va generando un ambiente político cada vez más raro en el mundo; primero, la victoria del *Brexit* en Inglaterra, que no saben cómo resolverla hasta el día de hoy, pero en los hechos, una de las potencias europeas se sale de este gran acuerdo continental, primer síntoma en Europa, quieren hacer un nuevo referéndum, no sabemos en qué van a quedar, si les van a dar un año o les van a dar un mes, pero está claro que aquí hay una potencia que se retira de esta que fue la construcción más importante en integración europea en los últimos siglos.

En Estados Unidos gana el presidente Donald Trump con un discurso patriótico, proteccionista, nos dice: "Estados Unidos está gobernado por los estadounidenses, rechazamos la ideología del globalismo y nos adherimos a la doctrina del patriotismo", por primera vez, desde los años 70, un presidente norteamericano se opone a la ideología de la "globalización" y propone otra ideología centrada en sí mismos. De ahí el conjunto de propuestas que está haciendo: crear un muro, salirse del Acuerdo de París, romper el Tratado Trans Pacífico, renegociar el TLC y la guerra comercial de baja intensidad que amenaza a convertirse en guerra de máxima intensidad entre Estados Unidos y China, al subir entre el 10 y 25% a los 150 mil millones de importaciones chinas, a su vez, China le subía al 25% a los 60 mil millones de importaciones norteamericanas, la amenaza de que si no hay acuerdo –esperemos que haya acuerdo– esto suba a 500 mil millones de dólares.

Las pequeñas guerras comerciales con Europa, y especialmente con Alemania, para determinados productos, la importación de productos de "Airbus" para el mercado norteamericano recientemente ha aplicado también a ciertos productos agrícolas como el queso, algunos vinos y otras cosas, y viceversa; están hablando de que se está armando una tendencia crecientemente proteccionista larvaria o abierta en las principales potencias del mundo.

Y lo último que me acaba de sorprender, lo que ha pasado hace una semana aquí, en Europa, cuando frente a la expansión china que no solamente está construyendo infraestructura en el mundo y está abaratando los costos de las manufacturas y arrasando con cierto tipo de producción industrial, sino que también quiere entrar y, de hecho, está entrando al control de tecnología de punta en telecomunicaciones, la semana anterior, el gobierno europeo ha hablado de áreas de seguridad del país, es decir, a su modo, comienzan también, algunas autoridades europeas a plantearse la necesidad de cierto tipo de proteccionismo de su conocimiento, de su información o de sus empresas.

Esto nos da como resultado la paradoja del presente, los que hace 20 años propugnaban empresa privada, libre comercio, globalización y proteccionismo, hoy comienzan a decir lo contrario, sí libre empresa, sí democracia representativa pero ahora proteccionismo, y, los que hace años eran defensores de las empresas del Estado, de la economía planificada, del partido único, hoy se ha convertido en los principales defensores de la globalización.

La paradoja es que en menos de 30 años ha cambiado el signo de las tendencias discursivas y prácticas en la economía. Los más globalizadores son los del partido único, la economía centralizada y las empresas estatales; y los que están comenzando a coquetear con el proteccionismo son los de la empresa privada, los del libre comercio y los de la democracia representativa.

Esta es la situación actual, se ha perdido el norte, no hay un Norte Global, los comunistas son globalizadores y los capitalistas se han vuelto proteccionistas, o los que creíamos que son comunistas ahora son globalistas, ¿cuál es el destino del mundo? ¿Cuál es el horizonte del mundo? ¿Quién sabe?

Estamos en un momento, entonces, de derrumbe de las certidumbres planetarias, caos sistémico dicen algunos de los académicos, ¿qué ha de venir, una nueva fase de la globalización, un proceso de desglobalización segmentado y parcial, otro ciclo de proteccionismo, un recodo de libre comercio para que retome con mayor fuerza el libre comercio recargado, *"reloaded"*, hacia futuro?

Pero dos cosas son ciertas. En este periodo de turbulencia se manifiestan dos temas centrales, una excesiva concentración de la riqueza y una disminución gradual de las clases medias de los países desarrollados.

El profesor Thomas Piketty se ha vuelto famoso con su libro *El capital del siglo XXI*. Él estudió, y luego ha creado una base de datos en los que uno puede encontrar lo que está pasando en el mundo sobre la concentración de la riqueza, son datos extraordinarios que muestran que el famoso 1%, que se ha convertido en parte del discurso de cualquier propuesta progresista del mundo, denuncia la excesiva concentración de riqueza en el 1% de la población.

En el caso de Estados Unidos, el 1% de la población, hace 30 años, controlaba el 11% de la riqueza ahora controla el 22% de la riqueza, sucede lo mismo en varios países, con excepción de Alemania en Europa, en los últimos 30 años; pero si comparamos con lo que pasaba hace cien años, esta fuente Weed World 2018 muestra los flujos de España, Italia, Francia y Alemania, en el caso de Francia, en 1910, el 1% de los franceses concentraba el 24% de la riqueza nacional; en el año 1975 llegaron a controlar el 7% de la riqueza nacional y, desde entonces, va a subir al 12% de la riqueza nacional.

Lo mismo pasa con Alemania, en el año 1910 el 1% de la gente más rica concentraba el 23% de la riqueza nacional; cae en el año 1990 que controlaron el 9% de la riqueza producida y, en el año 2012, sube al 12%, 13% de la riqueza nacional.

Lo que pasa con Europa no es tan brutal como lo que está pasando en Estados Unidos, pero está claro que existe una tendencia gradual a la concentración de la riqueza en este 1%.

Y, en el caso de las clases medias, hay un proceso igualmente de debilitamiento, buena parte del resurgimiento de los llamados populismos tiene que ver con este descontento, no solo en Europa sino también en Estados Unidos, hay un pedazo de la población popular que frente a la cantidad de riqueza que hay en las sociedades recibe menos porcentaje de lo que recibía tiempo atrás, y hay una parte de las clases medias que se vio favorecidas por el ciclo del Estado de bienestar que comienza a debilitarse y comienza a perder derechos.

Hoy día me tocó asistir a un bloqueo extraordinario de las calles por parte de los taxistas, aquí en Berlín, no había visto eso ni había oído hablar nunca, me llamó mucho la atención, algo está pasando, chalecos amarillos en Francia, taxistas en Alemania, emergencia de problemas en España, problemas en Italia, algo del modelo de la globalización no está funcionando y estamos asistiendo a un reacomodo general de las fuerzas, de las tendencias y de los flujos de capital.

Quiero resumir este pedazo, que estamos viviendo un proceso de turbulencia global en el que las certidumbres del *fin de la Historia* han finalizado, es el momento del fin del *fin de la Historia*, el destino ineluctable de las sociedades, no había sido tan ineluctable y algo está en entredicho, no se sabe por dónde vamos a ir, unos están optando por proteccionismos, otros por mayor globalismo, otros por populismos de izquierda, otros por populismos de derecha y en medio de ese escenario, no hay un sentido compartido de la historia y cuando no hay un sentido compartido de la historia, es el inicio de la historia, porque si algo caracteriza a la historia justamente es la incertidumbre, la incertidumbre de las cosas, cuando ya se sabe lo que va a suceder con la historia, ya no hay historia, es el *fin de la Historia*; cuando no se sabe qué va a pasar es el inicio de la historia.

Y estos años son, justamente, valiosos, son extraordinariamente bellos porque ya nadie sabe lo que va a suceder con el mundo, ¿a dónde se dirige el mundo? Y entonces como nadie sabe dónde va a dirigirse el mundo, es el momento de pelear por la dirección del mundo.

Sobre esta base quiero trabajar brevemente una reflexión sobre las izquierdas en general, y si hay tiempo, luego, comentamos sobre las izquierdas en América Latina.

Considero que existe una etapa de transición, justamente por esta incertidumbre, no funciona el modelo del comunismo, pero también el modelo de la globalización genera descontentos y los globalizadores de ayer, hoy son proteccionistas y los proteccionistas de ayer, hoy son globalizadores y, en medio de ello, la izquierda también está viviendo un proceso de reorganización cognitiva, de reorganización discursiva y de reorganización organizativa.

En general, hay un trípode que caracteriza a los discursos de izquierda o de posiciones críticas con el orden existente. Un profesor Alemán, Honneth, ha escrito recientemente un libro sobre la reconstrucción del socialismo y propone que las izquierdas tienen tres fundamentos en torno a los cuales construye su discurso desde hace más de 200 años: la libertad social, que no solamente es el conjunto de derechos, de libertades colectivas y sociales que uno tiene, sino también tiene que ver con las libertades interpersonales; la igualdad de decisiones y de derechos, la relación con la vida estatal y el tema de la solidaridad económica.

Libertad, igualdad, fraternidad dicho por los franceses o de esta otra manera más del siglo XXI, relaciones interpersonales, vida estatal y gestión de la riqueza, en torno a este trípode se construye el discurso de las izquierdas desde hace 200 años y el día de hoy, ¿qué proponemos en torno a las relaciones entre las personas?, desde la vida familiar, la vida personal, la vida colectiva; ¿qué proponemos en la relación entre individuo, ciudadano y Estado?, ¿qué proponemos en torno a cómo se gestiona y cómo se administra la generación de la riqueza, en torno a la discusión de esos tres temas, se ha definido y se tiene que volver a redefinir el papel de las izquierdas en estos momentos de turbulencia global.

Sin entrar a mucha polémica y asumiendo la historia siempre como algo que sirve para mejorarla, podemos dirimir que las izquierdas en el mundo han tenido tres grandes ciclos, desde hace cien años, de 1915 hasta 1930, con el llamado socialismo real independientemente de cuál sea nuestra actitud frente al éxito o fracaso de eso, hubo, existió, generó un conjunto de avances de la sociedad, el concejismo europeo que intentó presentarse como una mirada distinta, más democrática, de transformación social, pero que fue más que llevado al fracaso, cortado en su desarrollo, de manera brutal con la emergencia de los procesos de fascistización de la sociedad europea.

Desde los años 45 a los 70, junto con el socialismo real, hay dos nuevas corrientes, la corriente de la descolonización que se va a expandir en los países del tercer mundo, fundamentalmente en África y Asia, parte de América Latina y la Socialdemocracia que va a tener a Europa como su lugar de asentamiento y la creación de un modelo de gobierno, de gobernabilidad y de desarrollo económico que va a generar el proceso de estabilidad social más importante del siglo XX en Europa.

Y, a partir del año 2000, 2015, una breve oleada de los llamados progresismos en América Latina, se puede aumentar la lista, pero me quedo con esos tres grandes momentos de oleada con distintas lecciones, distintos límites y distintos avances de las izquierdas mundiales.

A partir de las lecciones de lo que pasó en Europa, con la Socialdemocracia, en la Unión Soviética, de los procesos de descolonización y, recientemente, procesos progresistas, considero que hoy hay una especie de estupor colectivo en las izquierdas.

Por una parte, las izquierdas más radicales, grupos autónomos, grupos anarquistas que se han refugiado en nichos no interpelan ni buscan la toma del Estado y buscan crear espacios de libertad y de autonomía en distintas áreas de su trabajo, puede ser, en la obtención de alimentos, en el intercambio de productos, en la ocupación de lugares de vivienda y demás, es una izquierda muy activa que busca construir espacios de libertad, pero de manera marginal y aislada del desarrollo de la actividad del resto de la sociedad europea o mundial.

Otra parte de las izquierdas se ha refugiado en las universidades, en la elaboración de unas teorías muy sofisticadas, tremendamente sofisticadas, pero tremendamente impotentes, en cierta manera es una especie de abdicación de la transformación social en la sofisticación barroca del conjunto de categorías.

Ya no se debaten realidades, sino se debaten ideas y palabras sobre palabras, y a mayor sofisticación de las palabras sobre las palabras se cae en una impotencia y separación terrible respecto a la realidad existente.

Hay izquierdismo académico, pero es un izquierdismo académico muy desligado, sin vínculo y sin la necesidad de buscar vínculo con el movimiento real de la gente, es un lugar de resistencia, evidentemente, en el sentido gramsciano, es un lugar de resistencia; pero es una resistencia de muy baja intensidad y de muy baja influencia en la construcción de sentido común, o de una nueva concepción de las cosas.

Otras izquierdas, ante la caída del muro de Berlín, el fin de los relatos, la supuesta extinción de la clase obrera, la vergüenza de tener el apellido del comunista o el apellido del socialista las ha llevado a un transformismo ideológico en el que han optado por agarrar el programa de la globalización, el programa de la libre empresa, el programa de desmantelamiento del Estado de bienestar solamente con una mirada un poco más social, un poco más progresista.

Lo malo de esa izquierda que hizo transformismo para sobrevivir es que se ha quedado sin proyecto porque el neoliberalismo, hoy, está en crisis. ¿Se van a volver ahora proteccionistas? ¿Los globalistas de hace diez años se van a volver proteccionistas?

Una cuarta característica de una buena parte de las izquierdas es un distanciamiento de las clases subalternas y de las nuevas acciones colectivas, hay una especie de encerramiento en el ámbito de la estructura estatal, de la estructura partidaria, las competencias electorales con una distancia y en algunos casos de desprecio con la acción diminuta, corpuscular, muchas veces solamente reivindicativa que viene sucediendo al interior de la sociedad.

En el caso de la Socialdemocracia, entre los años 40 y 80 era portadora de un programa social, un crecimiento en las clases medias y fue la que puso cemento a este triángulo virtuoso de Estado, clase obrera y empresarios.

En tanto que la derecha era representante del elitismo, de la concentración de la riqueza, entre los años 80 y 2008 una parte de la Socialdemocracia tuvo que apegarse a esa política de transformismo ideológico hacia políticas globalistas y neoliberales para mantenerse en espacios de gobierno, y eso ha permitido que, hoy por hoy, ante los límites de la expansión del globalismo como proyecto económico y como proyecto cultural sean sectores de la derecha los que reivindiquen un programa social e, incluso, la redistribución de la riqueza.

Hoy estamos viviendo esa paradoja, el discurso de las fuerzas de derecha; en otros países de Europa, ya no es el discurso clásico, a no ser los grupos más radicales, ultraderechistas, de una derecha moderada y con gran proyección de ser gobierno, de hecho, ya son gobierno el día de hoy, en algunos países europeos manejan un programa social.

A su modo, el presidente Trump es eso, el presidente Trump es el presidente que supo interpretar el malestar de la clase media norteamericana, mientras que los demócratas seguían ensimismados en el discurso de la globalización, libre empresa, globalismo, Trump se preocupó de la clase media, del centro, del trabajador asfixiado y con ingresos detenidos y supo interpretar su malestar, su sentimiento y eso lo ha llevado hacia el flujo de un discurso proteccionista, un discurso desglobalizador y un discurso patriótico frente a las otras tendencias.

En cierta medida, el fenómeno Trump se repite en Europa de una manera un poco más atenuada, pero esta es otra de las paradojas, en la medida en que la Socialdemocracia se ha apegado o quiere apegarse demasiado al discurso de una globalización a ultranza, a un discurso de neoliberalismo a ultranza, sencillamente está creando el caldo de cultivo para el surgimiento de una derecha social que sí está sabiendo interpretar, sí está sabiendo canalizar el discurso de las clases medias y de sectores populares incluidos por la ideología y por la creencia de que sus males tienen que ver con el extranjero.

En cierta manera, hay una especie de cualificación popular de las derechas, las derechas que antes eran calificadas como excesivamente elitistas, hoy aparecen como populares y la manera de descalificar es decir que son populistas, pero en el calificativo de populistas estamos obviando un error propio, un error propio de distanciamiento con un pueblo que los otros están sabiendo canalizar por un camino, por supuesto, mucho más conservador.

A raíz de estos desencuentros, de estas paradojas del mundo, de su destino y de las izquierdas y de su destino, propongo cinco ejes para contribuir a una reinvención, reconstrucción, relanzamiento de las izquierdas mundiales, no estoy inventando nada, simplemente estoy recogiendo las experiencias que uno ve a lo largo del mundo.

La primera es esta democratización molecular de la sociedad y del Estado, me he robado la palabra molecular porque es una palabra que encontré en Gramsci cuando habla de la sociedad civil y él la entiende como irradiación molecular del Estado, la sociedad civil, no como lo opuesto al Estado, sino como su irradiación y a esta irradiación la llama expansión molecular, me he robado ese concepto gramsciano y me permite agrupar este conjunto de ideas.

Durante más de 30 años, con el discurso globalista, con el discurso del fin de las historias, se entendió que la democracia era la democracia representativa en su versión minimalista o procedimental.

Minimalista, elección de gobernantes mediante elecciones competitivas, libres y justas o como un conjunto de valores y modos de vida, esta es la lectura que se hizo de democracia como lectura dominante durante los años 70, 80, 90 e incluso hasta el día de hoy.

Propongo que vayamos más allá de esta lectura, no en oposición sino en complemento, reducir la democracia a una simple selección de gobernantes, reducir la democracia a un conjunto de valores y principios es una manera fosilizada de entender la democracia, evidentemente, la democracia es selección, elección mediante procesos justos y competitivos de los gobernantes; evidentemente, la democracia es el conjunto de libertades y de derechos, de asociación, de pensamiento, de organización, evidentemente, eso es la democracia, pero la democracia es más que eso.

Propongo que veamos también la democracia como procesos de participación decisional de las personas en las acciones del Estado, hay más democracia, no porque hay procesos electorales únicamente, hay más democracia porque hay procesos electorales y hay, simultánea, complementaria y fundamentalmente, procesos de participación plural, diversa de la sociedad, en las decisiones fundamentales del Estado.

No hay democracia en un momento fechado de cada cuatro y cinco años cuando elegimos al gobernante, hay democracia cada cuatro y cinco años, pero hay democracia cada semana, cada día, si somos tomados en cuenta en las decisiones más importantes que tienen que ver con nuestra vida: medioambiente, salarios, vivienda, seguridad social, transporte; ha de haber democracia si un Estado tiene la capacidad de incorporar fuerza decisional de la sociedad en la toma de acciones, de leyes o de decretos por parte del Estado.

Yendo más allá, recogiendo la experiencia concejista ha de haber democracia, y la democracia que tenemos que trabajar en la izquierda es una democracia que va de la sociedad civil al Estado y del Estado a la sociedad civil.

De la sociedad civil hacia el Estado, en términos de ser tomados en cuenta, ser reconocidos; del Estado hacia la sociedad civil, en torno a los lugares de generación de la riqueza; pero también democracia es igualdad social. Este es un debate que se va dando en Bolivia fundamentalmente, la sociedad civil como Estado de derecho o la democracia como distribución de la riqueza, ambos.

Hay democracia si hay reconocimiento de los derechos: a asociarse, a reunirse, a hablar, a comunicarse, a tener elecciones competitivas, pero también, ha de haber democracia si todos tenemos derecho a la educación y a la salud; hay democracia si todos tenemos derecho a las mismas oportunidades laborales, hay democracia si no solamente los que tienen color de piel blanca tienen acceso a los puestos de poder, sino también los que tienen color de piel cobriza tienen opciones de acceder a puestos de poder.

Ha de avanzar la democracia si hay también, simultáneamente, igualdad social; ha de haber democracia si también hay libertad social, la libertad, por lo general, como muestra el profesor Honneth, se la lleva la derecha y contraponen libertad, los liberales, contra igualdad y justicia, los socialistas y me parece pertinente la propuesta.

Evidentemente los socialistas pelean por la igualdad, pero también pelean por un tipo de libertad, la libertad social, esta es una categoría que me encanta, la libertad social que tiene que ver con la democratización del conjunto de relaciones interpersonales, comenzando por la casa, la familia, el trabajo, la escuela, las relaciones de pareja y la gestión del cuerpo.

¿No es acaso un hecho de libertad social el que las mujeres decidan, ellas mismas y no el gobierno, no el ministro, no el médico, no el padre, ni el esposo, qué va a hacer con su cuerpo? Es un hecho de libertad social, esa habría sido una bandera de las izquierdas, no de las derechas, de hecho lo es porque está surgiendo, así pues este es un acto de libertad social, la posibilidad de democratizar las relaciones interpersonales y la propia gestión del cuerpo, esta es una bandera que ha venido por fuera de las izquierdas desde los años 60 y 70 con el movimiento feminista, con el movimiento de los *gays*, lesbianas, transexuales; con el movimiento a reivindicaciones de vida familiar, interpersonal, distintos tipos de matrimonio, esa es una bandera que las izquierdas tienen que jalarla porque forman parte de este concepto de libertad social, por supuesto, la despatriarcalización como combinación de todas estas peleas.

Nuevas gobernabilidades sociales, es decir, hay estabilidad social y ha de haber gestión de gobierno capaz de dirimir conflictos, no solo porque tiene el control del parlamento, sino que también tiene el control de las calles, esto que parecía un tema exclusivamente latinoamericano, es también un tema Europeo, lo acabo de ver con mis ojos, ya parece que va a ser más, lo está mostrando Francia, lo está mostrando España; hay un descontento y un descontento que no encuentra en las instituciones representativas, el mecanismo de transmisión y de canalización, y cuando esos mecanismos no funcionan, ¿qué hace la gente?, se va a la calle, habíamos pensado que la calle y la asamblea habían desaparecido, la globalización las había hecho desaparecer, el internet las había aniquilado, no es cierto, más bien el internet ayuda muchas veces a que la calle sea un escenario de soberanía social y colectiva.

Las izquierdas no pueden quedar al margen de estos flujos de acción colectiva que se dan a través de las calles porque ahí radica uno de los esquemas o uno de los pilares de la estabilidad social, ha de haber gobernabilidad social si hay gobernabilidad parlamentaria, como hasta el día de hoy, y simultáneamente ha de haber gobernabilidad social. La suma de gobernabilidad parlamentaria más gobernabilidad social da la gobernabilidad estatal.

Está claro que las viejas estructuras de acción colectiva, o son débiles, o son insuficientes y están siendo desbordadas o complementadas por otras formas de organización, la estructura del sindicalismo de la clase obrera organizada funciona pero ya no es la única, a diario van surgiendo formas plurales, contingentes de unificación y de organización, una izquierda tiene que tener la habilidad de saber articular, de saber comprender estas formas contingentes, plurales de organización de las personas.

Pongo el caso de Bolivia, Central Obrera Boliviana, sindicatos asalariados, fábricas, minas, trabajadores universitarios, trabajadores de electricidad y trabajadores de la construcción; pero los grandes procesos sociales no se han dado a través de estos sindicatos, sino que se han dado a través de otras estructuras organizativas, en las cuales participaron los mineros, pero ya no como mineros sino como vecinos que están sindicalizados, pero no participaron como sindicalizados sino como miembros de una agrupación territorial.

Ya no hay una forma única, clásica, de la organización social, hay, y va a haber cada vez mayor pluralidad de formas organizativas, una izquierda ha de poder ser de izquierda si es capaz de encontrar, de articular, esta pluralidad de formas organizativas de personas que reclaman sus derechos; son organizaciones temporales, son organizaciones temáticas, tienen que ver con reivindicaciones muy puntuales, a veces esas reivindicaciones puntuales pueden articularse, a veces no se articulan.

Pero, en todo caso, es en ese nuevo escenario de formas plurales y contingentes en el que las izquierdas tienen que encontrar su base social de movilización, de articulación y de potenciamiento social, a eso lo llamo una especie de territorialización del obrero social, para recuperar esta categoría del profesor *Toni* Negri, en la que dice que el obrero social, en general, refiere a un conjunto de personas que hacen algún tipo de actividad laboral, no necesariamente bajo un salario o un patrón, porque despliegan otro tipo de actividad laboral y productiva.

En pocas palabras, estamos hablando de cómo reinventar nuevamente el socialismo, en una lectura democrática y plural, la lección de los últimos años, incluso América Latina, es que las transformaciones sociales son una expansión de la democracia, hay revolución en tanto la democracia se irradia y se expande, no hay revolución en tanto concentración de poder, hay revolución en tanto irradiación expansiva y molecular del poder, esta es la primera lectura.

La segunda, junto con esta ampliación molecular de la democracia están las formas alternativas de la gestión económica, es lo que vienen discutiendo las izquierdas en Europa, ampliación de bienes comunes, no solamente como bienes del Estado, que han ido en declive últimamente, el profesor Thomas Piketty tiene una gráfica de Europa terrible de cómo han caído del 30% los bienes estatales de la riqueza nacional al 2%, 3%, es eso un fenómeno europeo, y norteamericano también.

Ampliación de los bienes comunes, porque en buena parte de esos bienes comunes estatales está parte de la garantía de los derechos de ciertos sectores corporativos de la sociedad, corporativos en el sentido democrático del profesor Philippe Schmitter y, por supuesto, bienes comunes no estatales, hay los estatales que tiene el Estado y hay otros bienes comunes que no son del Estado: el medioambiente no es del Estado, los bosques, la gestión de los recursos comunes de comunidades no son del Estado, son bienes comunes sociales o comunitarios, o como se llamen. El desarrollo de ambos es un elemento clave porque irradian y protegen derechos colectivos, o sectoriales o generales.

La experiencia de formas de economía de valores de uso, es decir, formas de economía que no tienen que ver con la obtención de ganancias sino con la satisfacción de ciertas necesidades, formas asociativas, pequeñas, medianas, territoriales y expansivas. Está claro que en esta etapa de turbulencia, ni libre mercado ni proteccionismo, no hay un destino y lo estamos viendo en Europa, la clave va a ser que cada país sepa jugar con uno y lo otro, en ciertas cosas proteger la seguridad del país, los sectores de alta tecnología, 5G, no sé, y en otras cosas, libre mercado, una combinación selectiva en tiempos de turbulencia global; creo que es la clave de un programa de transición de izquierdas, ni proteccionistas, ni globalizadores, en esto sí, en esto no, una mezcla temporal hasta que se rediseñe la nueva orientación del desarrollo económico que vendrá para surgir a futuro.

Está claro que tiene que haber una regulación de los flujos financieros, entiendo que los flujos financieros son una forma de generar riqueza, es extraordinaria, se genera riqueza a partir de la confianza y el habla, son actos del habla, estudiados por la filosofía del lenguaje que generan riquezas hacia futuro. Simplemente es capitalizar promesas de riqueza futura que las traigo al presente y muevo con eso dinero, eso mueve la economía, ahí las palabras tienen un carácter performativo, con palabras se crea riqueza, pero una excesiva creación de riqueza con palabras, de riqueza futura y en el presente, nos lleva a lo que ha sucedido el año 2008.

Entonces, aquí tiene que haber una regulación, no hemos aprendido, los bancos no han aprendido de lo que sucedió en 2008 y nuevamente se vuelven a crear las burbujas y no se sabe cuándo volverá a estallar una burbuja que lleve a la destrucción de gigantesca riqueza real, no solamente de palabras, sino de riqueza real. Se requiere un nivel de regulación.

Igualmente las economías de plataforma, hoy las empresas más ricas del mundo son las que se mueven en plataforma. ¿quién regula las plataformas? Nadie porque están en el mundo, no tienen una ubicación territorial. ¿Cómo regulo a Uber? Creo que es uno de los pedidos de los transportistas, de los taxistas. ¿Cómo regulo a Google? ¿Dónde está Google? Hay que encontrar un mecanismo, de hecho, se está debatiendo en Europa y creo que eso va a ser cada vez un tema más importante, mecanismos no de asfixia sino de regulación, comenzando por proteger nuestros datos personales, hoy el algoritmo sabe más de nosotros que nosotros mismos, puede saber nuestros gustos, nuestros deseos y esa información, lo que hablamos, lo que seleccionamos, la comida que pedimos, el libro que escogemos, la película que vemos, el mensaje que mandamos por WhatsApp, todo eso puede administrar por algoritmos y definir mi futura elección, mi futura inclinación, eso convertido en información política, sabemos el uso que se le ha dado en Inglaterra, recientemente, pero también hay un conjunto de la riqueza que se mueve alrededor de esto que requiere un tipo de regulación.

Y, por supuesto, el conjunto de derechos laborales, la temática obrera y social nuevamente, está la gran empresa con sus derechos, pero hay empresas que están desconcentradas territorialmente, hay trabajadores de una gran empresa que tiene su sede en Fráncfort pero que trabajan en Malasia y en México.

¿Cómo logramos articular los trabajadores de Malasia con los trabajadores de México que trabajan para la misma empresa? Esa es una de las grandes tareas y retos de las izquierdas en el siglo XXI. Cada vez menos va a ser la fuerza laboral concentrada territorialmente en una fábrica, en un barrio, que fue lo que caracterizó al movimiento obrero en los años 20, 30, 40 y 50, y cada vez va a ser este tipo de obrerización difusa, de este tipo de obrerización segmentada territorialmente, que requiere una mirada planetaria de las cosas o regional de las cosas y no una mirada meramente localista ni nacional.

En el fondo, se trata de buscar formas de salir del neoliberalismo, hoy la izquierda no se tiene que plantear la construcción del paraíso, sino cosas más viables, más concretas y posibles de cómo salir de una manera civilizada de un orden de la economía que ha concentrado mucha riqueza y que ha generado mucha desigualdad y, dependiendo, de cómo se negocie con las fuerzas antagonistas, eso puede radicalizarse.

Ninguna transformación social emerge con el diseño de una sociedad futura palpable, sino emerge de cosas simples, de expectativas probables, de capacidad de cohesión que en el desarrollo de la confrontación antagonista con fuerzas opositoras va desencadenando fuerzas creativas que van reinventando o inventando sobre la marcha cosas más radicales o moderadas.

Un tercer componente es la necesidad de incorporar un ecologismo social, no he dicho ecologismo porque eso está presente, sino que se requiere un repensar en un ecologismo social, un pensar la naturaleza, pero no deshumanizada y no pensar a una humanidad por fuera de la naturaleza.

El socialismo ha pensado, hasta el día de hoy, en una transformación de las condiciones de vida de las personas y las corrientes verdes y ecologistas son una crítica a esa mirada porque han planteado la temática de la naturaleza, pero una temática de la naturaleza, como en el caso de Estados Unidos, que muchas veces se presenta como racismo ambiental. ¿A qué llamamos racismo ambiental? Al hecho de que la preocupación por los bosques, en el caso de Estados Unidos, va desligada de la preocupación de la temática social, de las personas con más desventajas, trabajadores, migrantes. Esta temática no puede disociarse, he de ocuparme de las condiciones de vida en la misma medida en que me estoy preocupando de la naturaleza y me preocupo de la naturaleza en la misma medida en que me estoy preocupando de las condiciones de vida de las clases subalternas y más afectadas.

Clasismo ambiental, hay una condición de clase en el desarrollo de cierto ambientalismo predominante en países desarrollados y de un colonialismo ambiental, nosotros desarrollamos la industria como queramos y en el sur se dedican a cuidar bosques, y ellos que se hagan cargo de depurarnos el medioambiente, mientras que aquí seguimos depredando, consumiendo y comiéndonos todas la materias primas del mundo, si es posible, porque los del sur nos cuidan los bosques y les damos dinero para que sigan cuidando los bosques.

Hay que desmontar ese colonialismo ambiental, hay que desmontar ese racismo ambiental para unir nuevamente dos temáticas que nunca deberían ir separadas: la temática social y la temática medioambiental.

Combatir los procesos de desmercantilización de la naturaleza, hoy la naturaleza también se ha convertido en un activo financiero, los seguros para los desastres naturales, viento en popa; la mercantilización de los bosques, viento en popa, a una empresa le resulta rentable, cuidar 20 hectáreas de bosque en Bolivia mientras que aquí sigue derrochando el carbón, el petróleo como le dé la gana, pero compra su derroche de naturaleza con mitigar o proteger unos bosques que están en Perú, en Brasil o en Bolivia.

Saldar la deuda ecológica de los países industrializados y potenciar un crecimiento económico sin decrecimiento ecológico. El gran problema de la modernidad es haber separado la naturaleza del ser humano, y me encanta esa frase del joven Marx de "naturalizar al ser humano y humanizar la naturaleza", creo que en esa mirada filosófica del joven Marx radica la clave para volver a unir temática social con temática ecológica. ¿Cómo es eso? Hay que construirlo, pero tiene que ser conjuntamente, hay temática ecológica social en tanto me preocupo de la naturaleza y tomo al ser humano como parte de esa naturaleza, y viceversa.

No puede haber izquierdas sin una nueva forma de internacionalismo, pero está claro que no puede ser el globalismo de gran potencia, reclamar a los pequeños que abran sus fronteras mientras yo protejo las mías, ese es un tipo de globalismo de gran potencia, está claro que hoy, eso ya no funciona, China nos está mostrando que ya no funciona.

¿Qué va a hacer Europa, va a abrir sus fronteras o no frente a China? Pero, que el tema de seguridad nacional, por fin, abres o no abres tus fronteras, ese es el problema, se pide a otros pequeños que abran sus fronteras mientras yo estoy protegiendo las mías, porque hay uno más poderoso; esta no es una posición de izquierda, es una posición globalista de gran potencia, ¿cómo reinventar una producción globalista, internacionalista, pero que no sea la de gran potencia, sino que sea la de la integración social?

A partir de lo que llamamos un internacionalismo temático: medioambiente, tecnología, información, que permitan, desde abajo, la creación de una integración de luchas, de plataformas, de conceptos construidos desde la sociedad civil y que no tienen que ver con pedir a otros lo que no soy capaz de dar.

Se requiere también una descolonización cognitiva, una apertura de todo, de toda izquierda al resto de las izquierdas del mundo, cada izquierda se ha ensimismado y cree que su mundo es el mundo; hay que aprender de todas, Europa tiene que aprender de América, América tiene que aprender de Europa, Europa y América tienen que aprender de África, África tiene que aprender de Asia y Asia de Estados Unidos en una creciente integración.

Había más integración de las izquierdas, a principios del siglo XX, que ahora, había una mayor comunicación de flujos de ideas y de conocimientos que en el siglo XXI, uno pensaría que el internet nos comunica más, al contrario, el internet nos ha ensimismado más, se requiere de una mayor interdependencia de las creaciones culturales, de las experiencias, de los fracasos de las distintas izquierdas, a eso le llamo una descolonización cognitiva, no crean que lo que se produce en el país de uno es lo que sucede en el mundo, el país de uno, grande o pequeño, es solamente una pequeña parte de las experiencias del mundo, uno tiene que abrirse a las experiencias del resto del mundo.

Por último, una articulación contingente de plataformas sociales con derechos a nivel regional, continental y mundial, el movimiento de las mujeres, por ejemplo, funciona exactamente como eso. Es un tema específico, se articulan plataformas por derechos, se mueven, se convocan, vuelven a replegarse, vuelven a convocarse, ese tipo de plataformas favorecidas por los nuevos mecanismos de comunicación parece que va a ser la forma más viable de construir un tipo de nuevo internacionalismo desde la sociedad civil.

Y, por último, un nuevo sentido común, el mercado no cohesiona, durante un tiempo se creyó que, a la globalización económica, a la creación de una plataforma objetiva de interdependencia mundial de las sociedades le iba a corresponder una nueva ideología, ¿y quién le iba a dar esa ideología? El mercado.

Pero resulta que no, el mercado no crea un sentido común cohesionador de las personas, el mercado junta, pero no cohesiona, entonces, ese papel sigue recayendo en los Estados nacionales. ¿Es un repliegue al Estado nacional? No, no es un repliegue al Estado nacional porque hay una plataforma planetaria que ha socavado la soberanía de los Estados nacionales y eso es irreversible, eso no va a desaparecer, es como querer quitarle al mundo el internet, no va a desaparecer.

Pero está claro que los Estados nacionales siguen jugando un papel importante, lo jugaron en la etapa neoliberal, pero lo jugaron para privatizar y disciplinar a las clases peligrosas. ¿Qué se requiere? Estado. En esta plataforma globalizada de la economía y del mercado que va a seguir expandiéndose, el Estado nacional va a seguir jugando, y requiere seguir jugando un papel de cohesión nacional.

Al fin y al cabo, las demandas y reivindicaciones siempre se dan a nivel nacional, pero lo nacional se expande a nivel internacional, el movimiento de las mujeres de Argentina por el derecho al aborto surgió inicialmente en Argentina, se movilizaron en Argentina, con un discurso, una temática y una ley de Argentina y esa fuerza, luego, se la irradió al resto del continente y luego se la irradió a Estados Unidos; la pañoleta verde que usan las mujeres en ciertos momentos es una plataforma de irradiación nacional que emergió de una plataforma nacional, el Estado nacional.

Nunca va a haber una articulación sin plataforma nacional, pero no basta la articulación nacional, la articulación nacional estatal es el punto de partida de una irradiación regional, continental o mundial.

Y, finalmente, la necesidad de luchar por un conjunto de nuevos preceptos del sentido común, preceptos lógicos, preceptos morales, preceptos procedimentales y preceptos instrumentales.

Preceptos lógicos, la forma de organizar el mundo a través del habla, los usos del cuerpo, la creación de instituciones vía el habla que recrean un orden del mundo, hay que ir modificando, en una estrategia gramsciana, ese orden del mundo. Preceptos morales, la manera en cómo juzgamos emotivamente el mundo.

Preceptos procedimentales, el conjunto de eslabonamientos que preceden y dan una acción, comprar, vender, estudiar, tramitar algo ante el Estado, acatar una ley, aprobar una ley. Y preceptos instrumentales, la manera en la que organizamos medios para obtener un bien específico, tener la maestría, tener el doctorado, armar un partido político, llegar al poder.

Es este conjunto de mecanismos que cran un sentido común, una manera de representar el mundo, está claro que ha de haber una toma del poder real, del Estado, no simplemente un acompañamiento o una actitud de travesti de otra ideología, en tanto seamos capaces previamente de haber ganado el sentido común.

La conducta, como hace cien años, como hoy, como de aquí a diez mil años, siempre va a ser la lucha por el monopolio del sentido común, quien monopolice el sentido común, monopoliza el orden del mundo y quien monopoliza el orden del mundo, monopoliza el Estado; quien crea un nuevo sentido común crea la posibilidad de un nuevo tipo de Estado, las izquierdas habrán de llevar hacia adelante la batalla, hacia el futuro, si tienen la capacidad de ir creando, de manera reticular, de manera molecular, diría Gramsci, formas distintas de ordenar e interpretar el mundo. ¿Es posible? Sí, porque se derrumbó el mundo, las creencias del destino del mundo se derrumbaron y se abre un mundo de disponibilidad planetaria a nuevas creencias, que lo está agarrando la derecha, más ágil, más rápida y aquí la clave de las izquierdas, radicales, moderadas, en transición, en fin, radica no en tanto hacer una mea culpa del pasado, no hay tiempo para hacer mea culpa, sino de sacar las experiencias rápidas del pasado para crear un nuevo sentido común.

Solamente en momentos muy específicos de la historia se abre la disponibilidad colectiva a nuevas creencias. ¿Cuándo sucede eso? Cuando las nuevas creencias encuentran un límite y se derrumban, las viejas creencias y la vieja narrativa se han derrumbado, quedan todavía sus residuos, por supuesto, siempre hay sedimentos viejos y arcaicos que todavía se mantienen en la sociedad, pero está claro que en medio de ellos hay espacios de disponibilidad.

Hoy les toca a las izquierdas el reinventar estos nuevos sentidos comunes que permitan visualizar un horizonte creíble, viable y esperanzador del futuro basado en la igualdad, la justicia y el bienestar.

Muchas gracias.

Segunda parte

El horizonte comunitario

1. 9 tesis sobre el capitalismo y la comunidad universal*

Primera tesis
El capitalismo de fines del siglo XX como medida geopolítica planetaria absoluta

Inicialmente, en el siglo XIX, el mercado capitalista se mundializó –tal como reflexionó Marx en 1850– gracias a la apertura de la ruta comercial California-China. En el siglo XX, después de la caída del muro de Berlín, el circuito de la economía financiera también adquirió una irradiación planetaria. Pero lo que es más importante, ya en el siglo XXI, la propia producción, el propio proceso de trabajo inmediato capitalista predomina en todos los países del globo y el mismo mundo ha devenido en un gigante taller de trabajo planetario, en donde se elabora cada uno de los productos que consumimos. Esto significa que hoy ya no existen más mercancías *"Made in USA"* o *"Made in China"* exclusivamente, sino *"Made in the World"* o "fabricadas en el mundo".

---

* Extraído de García Linera, Á. (2013, 7-9 de junio). 9 Tesis sobre el capitalismo y la comunidad universal. Conferencia en *Left Forum* [Foro de izquierda]. Universidad Pace, Nueva York, EUA.

Segunda tesis
La acumulación primitiva perpetua

Esta acelerada mundialización de la producción ha dado lugar a la subsunción formal, externa, de los procesos de trabajo agrarios comunales, no capitalistas o precapitalistas, bajo el mando de la acumulación capitalista que se ha reproducido de manera continua –como un tipo de acumulación primitiva perpetua–, empujando de forma explosiva a las naciones y clases indígenas de África, América Latina y Asia, a ser forzosamente naciones, clases y saberes "en" el capitalismo, aunque no sean naciones, clases y saberes "del" capitalismo.

El indianismo político estatal en Bolivia, el indianismo resistente en México o en Brasil y las luchas campesinas e indígenas en otras partes del mundo son una visibilización activa de este pilar y contradicción de la nueva etapa del capitalismo.

Tercera tesis
La apropiación capitalista de una fuerza productiva comunitaria universal:
el conocimiento

Simultáneamente a la subordinación de la sociedad planetaria al capital, estamos asistiendo a la subsunción real del conocimiento humano mundial, de las capacidades cognitivas o fuerzas intelectivas, a la propia producción del capital. La producción moderna se sostiene cada vez más en la ciencia aplicada al procesamiento de materias primas, pero además las propias ciencias como la física, las matemáticas, la biotecnología, la ingeniería de sistemas, etc., son en sí mismas industrias de punta que generan incluso más valor agregado que la extracción de materias primas o los servicios.

Eso significa que el capitalismo se ha apoderado de una fuerza productiva ilimitada: el conocimiento humano, y al hacerlo ha hecho emerger dos contradicciones fundamentales. La primera, que al estar subsumiendo una capacidad humana de fundamento comunitario-universal, –pues la ciencia ya no es el producto de genios individuales sino cada vez más un producto colectivo-universal–, a la larga se está socavando la base de la apropiación privada capitalista que se hace de esta fuerza productiva comunitaria. Y la segunda, que se crea y se escinde a la clase obrera mundial: una vinculada más a las ciencias, al conocimiento y la tecnología en las metrópolis del mundo capitalista, y la otra ligada más al esfuerzo rutinario y a la asociatividad en las extremidades del cuerpo capitalista planetario.

Estamos entonces ante el surgimiento de una nueva condición obrera planetaria expandida en todo el mundo, difusa y distinta a la que dio lugar al Estado de bienestar, la vida sindical y los partidos del siglo XX.

Cuarta tesis
*La subsunción real del sistema integral de la vida natural
del planeta al capital*

La subordinación técnica de la ciencia a la ganancia ha desatado una subsunción formal y de manera creciente una subsunción real de los procesos metabólicos de la naturaleza a la acumulación capitalista. La biotecnología que modifica los códigos y la arquitectura de la vida a nivel micro, la devastación capitalista de los bosques y ríos, la desenfrenada explotación de los minerales, hidrocarburos, aguas subterráneas están transformando irreversiblemente el sistema integral de la vida natural del planeta, poniendo en riesgo la existencia de la vida misma, tanto de la naturaleza como del ser humano, que es una parte de la propia naturaleza.

Esto da lugar a una paradoja histórica: la propia expansión ilimitada del capitalismo lo está convirtiendo en naturalmente imposible a futuro porque no existe naturaleza ni materias primas capaces de sostener la producción de todos los productos que hoy vemos en los escaparates para las personas de todo el mundo.

Quinta tesis
Fuerzas productivas que devienen en destructivas de la naturaleza
y el ser humano

Dentro del modo de desarrollo capitalista, las fuerzas productivas de la sociedad no solo son cada vez más unilaterales y contradictorias –usando los conceptos de Lenin–, sino que también están deviniendo cada vez más en fuerzas destructivas de la propia humanidad.

Cuando hablamos de fuerzas productivas nos estamos refiriendo a la tecnología o las fuerzas productivas objetivas, las fuerzas productivas intelectivas como la ciencia, las fuerzas productivas asociativas, las fuerzas productivas subjetivas (como la pasión, el deseo), las fuerzas productivas simbólicas (como el lenguaje, la festividad comunal), y en general a todas las acciones que dan lugar a la producción de nueva riqueza social.

En la actualidad, el capitalismo mundial está priorizando las fuerzas productivas técnicas y las intelectuales, en detrimento de las fuerzas productivas asociativas, subjetivas y simbólicas; pero, además, de una manera contradictoria, es decir, priorizando fuerzas productivas técnicas que para generar ganancia (la única finalidad del capitalista) producen consecuencias destructivas del sistema metabólico de la naturaleza.

Sexta tesis
Nuevos ejes movilizadores de las clases en antagonismo revolucionario

La constitución de las luchas de las clases sociales, tanto "del" como "en" el capitalismo del siglo XXI, ha de estar determinada por tres fuentes de antagonismos planetarios:

La acumulación primitiva permanente, que en distintos lugares del mundo está dando lugar a la emergencia de luchas indígenas y agrarias que buscan resistir la expoliación capitalista de su organización tradicional de vida, colocando a sus naciones frente a la situación de que para preservar sus estructuras comunitarias tienen que luchar por un comunitarismo ampliado y universalizante, lo que las lleva a convertirse en una fuerza productiva de la comunidad universal, del socialismo y del comunismo.

La subsunción técnica del metabolismo de la naturaleza a la acumulación capitalista y la inminencia de una catástrofe medioambiental, que convierte a las luchas por la defensa de la Madre Tierra –un bien común de todos los seres vivos–, en luchas comunes a todos los seres humanos, es decir, en fuerza productiva del socialismo y del comunismo.

Y la condición obrera, resultante de la subsunción mundial de la ciencia a la ganancia empresarial, que está dando lugar a clases obreras más fragmentadas regionalmente, más difusas socialmente, pero también más expandidas, lo que las convierte en la única fuerza productiva verdaderamente global capaz de cimentar con sus luchas un nuevo modo social de producción poscapitalista, que obligatoriamente tendrá que ser planetario pues esa es la base territorial del capitalismo que se busca superar.

De esta manera, es posible advertir que los ejes movilizadores de las clases en antagonismo revolucionario tienden a estar vinculados a las temáticas de: el control y uso del excedente económico (salario, seguridad social, salud, educación), la defensa o ampliación de las necesidades vitales (agua, tierra), la preservación de los recursos comunes estatales y no estatales, la preservación de las identidades nacionales indígenas y la defensa de la Madre Tierra y de la ecología.

Menciono estos seis ejes movilizadores porque permiten ver la complejización de la lucha de clases, que no solo se está moviendo alrededor de la relación salarial, sino que también se está moviendo alrededor de otros componentes que en muchos casos se vuelven tanto o más movilizadores de la gente y de su constitución como clase social movilizada.

En el caso de Bolivia en el ciclo revolucionario y de las grandes sublevaciones del año 2000 al 2005, de hecho, los factores movilizados se articularon alrededor de las necesidades vitales como el agua, la tierra; los recursos comunes no estatales y las identidades indígenas. La temática laboral estuvo presente, pero ante todo articulada y vinculada a estos tres otros ejes que dieron lugar a los grandes levantamientos y a la revolución del año 2000 al 2005.

Séptima tesis
Nuevas formas de movilización de las clases sociales subalternas

Estamos asistiendo a una mutación de los sistemas de constitución material y de movilización o visibilización clasista de los sectores subalternos. La antigua forma sindicato, anclada en el centro del trabajo, es y será fuerte en aquellos territorios laborales en los que se haya podido sedimentar un espacio de acumulación de experiencias de clase; pero allí donde la flexibilidad laboral, el nomadismo obrero y la fragmentación de la condición obrera prevalecen, esta forma organizativa es débil y tiende a ser complementada o sustituida por otras dos formas de acción colectiva: la forma comunidad, en el caso de las sociedades con amplia base agraria comunitaria, y la forma multitud. La forma comunidad es el modo político en el que la propiedad común de la tierra y la cultura organizativa indígena se movilizan como autodeterminación. La forma multitud es una manera flexible de articulación de varias clases sociales donde el núcleo dirigente no está establecido de antemano, sino es contingente y depende del curso de la propia movilización.

En la forma multitud de asociatividad movilizada, la convergencia obrera se da en torno a identidades territoriales locales, a demandas específicas vinculadas a las condiciones de vida (servicios básicos, derechos de ciudadanía, etc.), junto a otros sectores sociales igualmente involucrados por la demanda. La conducción de la acción colectiva no está definida de antemano, se resuelve en la propia lucha y muchas veces puede pasar de un núcleo obrero a otro campesino, intelectual o vecinal. La forma multitud parece ser una forma más flexible de articulación contingente de sectores sociales, capaz de remontar temática y contingentemente las formas difusas y nómadas de obrerización contemporáneas.

Octava tesis
La lucha por el poder del Estado como forma de emancipación

La emancipación de las clases subalternas "de" y "en" el capitalismo pasa necesariamente por la lucha por el poder del Estado. El Estado tiene como finalidad histórica monopolizar e imponer el sentido común de lo que es común a toda una sociedad, el sentido de lo universal que es propio de una comunidad existente. El Estado monopoliza la materia y la creencia de casi todo aquello que hace vivir a una sociedad como parte integrante de una comunidad territorial con un destino compartido. Y, hasta hoy, la administración de esa materialidad y de esas creencias ha estado dirigida u organizada desde el punto de vista y desde los intereses de las clases capitalistas.

Ante ello, los movimientos sociales, clases obreras, naciones indígenas, intelectuales, activistas y sindicatos no pueden renunciar ahora a la batalla de ser ellos los que conduzcan y articulen el sentido de lo universal, el sentido de comunidad política de un país.

Esa voluntad material de administrar y conducir lo común, lo universal de una sociedad, es la lucha por el poder del Estado que consiste, sobre todo, en un asunto de hegemonía en el sentido gramsciano, es decir, se trata de una construcción de un liderazgo político-cultural general, de una lucha por revolucionar los esquemas lógicos y morales profundos con los cuales las personas organizan su existencia en el mundo; y no de una simple ocupación del poder estatal de la clase capitalista. Por ello, toda lucha revolucionaria por el poder de Estado es una lucha por la revolución de las correlaciones de fuerzas sociales que influyen en las decisiones generales de la sociedad, del sentido común de la sociedad y de los medios materiales que objetivan esa nueva correlación de fuerzas clasista. Y por ello, es también una transformación de la conformación material y técnica del Estado. De ahí que una revolución social que transforma de raíz la correlación de fuerzas política y cultural de un país tiene que transformar desde abajo las antiguas estructuras estatales de dominación y, construir desde abajo, desde la propia sociedad activa, las nuevas relaciones de poder social, que necesariamente habrán de materializarse, o construirse, en nuevas estructuras de poder. Debido a ello, una revolución social es una construcción de nuevas estructuras de poder; no la ocupación de las antiguas que expresan la vieja relación y correlación de fuerza social.

No se trata de que la lucha política sea únicamente la lucha por el Estado. No. La lucha política desborda el Estado; pero también pasa por el Estado, constituye el Estado. Y entonces cuando el activista, el dirigente sindical, el académico, el investigador, el sindicalista únicamente se queda en su lucha local, aparentemente por fuera del Estado, únicamente centra su atención y su fuerza en un tema particular; puede obtener un resultado, puede obtener un pequeño cambio en el metabolismo del capitalismo, pero a la larga el capitalismo vuelve a reproducirse absorbiendo y alimentándose de esa energía fragmentada. El activismo aislado se convierte sin que uno lo quiera o lo desee en una fuerza productiva del capitalismo porque lo ayuda a regenerarse, lo ayuda a potenciarse; sin desearlo lo ayuda a expandirse.

La única manera de salir de esta maldición hegeliana radica en que la lucha por lo local, por lo parcial, también involucre e irradie la lucha por lo universal, por la totalidad.

Si abandonamos la lucha por la totalidad y concentramos energías únicamente en lo particular, en lo parcial, en lo viable, solo en lo posible, nuestro trabajo se volverá en nuestra propia contra; es el fetichismo de la mercancía que se sobrepone a los productores aislados. Pero si sumamos a la lucha por lo particular, por el tema energético, por el tema de los transgénicos, por el tema de los animales en el mar, por el tema de los fondos de pensiones, por el salario; si junto con eso articulamos la lucha por la totalidad de la conducción política del país, la totalidad de la administración de las riquezas, entonces lo local y lo universal se presentan como una lucha común, como una producción común de lucha; y entonces habrá muchísimas más posibilidades de que los esfuerzos colectivos no se conviertan en una nueva fuerza productiva que alimente el capitalismo, como ha sucedido hasta hoy con todas las luchas sociales.

Novena tesis
La comunidad universal: síntesis de potencialidades objetivas
y voluntades intersubjetivas

Detrás del resquebrajado poderío de un capitalismo planetario triunfante está el poderío latente de un comunitarismo técnico, organizativo y moral de las naciones y clases subalternas, pero únicamente como potencia, tendencia y posibilidad material. Para que esa potencia devenga en insurgencia social se requiere un largo y sistemático activismo molecular con voluntad de poder; un activismo intersticial capaz de tejer voluntades crecientes y materialmente sustentadas de luchas por el poder; capaz de crear relaciones comunitarias expansivas, primero nacionales, luego continentales y finalmente planetarias, que gatillen el cúmulo de fuerzas comunitarias constreñidas y ahogadas por el capitalismo. Al final, la comunidad real será universal, planetaria o no será nada.

2. A la izquierda europea*

Permítanme celebrar este encuentro de la izquierda europea y, a nombre de nuestro presidente Evo Morales, de mi país y de nuestro pueblo, agradecer la invitación que nos han hecho para compartir un conjunto de ideas, de reflexiones en este tan importante congreso de la izquierda europea.

Permítanme ser directo y franco, pero también propositivo. ¿Qué vemos desde afuera de Europa? Vemos una Europa que languidece, abatida, ensimismada y satisfecha de sí misma; vemos a una Europa, hasta cierto punto, apática y cansada.

No es el pueblo europeo el que ha perdido la virtud ni ha perdido la esperanza, porque la Europa a la que me refiero, la Europa cansada, agotada, ensimismada, no es la Europa de los pueblos; es esta silenciada, encerrada, asfixiada. La única Europa que vemos en el mundo es la de los grandes consorcios empresariales, la Europa neoliberal, la Europa de los grandes negociados financieros, de los mercados y no la Europa del trabajo.

Carentes de grandes dilemas, horizontes y esperanzas, solo se oye –parafraseando a Montesquieu– el lamentable ruido de las pequeñas ambiciones y de los grandes apetitos; unas democracias sin esperanza y sin fe son democracias derrotadas; unas democracias sin esperanza y sin fe son democracias fosilizadas; en sentido estricto no son democracias; no hay democracia válida que sea simplemente un apego a instituciones

---

* Extraído de García Linera, Á. (2013, 13 de diciembre). A la izquierda europea. Intervención en el IV *Congreso de Partidos Europeos de Izquierda*. Madrid, España.

fósiles con las que se cumple rituales cada tres, cuatro o cinco años para elegir a los que vendrán a decidir de mala manera sobre nuestros destinos.

Todos sabemos y en la izquierda más o menos compartimos un pensamiento de cómo es que hemos llegado a semejante situación. Los estudiosos, académicos y los debates políticos nos brindan un conjunto de interpretaciones de lo mal que estamos y cómo hemos llegado ahí.

Un primer criterio compartido de cómo es que hemos llegado a esta situación es que entendemos que el capitalismo ha adquirido, no cabe duda, una medida geopolítica planetaria absoluta. El mundo entero se ha redondeado y el mundo entero deviene en un gran taller mundial. Una radio, un televisor, un teléfono ya no tienen un origen de creación, sino que el mundo entero se ha convertido en un origen de creación; un chip se hace en México, el diseño se hace en Alemania, la materia prima es latinoamericana, los trabajadores son asiáticos, el empaque es norteamericano y la venta es planetaria; esa es una característica del neoliberalismo, no cabe duda, y es a partir de ello que uno tiene que tomar acciones.

Una segunda característica de los últimos veinte años es una especie de regreso hacia una acumulación primitiva perpetua. Los textos de Carlos Marx que retrataban el origen del capitalismo en el siglo XVI y XVII, hoy se repiten y son textos del siglo XXI. Tenemos una permanente acumulación originaria que reproduce mecanismos de esclavitud, mecanismos de subordinación, de precariedad, de fragmentación, que fueron retratados, fundamentalmente, por Carlos Marx. Solo que el capitalismo moderno reactualiza la acumulación originaria, la expande y la irradia a otros territorios para extraer más recursos y más dinero.

Junto con esta acumulación primitiva perpetua –que va a definir las características de las clases sociales contemporáneas, tanto en nuestros países como en el mundo, porque reorganiza la división del trabajo local, territorialmente y la división del trabajo planetario–, tenemos una especie de neoapropiación por expropiación. Tenemos un capitalismo depredador que acumula, en muchos casos, produciendo en las áreas estratégicas, conocimiento, telecomunicaciones, biotecnología, industria automovilística, pero en muchos de nuestros países acumula por expropiación; es decir, ocupando los espacios comunes: biodiversidad, agua, conocimientos ancestrales, bosques, recursos naturales; esta es una acumulación por expropiación, no por generación de riqueza, sino por expropiación de riqueza común que deviene en riqueza privada; esa es la lógica neoliberal.

Si criticamos tanto al neoliberalismo es por su lógica predatoria y parasitaria. Más que un generador de riquezas, más que un desarrollador de fuerzas productivas, el neoliberalismo es un expropiador de fuerzas productivas capitalistas y no capitalistas, colectivas, locales y de sociedades.

La tercera característica de la economía moderna no solamente es acumulación primitiva perpetua, acumulación por expropiación, sino también subordinación. Marx diría subsunción real del conocimiento y la ciencia a la acumulación capitalista, lo que algunos sociólogos llaman la sociedad del conocimiento. Esas son las áreas de mayor despliegue y potencia de las capacidades productivas de la sociedad moderna.

La cuarta característica, cada vez más conflictiva y riesgosa, es el proceso de subsunción real del sistema integral de la vida del planeta, es decir, de los procesos metabólicos entre los seres humanos y la naturaleza.

Estas cuatro características del moderno capitalismo redefinen la geopolítica del capital a escala planetaria, la composición de clase de las sociedades, la composición de las clases sociales en el planeta. No solamente está la externalización a las extremidades del cuerpo capitalista de la clase obrera tradicional, de la clase obrera que vimos surgir en el siglo XIX y principios del XX, que ahora se transfiere a las zonas periféricas: Brasil, México, China, India y Filipinas, sino que también surge en las sociedades más desarrolladas un nuevo tipo de proletariado, de clase trabajadora, que es la clase trabajadora de cuello blanco, profesores, investigadores, científicos y analistas que no se ven a sí mismos como clase trabajadora, se ven como pequeños empresarios, seguramente, pero en el fondo son una nueva composición social de la clase obrera de principios del siglo XXI.

Pero, a la vez, también tenemos una creación de lo que podríamos denominar en el mundo un proletariado difuso, sociedades y naciones no capitalistas que son subsumidas formalmente a la acumulación capitalista, América Latina, África y Asia, hablamos de sociedades y de naciones no estrictamente capitalistas, pero que en el conjunto aparecen subsumidas y articuladas como formas de proletarización difusas, no solamente por su cualidad económica sino por las propias características de su unificación fragmentada o difícil fragmentación por su dispersión territorial.

Tenemos, entonces, no solamente una nueva modalidad de la expansión de la acumulación capitalista, sino que también tenemos un reacomodo de las clases y del proletariado y de las clases no proletarias en el mundo; el mundo hoy es más conflictivo, está más proletarizado, solamente que las formas de proletarización son distintas a las que conocimos en el siglo XIX, principios del XX, y las formas de organización de estos proletarios difusos, de cuello blanco, no toman la forma de sindicato. La forma sindicato ha perdido su centralidad en algunos países y surgen otras formas de unificación de lo popular, de lo laboral y de lo obrero.

¿Qué hacer?, la vieja pregunta de Lenin. ¿Qué hacemos?, compartimos definiciones de lo que está mal, de lo que está cambiando en el mundo; y frente a estos cambios no podemos responder o, mejor, las respuestas que teníamos antes son insuficientes, sino no estaría gobernando la derecha acá en Europa; ¡algo ha faltado y algo les está faltando a nuestras respuestas y a nuestras propuestas!

Permítanme, de manera modesta, plantear cinco sugerencias en esta construcción colectiva del quehacer que asume la izquierda europea.

La izquierda europea no puede contentarse con el diagnóstico y la denuncia, estos sirven para generar indignación moral y es importante la expansión de la indignación moral, pero no genera la voluntad de poder; la denuncia no es una voluntad de poder, puede ser la antesala de una voluntad de poder, pero no es la voluntad de poder.

La izquierda europea y mundial, a esta vorágine depredadora destructiva de naturaleza y seres humanos que lleva adelante el capitalismo contemporáneo, tiene que anteponerle propuestas o iniciativas. La izquierda europea y las de todas partes del mundo tenemos que construir un nuevo sentido común; en el fondo, la lucha política es una lucha por el sentido común, por el conjunto de juicios y de prejuicios, por la forma de cómo de manera simple, la gente, el joven estudiante, profesional, la vendedora, el trabajador y el obrero ordenan el mundo.

Ese es el sentido común, la concepción del mundo básica, de cómo ordenamos la vida cotidiana, la manera de cómo valoramos lo justo y lo injusto, lo deseable y lo posible, lo imposible y lo probable; y la izquierda mundial y europea tienen que luchar por un nuevo sentido común, progresista, revolucionario y universalista, pero es obligatoriamente un nuevo sentido común.

En segundo lugar, necesitamos recuperar el concepto de democracia. La izquierda siempre ha reivindicado la bandera de la democracia, es nuestra bandera, es la bandera de la justicia, de la igualdad, de la participación, pero para eso debemos desprendernos de la concepción de la democracia solamente como un hecho meramente institucional.

¿La democracia es un conjunto de instituciones? Sí, es un conjunto de instituciones, pero es mucho más que una institución. ¿La democracia es votar cada cuatro o cinco años? Sí, pero es mucho más que eso. ¿Es elegir el parlamento? ¿Es respetar las reglas de la alternancia? Sí, pero es mucho más que eso.

Esa es la manera liberal, fosilizada de entender la democracia con la que a veces quedamos encerrados. La democracia es una serie de valores, principios organizativos del entendimiento del mundo: la tolerancia, la pluralidad, la libertad de opinión, de asociación, está bien, pero no es solamente principios; es instituciones, pero no es solamente instituciones.

La democracia es práctica, la democracia es acción colectiva, la democracia, en el fondo, es creciente participación en la administración de los comunes que tiene una sociedad. Hay democracia si en lo común que tenemos los ciudadanos participamos; si tenemos como común el agua, la democracia es participar en la gestión del agua; si tenemos como patrimonio común el idioma, la lengua, democracia es la gestión común del idioma; si tenemos como patrimonio común los bosques, la tierra, el conocimiento, democracia es gestión, administración común, creciente participación común en la gestión del bosque, del agua, del aire, de los recursos naturales.

Ha de haber democracia, hay democracia en el sentido vivo, no fosilizado del término, si la población y la izquierda ayudan y participan en una gestión común de los recursos comunes: instituciones, derechos y riquezas. Los viejos socialistas de los años 70 hablaban de que la democracia debería tocar la puerta de las fábricas; es una buena idea, pero no es suficiente, debe tocar la puerta de las fábricas, de los bancos, de las instituciones, de los recursos, de todo lo que sea común para las personas.

Me preguntaba nuestro delegado de Grecia sobre el tema del agua. ¿Cómo comenzamos nosotros en Bolivia? Por temas básicos de sobrevivencia, agua; y en torno al agua, que es una riqueza común que estaba siendo expropiada, el pueblo llevó a cabo una guerra, la recuperó para la población y luego recuperamos no solamente el agua, hicimos otra guerra social y nos lanzamos a recuperar el gas, el petróleo, las minas y las telecomunicaciones. Y falta mucho más por recuperar, pero, en todo caso, este fue el punto de partida, la creciente participación de los ciudadanos en la gestión de los bienes comunes que tiene una sociedad y una región.

En tercer lugar, la izquierda tiene que recuperar la reivindicación de lo universal, de los idearios universales, de los comunes. La política en común, la participación como una participación en la gestión de los bienes comunes, la recuperación de los comunes como derecho, el derecho al trabajo, a la educación gratuita, a la salud, a un aire limpio, a la protección de la Madre Tierra, protección de la naturaleza son derechos, pero son universales; son bienes comunes universales frente a los cuales la izquierda revolucionaria tiene que plantearse medidas concretas, objetivas y de movilización.

Leía en el periódico cómo se estaban utilizando en Europa recursos públicos para salvar bienes privados; esa es una aberración, estaban utilizando el dinero de los ahorristas europeos para salvar la quiebra de los bancos; estaban usando lo común para salvar lo privado. El mundo está al revés, tiene que ser al revés: usar los fondos privados para salvar y ayudar a los bienes comunes, no los bienes comunes para salvar los bienes privados. Los bancos deben tener un proceso de democratización y de socialización de su gestión, porque si no los bancos les van a quitar no solamente su trabajo sino su casa, su vida, su esperanza y todo, y eso es algo que no se puede permitir.

Pero también necesitamos reivindicar en nuestra propuesta como izquierda nuestra relación metabólica entre el ser humano y la naturaleza. En Bolivia, por nuestra herencia indígena, le llamamos a eso una nueva relación entre ser humano y la naturaleza. El presidente Evo Morales siempre dice: "la naturaleza puede existir sin el ser humano; el ser humano no puede existir sin la naturaleza", pero no hay que caer en la lógica de la economía verde, que es una forma hipócrita de ecologismo; hay empresas que aparecen ante ustedes, los europeos, como protectoras de la naturaleza y por el aire limpio, pero estas mismas empresas nos llevan a nosotros a la Amazonía, a América o África todos los desperdicios que aquí se generan.

Aquí son protectoras y allá son depredadoras. Han convertido a la naturaleza en otro negocio y la preservación radical de la ecología no es un nuevo negocio, ni es una nueva lógica empresarial. Hay que restituir una nueva relación que siempre es tensa, porque la riqueza que va a satisfacer necesidades requiere transformar la naturaleza, y al transformar la naturaleza modificamos su existencia, el BIOS; pero al modificar el BIOS, como contra finalidad, muchas veces, destruimos al ser humano y también a la naturaleza.

Al capitalismo eso no le importa porque eso es un negocio para él, a nosotros sí, a la izquierda sí, a la humanidad sí, a la historia de la humanidad sí nos importa. Necesitamos reivindicar una nueva lógica de relación, no diría armónica, pero sí beneficiosa, mutuamente fructuosa entre entorno vital natural y ser humano, trabajo y necesidades.

Por último, no cabe duda de que necesitamos reivindicar la dimensión heroica de la política. Hegel veía a la política en su dimensión heroica, y siguiendo a Hegel, supongo, Gramsci decía que, en las sociedades modernas, la filosofía de un nuevo horizonte de vida tiene que convertirse en fe en la sociedad, no solamente puede existir como fe al interior de la sociedad.

Eso significa que necesitamos reconstruir la esperanza, que la izquierda tiene que ser la estructura organizativa, flexible, crecientemente unificada que sea capaz de revitalizar la esperanza en la gente, un nuevo sentido común, una nueva fe, no en el sentido religioso del término, sino una nueva creencia generalizada por la que las personas apuestan heroicamente su tiempo, esfuerzo, espacio y dedicación.

Yo saludo lo que comentaba mi compañera cuando decía que hoy nos estamos reuniendo treinta organizaciones políticas, excelente, quiere decir que es posible unirse, salir de los espacios estancos de izquierda tan débil hoy en Europa. No pueden darse el lujo de distanciarse de sus compañeros; podrá haber diferencias en diez o veinte puntos, pero coincidimos en cien; esos cien que sean los puntos de apego, de cercanía, de trabajo y guardemos los otros veinte puntos para después.

Somos demasiado débiles como para darnos el lujo de peleas de capilla y de pequeños feudos, distanciándonos del resto, hay que asumir una lógica nuevamente gramsciana, articular, unificar y promover; hay que tomar el poder del Estado, hay que luchar por el Estado, pero nunca olvidemos que el Estado, más que una máquina, es una relación; más que materia, es idea; el Estado es fundamentalmente idea y un pedazo es materia, es materia como relaciones sociales, como fuerzas, presiones, presupuestos, acuerdos, reglamentos, leyes, pero es fundamentalmente idea como creencia de un orden común, de un sentido de comunidad.

En el fondo, la pelea por el Estado es la pelea por una manera de unificarnos, por un orden universal, por un tipo de universalismo que unifica voluntariamente a las personas, pero eso requiere, entonces, haber ganado previamente las creencias; haber derrotado a los adversarios previamente en la palabra, en el sentido común; haber derrotado previamente las concepciones dominantes de derecha en el discurso, en la percepción del mundo, en las percepciones morales que tenemos de las cosas.

Entonces, eso requiere de un trabajo muy arduo, la política no es solamente una cuestión de correlación de fuerzas, capacidad de movilización –que en su momento lo será–, es fundamentalmente convencimiento, articulación, sentido común, creencia, idea compartida, juicio y prejuicio compartido respecto a la idea del mundo. Y ahí las izquierdas no solamente tienen que contentarse con la unidad de las organizaciones de izquierda, tienen que expandirse hacia el ámbito de los sindicatos, que son el soporte de la clase trabajadora y su forma orgánica de unificación, pero también hay que estar muy atentos, compañeros y compañeras, a otras formas inéditas de organización de la sociedad.

La reconfiguración de las clases sociales en Europa y en el mundo va a dar lugar a formas diferentes de unificación, formas más flexibles, menos orgánicas, quizás más territoriales, menos por centros de trabajo; todo es necesario, la unificación por centro de trabajo, territorial, temática e ideológica. Es un conjunto de formas flexibles frente a las cuales la izquierda debe tener la capacidad de vincular, proponer, unificar y de salir adelante.

Permítanme, a nombre del presidente y el mío, felicitarlos, celebrar este encuentro y desearles y exigirles, de manera respetuosa y cariñosa, ¡luchen, luchen! No nos dejen solos a otros pueblos que estamos luchando de maneras aisladas en algunos lugares, en Siria, en España, en Venezuela, en Ecuador, en Bolivia, no nos dejen solos; los necesitamos a ustedes y más aún a una Europa que no solamente vea a distancia lo que sucede en otras partes del mundo, sino a una Europa que nuevamente vuelva a alumbrar el destino del continente y el destino del mundo.

Felicidades y muchas gracias.

3. Un horizonte de época comunitario*

De manera directa considero que la situación de las izquierdas en Europa es dramática. En menos de 30 años la izquierda moderada y llamada socialista que antiguamente proclamaba la posibilidad de la construcción democrática del socialismo, hoy ha asumido de manera entusiasta y comprometida el programa de la derecha neoliberal. A su vez, la izquierda comunista que antes levantaba la bandera de una sociedad poscapitalista, se ha empequeñecido a reducidos espacios académicos y sindicales casi testimoniales; en tanto que la izquierda autonomista se ha refugiado en la ilusión de "cambiar el mundo" en microespacios de la vida cotidiana mientras que la derecha agradece el monopolio absoluto de los asuntos del Estado que golpean las condiciones de vida de todo el pueblo europeo.

No cabe duda de que hoy en Europa hay un señorío político intelectual de las fuerzas conservadoras neoliberales que asfixian las pulsiones más creativas e ilustradas de la sociedad. Uno se pregunta qué ha pasado, cómo es posible que hayamos llegado a esta situación en la que las facultades de economía, de filosofía, de ciencias políticas, los sindicatos, los jóvenes, el sentido común de la época hayan asumido posiciones tan conservadoras, en un continente que hasta hace poco estaba caracterizado por el liderazgo cultural de las izquierdas, por grandes partidos comunistas compitiendo en las primeras posiciones electorales, y acciones

---

* Fragmento extraído de García Linera, Á. (2014, 8 de abril). Un horizonte de época comunitario. Intervención en el *Conversatorio: Marx, la izquierda europea y la transformación social*. Espace Niemeyer (Coupole), París, Francia. En el *Conversatorio* también participaron Étienne Balibar y los investigadores marxistas Michael Löwy, André Tosel y Razmig Keucheyan.

colectivas, obreras y estudiantiles que validaban el contrapoder de los movimientos sociales. ¿Cómo ha sido posible llegar a esta situación si apenas 60 años atrás, socialistas, comunistas y libertarios europeos eran protagonistas de primera línea de las experiencias de lucha antifascistas, si después de ello, la lucha del movimiento obrero ayudó a construir el Estado social de bienestar mundo y las universidades irradiaban un liderazgo intelectual, universalista que alumbraba las esperanzas de emancipación en el mundo entero?

¿Qué ha pasado para que todas esas luces esos aportes hoy se hayan extinguido? El neoliberalismo y su mediocre cultura de desesperanza mercantilizada se han apoderado del alma de la sociedad europea. Es una derrota temporal, tiene que ser así; pero es una derrota de la propia sociedad autoorganizada, es una derrota del movimiento sindical tradicional y es una derrota del pensamiento universalista que brilló en estas tierras. Algunos dirán, lo que pasa es que ha habido cambios técnicos, materiales en la economía global que han desorganizado las antiguas formas de lucha y las antiguas propuestas de emancipación social. Eso es cierto, pero esto ha sucedido siempre desde hace más de 200 años; el capitalismo es un proceso perpetuo de autotransformación material, técnico, organizativo que no bien instaura una forma generalizada de acumulación de riqueza, inmediatamente la transforma para hacer frente a las resistencias que el trabajo social ahí engendra. Y frente a ello los revolucionarios de hace 150 años, de hace 100 años, de hace 50 años siempre han sabido hallar el "eslabón más débil de la cadena", como decía Lenin, para enfrentar la dominación y potenciar las vías de emancipación. Sin embargo, hoy no sucede así; a la reorganización mundial del trabajo que ha extendido fragmentariamente la condición obrera incorporando la precariedad, la juventud y la profesionalización como la nueva cualidad de la obrerización híbrida, hoy no tiene un correlato de constitución pública y movilizada de estas caleidoscópicas identidades.

Otros dirán que ha habido duras derrotas electorales y políticas de las izquierdas, pero eso tampoco es una novedad en la historia continental y mundial. Siempre hay derrotas; la vida de los revolucionarios y de los comunistas siempre está marcada por derrotas en medio de precarias victorias; pero justamente para eso se es revolucionario y comunista:

para permanentemente aprender y remontar, a partir de la derrota, de las lecciones que dejan los fracasos temporales, y buscar los espacios, las acciones y los conceptos para sobreponerse a la adversidad mediante los nuevos caminos que expandan la acción colectiva emancipatoria.

Entonces no es solo una situación de derrotas políticas parciales o de cambios técnicos en la producción que explican la actual situación de desbande y de defensiva estratégica de las fuerzas revolucionarias europeas; lo que creo que hoy se vive aquí es una derrota intelectual y moral, es un vaciamiento del horizonte alternativo con la que la izquierda se define en el mundo. Y de ser así es una derrota más terrible, porque es una derrota que perforará la esperanza real en una posibilidad de vida distinta a la existente, en un porvenir que difiera del preestablecido por el orden social dominante.

Ciertamente el fracaso de la Unión Soviética ha contribuido en parte a este vaciamiento cultural de esperanza histórica. En la medida en que las izquierdas europeas, ya sea de manera directa como referente a imitar, o indirecta, como referente a corregir, asociaban la construcción de una sociedad alternativa con la Unión Soviética, su derrota económica y cultural en los años 80 anuló cualquier posibilidad de opción al capitalismo realmente existente. Y es que el llamado "bloque Socialista" no sucumbió ante una guerra, en cuyos campos de batalla siempre queda la bandera de los mártires para ser levantada por las futuras generaciones. La derrota no tuvo nada de heroica y esto marcará el espíritu de la época; al contrario, fue un suicidio estatal ante la evidencia de la eficacia y el triunfo del capitalismo neoliberal en el núcleo mismo de lo que hasta entonces justificaba el "socialismo real": a saber, el crecimiento económico, el desarrollo tecnológico, la distribución de riqueza. Y con ello vino una pérdida del sentido y dirección de la historia, es decir, un extravío de la voluntad de futuro. La propia victoria conservadora careció de épica; el adversario se desvaneció y al frente quedaron, como siempre, las identidades fluidas de la división social, técnica y sexual del trabajo propias del capitalismo: trabajadores, aunque ya no sindicalizados, pero sí precarizados, fragmentados; pobres, mujeres, indígenas, migrantes recurrentemente aferrados a sentidos de pertenencia, pero, a diferencia de lo que sucedía anteriormente con las clases subalternas, carentes de un sentido de destino, es decir, sin alternativa viable de poder.

Y es que la gente no lucha solo porque es pobre o sufre agresiones. Por lo general la gente no lucha para cambiar el orden social de las cosas; por lo general soporta, elude, busca una salida personal al interior del orden dominante. Por lo general las clases subalternas negocian en una economía de demandas y concesiones, la tolerancia moral de las relaciones de dominación existentes. Se lucha para cambiar las relaciones de dominación cuando se sabe que hay una opción viable a su dominación, cuando se sabe que hay una opción viable a su pobreza o a su discriminación. Solo la confianza en una opción distinta a lo prevaleciente, la esperanza en una alternativa y en un futuro distinto y viable hace del subalterno y del explotado un sujeto en lucha en búsqueda de una emancipación.

Sin horizonte viable alternativo, las luchas se presentan como una dispersión caótica y fragmentada de esfuerzos desconectados y sin futuro; y no es como dicen los postmodernistas que vivamos una época en la que han desaparecido los "metarrelatos". Lo que sucede es que al "gran relato" de la emancipación, le ha sustituido el "metarrelato" de la resignación que es un metarrelato vergonzante es decir, sin esperanza, sin heroísmo ante la vida. Todos los seres humanos necesitan de los grandes relatos de las grandes esperanzas que motorizan las fuerzas vitales de la sociedad, los disensos, las opciones, las divergencias y horizontes reales, es decir, la política misma. Y si bien hoy Europa se nos presenta como una sociedad abatida por la ausencia colectiva de esperanzas históricas, esto no tiene por qué ser perpetuo. Existen condiciones de malestar ante la precariedad laboral de la juventud, se expande la angustia ciudadana por la pérdida de derechos sociales para pagar la crisis financiera, pero en tanto no se ayude a producir horizonte alternativo, posibilidad de destino distinto, el malestar colectivo solo podrá engendrar la impotencia y la resignación individual. Ante ello, las izquierdas europeas tienen que dejar esa especie de procesión del luto por las antiguas derrotas; es tiempo de que se abandone la timidez autoculposa ante los errores del pasado y, peor aún, hay que desertar del acompañamiento acomplejado y el rechazo sin convicción de las políticas neoliberales.

Hacia atrás, hay luchas sociales que se ganaron; el Estado de bienestar, la Revolución del 17, la Revolución Cultural, la victoria militar de Vietnam, la Segunda Guerra Mundial, son victorias de todos, incluso de comunistas, de socialistas, de libertarios, de obreros, de campesinos, de jóvenes, de intelectuales. Esas luchas son un producto colectivo, son bienes colectivos comunes y muestran que la historia no se detiene; pero también ha habido fracasos, el socialismo real fue uno de ellos, pero no podemos quedarnos en el estupor frente a la derrota o esconder el significado de ella paralizando el alma. Hay que remontar esos fracasos, tanto teórica como prácticamente. Necesitamos una izquierda sin complejos frente al porvenir; no porque haya fallado una opción de destino se ha anulado el porvenir. Las nuevas generaciones no podemos asfixiarnos en los terribles errores de las anteriores generaciones. La nueva generación tiene que asumir como experiencia los fracasos, las debilidades para no volver a repetirlas, pero a la vez para nuevamente seguir mirando e impulsando el porvenir y la esperanza social por ese porvenir. Son necesarios múltiples esfuerzos colectivos y plurales para construir estos nuevos horizontes de época como llamaba el filósofo Sartre; horizontes de una subjetividad social materialmente sustentadas y en torno a los cuales la gente es capaz de movilizarse y unificar sus luchas.

Y la primera tarea común que hoy tenemos las izquierdas, los revolucionarios, los socialistas, los comunistas, los libertarios, los indianistas es salir del neoliberalismo que no solamente expropia el plusvalor social para depositarlo en pocas manos, la llamada "acumulación por desposesión" (Harvey); sino que también expropia la esperanza social, una especie de plusvalor moral que ha desplomado la voluntad y asociatividad emancipativa. La primera tarea que tenemos hoy es romper la creencia práctica de que el neoliberalismo es un régimen natural, un régimen insuperable, un régimen que no tiene límite y que no tiene opción. Se necesita pues una pedagogía y un método que nos permita remontar ese sentido común de abatimiento y desmoralización histórica de la sociedad reivindicado una sociedad de transición posneoliberal que recupere y expanda los derechos sociales mediante la ampliación de los bienes comunes, estatales y sociales, que redistribuya la riqueza, que priorice el empleo y la nueva asociatividad laboral por encima de la renta bancaria.

Se trata de una posibilidad real frente al abismo sin retorno del fosilizado recetario neoliberal.

No se trata del comunismo como inmediatez. Pero está claro que solo
liberando las fuerzas sociales asfixiadas y desmoralizadas por décadas
de embrutecimiento neoliberal, la interdependencia técnica del trabajo ya globalizado podrá hallar el correlato subjetivo y asociativo para
plantearse no solo una transición sino ya un horizonte de época, que
objetivamente tendrá que ser planetario, comunitario y naturalmente
sustentable.

4. Socialismo comunitario del vivir bien*

Los bolivianos y la mayor parte de América Latina estamos viviendo una década extraordinaria de luchas y grandes conquistas populares.

La movilización de identidades populares, indígenas, campesinas, obreras y juveniles han cambiado y están cambiando las estructuras políticas y económicas dando lugar a la mayor concentración de gobiernos progresistas y revolucionarios de nuestra historia.

América Latina se ha puesto a la vanguardia mundial de la construcción de sociedades posneoliberales. Mientras que, en el resto del mundo, el neoliberalismo aún sigue destruyendo sociedades y economías populares, en Latinoamérica ya no es más que un triste recuerdo arqueológico.

Hemos nacionalizado recursos naturales devolviendo a los Estados del continente la base material de la soberanía extraviada; hemos distribuido la riqueza entre los más necesitados, creando Estados sociales protectores y equitativos; hemos dinamizado y diversificado la economía, apuntalando la creatividad de los productores; millones de jóvenes han accedido a la educación escolar y universitaria y otros tantos al empleo, renaciendo en sus espíritus la esperanza de unas patrias dignas.

El continente está rompiendo tutelajes y padrinazgos obscenos y ha retomado su capacidad de decidir su propio destino.

Las naciones indígenas oprimidas por siglos, los movimientos sociales explotados por décadas no solo han retomado el protagonismo

---

* Extraído de García Linera, Á. (2015, 22 de enero). Discurso del Vicepresidente en la toma de posesión presidencial. *Asamblea Legislativa Plurinacional*, Bolivia.

histórico, sino que, como en Bolivia, se han vuelto poder de Estado y hoy conducen el país.

Se ha avanzado en diez años más que en los 200 años anteriores. Pero no basta.

El despertar revolucionario de los pueblos ha abierto un horizonte de posibilidades mucho más profundo, mucho más democrático, mucho más comunitario, es decir socialista, al que no podemos renunciar, sino es a riesgo de una restauración conservadora en la que ni siquiera la memoria de los muertos estará a salvo.

Socialismo no es una etiqueta partidaria, pues, muchas veces, eso solo ha servido para camuflar la aplicación de la barbarie neoliberal.

Socialismo tampoco es un decreto, porque eso sería reducir la acción colectiva del pueblo a una decisión administrativa de funcionarios públicos.

Socialismo tampoco es estatizar los medios de producción. Eso ayuda mucho a redistribuir riqueza, pero la estatización no es una forma de propiedad comunitaria ni una forma de producción comunitaria de la riqueza.

El capitalismo es una civilización que ha subordinado todos los aspectos de la vida a una maquinaria de acumulación de ganancias. Desde el comercio, la producción, la ciencia y la tecnología, la educación, la política, el ocio, la naturaleza misma, todo, absolutamente todo ha sido pervertido para ser sometido a la dictadura del lucro.

Y para ello, paradójicamente, el capitalismo se ha visto obligado a despertar de manera mutilada, parcial, a fuerzas comunitarias, como la interdependencia entre los seres humanos, como el mercado mundial, como la ciencia y las tecnologías o internet, pero para someterlas al servicio de la ganancia monetaria ilimitada de pocos.

Y, debido a esto, lo que algún día tendrá que sustituir al capitalismo como sociedad, necesariamente tendrá que ser otra civilización que libere e irradie a escala mundial todas esas fuerzas y poderes comunitarios hoy existentes, pero sometidos al lucro privado.

Marx llamaba a esto la Comunidad Universal; otros le llaman el Ayllu Planetario; otros el Vivir Bien. No importa el nombre, sino el contenido de comunitarización universal y total de todas las relaciones humanas y de los humanos con la naturaleza.

Pero, para que esta nueva civilización comunal triunfe se requiere un largo y complicado proceso de transición; un puente. Y a ese puente es que llamamos Socialismo.

El Socialismo es el campo de batalla dentro de cada territorio nacional entre una civilización dominante, el capitalismo aún vigente, aún dominante pero decadente, enfrentado contra la nueva civilización comunitaria emergente desde los intersticios, desde las grietas y contradicciones del propio capitalismo. Comunitarismo inicialmente minoritario, como gotas en el desierto; luego como diminutos hilos de agua que a veces se secan, se interrumpen abruptamente, y luego renacen, y a la larga suman y se vuelven riachuelo; luego, río; luego, lago; luego, mar.

El socialismo no es una nueva civilización, no es una economía o una nueva sociedad. Es el campo de batalla entre lo nuevo y lo viejo, entre el capitalismo dominante y el comunitarismo insurgente. Es la vieja economía capitalista aún mayoritaria, gradualmente asediada por la nueva economía comunitaria naciente. Es la lucha entre el viejo Estado que monopoliza decisiones en la burocracia y un nuevo Estado que cada vez democratiza más decisiones en comunidades, en movimientos sociales, en la sociedad civil.

Socialismo es desborde democrático, es socialización de decisiones en manos de la sociedad autoorganizada en movimientos sociales.

Socialismo es la superación de la democracia fósil en la que los gobernados solo eligen gobernantes, pero no participan en las decisiones sobre los asuntos públicos.

Socialismo es democracia representativa en el parlamento, más democracia comunitaria en las comunidades agrarias y urbanas, más democracia directa en las calles y fábricas. Todo a la vez, y todo ello en medio de un gobierno revolucionario, un Estado de los Movimientos Sociales, de las clases humildes y menesterosas.

Socialismo es que la democracia en todas sus formas envuelva y atraviese todas las actividades cotidianas de todas las personas de un país; desde la cultura hasta la política; desde la economía hasta la educación.

Y, por supuesto, Socialismo es la lucha nacional e internacional por la ampliación de los bienes comunes y de la gestión comunitaria de esos bienes comunes, como son el agua, la salud, la educación, la ciencia, la tecnología, el medio ambiente...

En el Socialismo coexisten muchas formas de propiedad y de gestión de la riqueza: está la propiedad privada y la estatal; está la propiedad comunitaria y la cooperativa. Pero hay solo una propiedad y una forma de administración de la riqueza que tiene la llave del futuro: la comunitaria, que solo surge y se expande en base a la acción voluntaria de los trabajadores, al ejemplo y experiencia voluntaria de la sociedad.

La propiedad y gestión comunitaria no puede ser implantada por el Estado. Lo comunitario es la antítesis de todo Estado. Lo que un Estado revolucionario, socialista, puede hacer es ayudar a que lo comunitario que brota por acción propia de la sociedad, se expanda, se fortalezca, pueda superar obstáculos más rápidamente. Pero la comunitarizacion de la economía solo puede ser una creación heroica de los propios productores que deciden exitosamente asumir el control de su trabajo a escalas expansivas.

Socialismo es, entonces, un largo proceso de transición en el que Estado revolucionario y Movimientos Sociales se fusionan para que día a día se democraticen nuevas decisiones; para que día a día más actividades económicas entren a la lógica comunitaria en vez de la lógica del lucro.

Y como esta revolución la hacemos desde los Andes, desde la Amazonía, desde los valles, los llanos y el chaco, que son regiones marcadas por una historia de antiguas civilizaciones comunitarias locales; entonces, nuestro socialismo es comunitario por su porvenir, pero también es comunitario por su raíz, por su ancestro. Porque venimos de lo comunitario ancestral de los pueblos indígenas, y porque lo comunitario está latente en los grandes logros de la ciencia y la economía moderna, el futuro será, necesariamente, un tipo de socialismo comunitario nacional, continental y, a la larga, planetario.

Pero, a la vez, el Socialismo para el nuevo milenio que se alimenta de nuestra raíz ancestral, incorpora los conocimientos y las prácticas indígenas de diálogo y convivencialidad con la Madre Tierra.

El rescate del intercambio metabólico vivificante entre ser humano y naturaleza practicado por las primeras naciones del mundo, por los pueblos indígenas, es la filosofía del Vivir Bien; y está claro que no solo es la manera de enraizar el futuro en raíces propias; sino que, además, es la única solución real a la catástrofe ambiental que amenaza la vida entera en el planeta.

Por eso, el Socialismo del Nuevo Milenio solo puede ser democrático, comunitario y del Vivir Bien.

Este es el horizonte de época de la sociedad mundial. Y es este socialismo democrático comunitario del Vivir Bien la única esperanza real para una regeneración de los pueblos y de la propia naturaleza.

Los revolucionarios no hemos venido para administrar de mejor forma o más humanitariamente el capitalismo. Estamos aquí, hemos luchado y seguiremos luchando para construir la Gran Comunidad Universal de los Pueblos.

5. ¿Qué es una revolución?

De la Revolución Rusa de 1917
a la revolución en nuestros tiempos*

> *Estamos viviendo tiempos salvajes. Es difícil para la gente*
> *de nuestra generación adaptarse a la nueva situación.*
> *Pero a través de esta revolución, nuestras vidas se*
> *purificarán y las cosas mejorarán para los jóvenes.*
>
> S. Semyonov, primavera de 1917.[1]

1. La revelación

La Revolución soviética de 1917

Su estallido dividió el mundo en dos; más aún, dividió el imaginario social sobre el mundo en dos. Por un lado, el mundo existente con sus desigualdades, explotaciones e injusticias; por otro, un mundo posible, de igualdad, sin explotación, sin injusticias: el socialismo. Sin embargo, eso no significó la creación de un nuevo mundo alternativo al capitalista, sino el surgimiento, en las expectativas colectivas de los subalternos del mundo, de la creencia movilizadora que era posible alcanzarlo.

---

* Extraído de García Linera, Á. (2018). ¿Qué es una revolución? La Paz: VEPB.
1. Citado en Figes (1990).

La Revolución soviética de 1917 es el acontecimiento político mundial más importante del siglo XX, pues cambia la historia moderna de los Estados, escinde en dos y a escala planetaria las ideas políticas dominantes, transforma los imaginarios sociales de los pueblos devolviéndoles su papel de sujetos de la historia, innova los escenarios de guerra e introduce la idea de otra opción (mundo) posible en el curso de la humanidad.

Con la Revolución de 1917, lo que hasta entonces era una idea marginal, una consigna política, una propuesta académica o una expectativa guardada en la intimidad del mundo obrero, se convirtió en materia, en realidad visible, en existencia palpable. El impacto de la Revolución de Octubre en las creencias mundiales –que son las que al fin y al cabo cuentan a la hora de la acción política– fue similar al de una revelación religiosa entre los creyentes, a saber, el capitalismo era finito y podía ser sustituido por otra sociedad mejor. Eso significa que había una opción diferente al mundo dominante y, por tanto, había esperanza; en otros términos, había ese *punto arquimediano* con el que los revolucionarios se sentían capaces de cambiar el curso de la historia mundial.

La Revolución Rusa anunció el nacimiento del siglo XX[2], no solo por el cisma político planetario que engendró, sino sobre todo por la constitución imaginaria de un sentido de la historia, es decir, del socialismo como referente moral de la plebe moderna en acción. Así, el espíritu del siglo XX fue revelado para todos; y, desde ese momento, adeptos, opositores o indiferentes tendrán un lugar en el destino de la historia.

Pero, así como sucede con toda "revelación", la revelación cognitiva del socialismo como opción realizable, vino acompañada por un agente o entidad canalizadora de este *descubrimiento*: la revolución.

Revolución se convertirá en la palabra más reivindicada y satanizada del siglo XX. Sus defensores la enarbolarán para referirse al inminente resarcimiento de los pobres frente a la excesiva opresión vigente; los detractores la descalificarán por ser el símbolo de la destrucción de la

---

2. Hobsbawm (1995) sostiene que el "corto siglo XX" se habría iniciado con la Primera Guerra Mundial y finalizado con la caída de la Unión Soviética en 1989. Preferimos hablar de la Revolución Rusa como punto del inicio de siglo porque, a diferencia de la Primera Guerra Mundial, que significó una nueva fase de la ininterrumpida mutación de la geografía estatal continental, los efectos de la revolución polarizaron, como nunca antes había sucedido, la lucha política a escala mundial.

civilización occidental; los obreros la convocarán para anunciar la solución a las catástrofes sociales engendradas por los burgueses y, a la espera de su advenimiento, la usarán –al menos como amenaza– para dinamizar la economía de concesiones y tolerancias con la patronal, lo que dará lugar al Estado de bienestar. En contraparte, los ideólogos del viejo régimen le atribuirán la causa de todos los males, desde el enfrentamiento entre Estados y la disolución de la familia, hasta el extravío de la juventud.

En los debates filosóficos y teóricos, la revolución será para unos la antesala de una nueva humanidad por venir, el estruendo que desata la creatividad autoconsciente y autodeterminada de la sociedad. En cambio, para la curia del viejo régimen, será la anulación de la democracia y la encarnación diabólica de las oscuras fuerzas que intentan destruir la libertad individual. Sin embargo, lejos de vislumbrar una degeneración del debate, esta derivación religiosa de los argumentos en pro o en contra de la revolución, refleja el profundo enraizamiento social que desató el antagonismo revolución/contrarrevolución, que incluso llegó a movilizar las fibras morales más íntimas de la sociedad.

En definitiva, la revolución (ese hecho político-militar de las masas que toman por asalto el poder político, esa insurrección armada que demuele el viejo Estado y levanta el nuevo orden político), será la intermediaria privilegiada y portadora de una opción realizable de mundo. Y alrededor de este suceso se construirá toda una narrativa de producción de la historia futura, con tal fuerza que será capaz de movilizar las pasiones, sacrificios e ilusiones de más de la mitad de los habitantes de todos los continentes.

A partir de 1917, la lucha por la revolución, su preparación, realización y defensa, captarán no solo el interés y laboriosidad de millones personas, sino la voluntad y predisposición a esfuerzos y sacrificios pocas veces antes vistos en la historia de la humanidad. Clandestinidad, carencias materiales, torturas, encarcelamientos, destierros, desapariciones, mutilaciones y asesinatos, se constituirán en el costo ilimitado que miles y miles de militantes estarán dispuestos a pagar para alcanzarla. Tal será su capacidad de entrega a la causa revolucionaria, que la mayoría de ellos soportará cada una de las estaciones del suplicio aun a sabiendas que, con mucha probabilidad, no serán capaces de disfrutar de su victoria. Y esa entrega con devoción al sacrificio histórico, con la confianza de que la siguiente o subsiguiente generación pueda presenciar el amanecer humano producido por la inminente revolución, nos remite a la presencia de un tipo de "gasto heroico" bataillano en torno a ella y a los revolucionarios (Bataille, 1987); de hecho, se trata del derroche y generosidad de esfuerzo humano más planetario (geográficamente) y más universal (moralmente) de la historia social.

En los últimos 100 años morirán más personas en nombre de la revolución que en nombre de cualquier religión, con la diferencia de que, en el caso del sacrificio religioso, la entrega se da a favor del propio espíritu del sacrificado; mientras que en la revolución, la inmolación es a favor de la liberación material de todos los seres humanos, lo que hace del hecho revolucionario un tipo de producción de comunidad que adelanta episódicamente a la comunidad universal deseada.

2. La Revolución como momento plebeyo

En cierta medida, la historia de las sociedades se asemeja al movimiento de las capas tectónicas de los continentes. Internamente, debajo de ellos, hay potentes flujos de lava incandescente que los ponen en movimiento lento pero continuo. Y allí donde una masa continental empuja a otra, pueden visibilizarse fisuras, sismos y terremotos temporales, aunque, en general, la fisonomía continental y la predominante estabilidad de la superficie se mantiene. Sin embargo, existen momentos de la vida terrestre en los que las poderosísimas fuerzas interiores de la lava incandescente estallan, rompen la capa externa de la tierra y brotan intempestivamente como mineral y roca fundidos que arrasan todo a su paso. Esa materia en estado ígneo, ardiente, se desborda por la superficie terráquea como un incontrolable caballo de fuego puro. Pero a medida que su fuerza volcánica se enfría, la lava se solidifica y lo hace modificando drásticamente la fisonomía de la tierra, las características de los continentes y la propia topografía de la superficie terrestre.

Las sociedades también son así. La mayor parte del tiempo se presentan como una compleja superficie relativamente tranquila y regulada por las relaciones de dominación. Existen conflictos, tensiones continuas y movimiento, pero son regularizados y subsumidos por las relaciones de poder prevalecientes. Entonces, debajo de estas relaciones de poder predominantes, hay intensos flujos de fuerzas, luchas de clases, acumulaciones culturales internas que son los fuegos sociales que le dan vida a la sociedad, pero que no son visibles, es decir, que permanecen subterráneos o están sumergidos en la profundidad de las estructuras colectivas nacionalitarias y de clases.

No obstante, existen momentos precisos de la historia en los que la superficie externa de la sociedad, la capa superior de las relaciones de dominación se resquebraja, tiembla. Y no solo se resquebraja, sino que se parte y se quiebra porque las fuerzas interiores emergen como una lava volcánica. Se trata de las luchas y los movimientos sociales emancipativos que, rompiendo décadas o siglos de silencio, se rebelan contra el orden establecido, se reagrupan subterráneamente, vencen dificultades, temores, represalias, prejuicios y se levantan contra todo lo existente. Es el fuego creador de la lava volcánica, la capacidad creativa de la *multitud en acción* que desborda los dispositivos construidos en décadas y siglos de dominación, los arrasa a su paso desmontando los dispositivos de mando existentes e impone la huella de su presencia colectiva como nación, como clase, como *colectividad social en estado de fusión*, es decir, en estado de democracia absoluta.

Estas explosiones volcánicas de lava social son las revoluciones y emergen desde abajo, desde las fuerzas y capacidades más íntimas tejidas a lo largo de muchos años, que se abren contra todas las "lozas" de sumisión acumuladas en el tiempo, de pronto incapaces de detener la insurgencia social, siendo por tanto rebasadas y arrasadas de la superficie por un flujo de iniciativas, voces y acciones colectivas que se sobreponen a todo. Se trata del momento fluido de la acción colectiva, el momento en que la sociedad no es superficie ni institución ni norma: es flujo colectivo, creatividad ilimitada de las personas. El momento en que la sociedad se construye a sí misma, sin externalidades ni sustitutos. La revolución es el *momento plebeyo* de la historia, el momento autopoiético si se quiere, en el que la sociedad en su conjunto se siente con capacidad de autocrearse y autodeterminarse.

Mientras dura la revolución, la sociedad es movimiento creativo en estado ígneo, es decir, en cuanto sus decisiones comienzan a cosificarse o a institucionalizarse, nuevas iniciativas colectivas se sobreponen para mantener el flujo colectivo en acción. Su movimiento es similar al de la lava volcánica que cuando se enfría empieza a solidificarse, aunque el ímpetu de más flujo de lava que continúa su paso puede volver a fundirla. Las instituciones y relaciones dominantes son precisamente eso: el resultado de antiguas luchas y flujos sociales en estado ígneo (Marx llama a esto "trabajo vivo"), que con el tiempo se estabilizan (se enfrían) como relaciones sociales, instituciones, juicios y prejuicios socialmente predominantes. Ese es el momento de la solidificación del flujo social (Marx le llama a esto "trabajo muerto"). La *forma estatal* es fruto de antiguas luchas, capacidades y limitaciones en estado fluido de la sociedad que, al "enfriarse", al "solidificarse", se institucionalizan y dejan, como la huella histórica viva de su potencia y de sus límites, a las estructuras estatales y económicas que regirán y regularán la sociedad bajo la forma de relaciones de poder y dominación durante las siguientes décadas, hasta un nuevo estallido.

Mientras la revolución está en pie, es como si todo lo sólido se volviera líquido, pues en cuanto alguna relación social se institucionaliza, inmediatamente vuelve a ser rebasada por una nueva acción colectiva en flujo, que vuelve a sobreponer el "trabajo vivo", el hacer en marcha, por encima del "trabajo muerto", de las relaciones sociales solidificadas y a la larga enajenadas como relaciones de poder. Solo quien ha vivido una revolución puede entender el desborde humano que ella implica: miles de acciones colectivas que se suman y se sobreponen unas a otras en medio de un caos creador, originando, de manera imprevisible, un torrente que no bien parece encaminar todo hacia un solo destino, vuelve a interrumpirse para dar lugar a mil nuevas direcciones contrapuestas; creatividad humana que supera cualquier expectativa previa; coyunturas políticas que se modifican de un minuto a otro; asociación y fragmentación social que se combinan y se suceden de manera anteriormente imposible. Es como si el espacio-tiempo se comprimiera y lo que antes requería décadas y extensos territorios dilatados, ahora se condensa en un solo día y en un mismo lugar, pero de manera simultánea en toda la geografía social; como si el universo fuera a nacer en cada instante y en cada lugar del país. Y, entonces, a riesgo de ser devorado por el remolino, hay que asirse para establecer una dirección en medio del caos creador, hay que orientarse para poder orientar el despliegue de ese magma en estado ígneo de la acción colectiva.

El *momento plebeyo* de la sociedad, a saber, la revolución, es pues la sociedad en estado de *multitud fluida*, autoorganizada, que se asume a sí misma como sujeto de su propio destino. Es el momento de conocimiento *sobre sí*, sobre sus capacidades, posibilidades y hasta cierto punto sus límites; y, a partir de ello, su proyección como destino, sueño compartido, proyecto colectivo. Al final, cuando la revolución hace brotar la energía vital contenida de la sociedad y da paso a la solidificación de las cosas, la institucionalización y la regularidad de las relaciones sociales, lo que queda es la correlación de fuerzas del proceso revolucionario hecha ley y derecho colectivo. Por eso, aunque en comparación al resto de la vida institucional y regular de la sociedad, las revoluciones duren poco tiempo en su explosión vital, ellas son las que en realidad la moldean y diseñan las estructuras sociales y las topografías institucionales.

Así como a medida que los volcanes y las grandes explosiones tectónicas (que son en principio lava fluida que se mueve como montañas) se enfrían y se solidifican, y al hacerlo esculpen el nuevo escenario de cordilleras, valles y montañas que caracteriza la superficie por un largo tiempo; igualmente el *momento plebeyo*, revolucionario, desborda el orden establecido, las leyes y normas del viejo régimen, las disuelve ante la fuerza de la *multitud en acción* y, luego, una vez pasada la cresta de la ola revolucionaria, comienza a cristalizarse en las relaciones de fuerzas que se manifiestan durante el proceso, dando lugar al nuevo orden social dominante, a las nuevas estructuras sociales. Las audacias y retrocesos, los acuerdos e iniciativas desplegadas en el momento revolucionario, ahora se institucionalizan, legalizan, materializan y objetivan como normas, procedimientos, hábitos, juicios y sentido común colectivo que habrá de regular la vida de la sociedad por una *longue durée* (un largo tiempo), hasta que una nueva explosión revolucionaria se lleve por delante lo construido previamente. Estas estructuras sociales constituidas, si bien siguen siendo relaciones y por tanto flujos sociales, ya no tienen ni la velocidad de fluidez ni la volatilidad del momento ígneo de la revolución. Son relaciones con *fluidez lenta* y hasta cierto punto regulable y, en ese sentido, en constante proceso de solidificación.

Ya sea como fluidez ígnea o como solidificación institucional, las revoluciones marcan la arquitectura duradera de las sociedades. Si triunfan y logran mantenerse por un largo tiempo, o aun cuando se quedan a medias o son derrotadas, lo que queda como relación social visible, estable y dominante es lo que la revolución ha podido lograr, ha tenido que ceder o abdicar. Ese es, por excelencia, el papel creativo que tienen todas las revoluciones en la sociedad. Por ello, no es erróneo señalarlas como momentos fundadores de las estructuras sociales duraderas.

El significado de la Revolución Rusa

¿En qué consistió esa revolución que logró capturar el imaginario más generoso de los pobres y demostró que no existen límites posibles a la hora del sacrificio por una creencia?

Por lo general, y de manera errónea, la revolución es reducida a la toma de las instalaciones de gobierno –ni siquiera del Estado– por parte de los revolucionarios. Y, evidentemente, ese es el momento más visible, pero no el más importante ni mucho menos el característico de una revolución. En el caso de octubre de 1917, la Revolución Rusa quedó graficada con la toma del Palacio de Invierno del Zar Nicolás II por parte de obreros, campesinos y soldados armados. Ciertamente, el que el pueblo ocupara militarmente unas instalaciones secularmente vedadas a la presencia de los trabajadores del país fue un momento épico, pero queda claro que esta imagen inmortalizada por el cineasta Sergei Eisenstein[3] no es la revolución sino tan solo uno de sus efectos infinitesimales.

Una segunda reducción de la revolución, en términos más políticos, es la referida al hecho insurreccional, es decir, al momento político militar

---

3. Eisenstein dirigió la película *Oktyabr [Octubre]* en 1928, con la que se consagró como un importante director de cine a nivel mundial, en la cual se narran los acontecimientos ocurridos desde febrero hasta octubre de 1917.

de la acción de masas que culmina con la instauración de un nuevo gobierno y nuevas instituciones de decisión estatal. En el caso de 1917, este hecho se remonta a la decisión magistralmente tomada por Lenin para desencadenar la insurrección, al debate contra las corrientes opuestas y los preparativos militares para desplegar el acto revolucionario (Lenin, 1978; T. 18). Ciertamente, aquí se condensan intensas correlaciones de fuerzas sociales, reacomodos de clases sociales y profundos debates teóricos sobre el poder, el Estado, las vías de la revolución, etc. Sin embargo, el que un partido político se plantee seriamente la toma del poder por la vía insurreccional no es una ocurrencia asumida intempestivamente. En el caso ruso, ¿por qué los bolcheviques y no otro partido? ¿Por qué en octubre y no en otro mes o año? ¿Por qué a través de un alzamiento armado y no de elecciones? Porque previamente se requirió de un despliegue sin precedentes de las luchas de clases para sacar a luz las "contradicciones que han madurado a lo largo de décadas y hasta de siglos"[4]; se necesitó la emergencia de una predisposición social, una radicalización colectiva de las clases subalternas que por millones[5] se lancen a las calles, a las asambleas y a los debates públicos sobre el destino común de la sociedad. Se requirió que la propia sociedad cree, por experiencia propia, formas organizativas territoriales que asuman en sus manos la deliberación y control de los asuntos comunes, los soviets, que en los hechos crearon una dualidad de poderes efectiva, sobre la cual los bolcheviques no hicieron más que proponer su realización a escala nacional. Y, por supuesto, también fue necesario un largo y paciente trabajo previo de influencia, presencia y liderazgo político y moral de los bolcheviques en las clases sociales laboriosas, especialmente obreras, que permitiera que sus consignas y acciones no solo hallasen el respaldo de las clases laboriosas ya insurrectas sino, sobre todo, que sean asumidas, ejecutadas y enriquecidas por ellas[6]. Todo eso representó la revolución en marcha.

---

4. "Jornadas revolucionarias, (31 de enero de 1905)" (Lenin, 1978: 100; T. 8).

5. "(…) es síntoma de toda revolución verdadera, la rápida decuplicación o centuplicación del número de hombres capaces de librar una lucha política, pertenecientes a la masa trabajadora y oprimida, antes apática". En "El 'izquierdismo', enfermedad infantil del comunismo, (27 de abril de 1920)" (Lenin, 1978: 191; T. 33).

6. "Para que tenga lugar una revolución, es indispensable, primero, que la mayoría de los obreros (o por

Por tanto, la revolución no constituye un episodio puntual, fechable y fotografiable, sino un proceso largo, de meses y años en el que las estructuras osificadas de la sociedad, las clases sociales y las instituciones se licúan y todo, absolutamente todo lo que antes era sólido, normal, definido, previsible y ordenado se diluye en un "torbellino revolucionario"[7] caótico y creador.

En realidad, la Revolución Soviética de octubre se inició antes, en febrero, cuando en medio de un descontento generalizado por la escasez de pan en Petrogrado, se suman las grandes marchas de la "gente común" de la ciudad (Figes, 1990), las huelgas de los obreros y, de manera decisiva, el amotinamiento de los soldados recientemente reclutados para engrosar un Ejército golpeado y desmoralizado por las derrotas militares en la guerra en contra de Alemania[8]. La negativa de los soldados a reprimir a la población y, luego, su incorporación misma a la movilización, ayudan a construir la confianza de los movilizados en la efectividad de su movilización, punto decisivo para una articulación en cadena de nuevos contingentes que después de muchos años comienzan a experimentar nuevamente la eficacia de su acción colectiva (ibid.). De pronto, las calles se llenan de gente de distintas clases sociales participando de marchas y protestas: alumnos, comerciantes, funcionarios públicos, taxistas, niños, damas, obreros, soldados, en una mezcla festiva de multitud que ocupa los emblemas geográficos de la ciudad: las avenidas, las calles y los monumentos.

> Los residentes alimentan a los revolucionarios en sus cocinas (...) los propietarios de los restaurantes alimentaron a los soldados y a los trabajadores sin cobrarles nada (...). Los comerciantes convirtieron sus tiendas en bases para los soldados y en refugios para la gente cuando la policía disparaba en las calles (...) los taxistas declararon que solo llevarían a los dirigentes de la revolución. Los estudiantes

---

lo menos la mayoría de los obreros con conciencia de clase, que piensan, políticamente activos) comprenda plenamente que la revolución es necesaria y que esté dispuesta a morir por ella" (Ibid.).

7. "El triunfo de los Kadetes y tareas del Partido Obrero, (24-28 de marzo de 1906)" (Lenin, 1978: 249; T. 10).

8. Véanse Pipes (2016: 302-305) y Bettelheim (1980).

> y niños correteaban con recados y los soldados veteranos obedecían
> sus órdenes. Toda clase de personas se presentaron para ayudar a
> los médicos a cuidar a los heridos. Fue como si la gente de la calle,
> de repente, se hubiera unido a través de una gran red de hilos invi-
> sibles, y fue eso los que les aseguro la victoria (Figes, 1990: 367).

Cayó el Palacio de Invierno, abdicó el Zar y comenzaron a formarse
los Consejos de diputados obreros, campesinos y soldados: los soviets,
que se expandieron territorialmente a lo largo de todo el país como órganos de deliberación y ejecución política de las masas trabajadoras, es
decir, como órganos de poder. Fue la primera fase de lo que Marx deno-
minó las "oleadas" de toda revolución[9].

Si bien desde 1913 Lenin y los bolcheviques estuvieron atentos y teo-
rizaron sobre el surgimiento de una "situación revolucionaria" y una

---

9. "Pero el país que convierte a naciones enteras en obreros asalariados suyos, que con sus brazos gi-
gantescos abraza el mundo entero, el país que ya se hizo cargo en una oportunidad de los gastos de
la Restauración europea; el país en cuyas entrañas se han desatado las contradicciones de clase en
la forma más violenta y desvergonzada –Inglaterra– se asemeja a una roca contra la cual rompen las
olas revolucionarias y que quiere matar de hambre a la nueva sociedad todavía en el seno materno"
(Marx, K., 1981c). "Paralizada durante un momento por la agonía que siguió a las jornadas de junio, la
República Francesa pasó desde el levantamiento del estado de sitio, desde el 19 de octubre, por una serie
ininterrumpida de emociones febriles: primero, la lucha en torno a la presidencia; luego, la lucha del
presidente con la Constituyente; la lucha en torno a los clubs; el proceso de Bourges en el que, frente a las
figurillas del presidente, de los monárquicos coligados, de los republicanos 'honestos', de la Montaña
democrática y de los doctrinarios socialistas del proletariado, sus verdaderos revolucionarios apare-
cían como gigantes antediluvianos que solo un diluvio puede dejar sobre la superficie de la sociedad o
que solo pueden preceder a un diluvio social; la agitación electoral; la ejecución de los asesinos de Bréa;
los continuos procesos de prensa; las violentas intromisiones policíacas del Gobierno en los banquetes;
las insolentes provocaciones monárquicas; la colocación en la picota de los retratos de Luis Blanc y
Caussidière; la lucha ininterrumpida entre la república constituida y la Asamblea Constituyente, lucha
que a cada momento hacía retroceder a la revolución a su punto de partida, que convertía a cada momento al vencedor en vencido y al vencido en vencedor y trastrocaba en un abrir y cerrar de ojos la posición de los partidos y las clases, sus divorcios y sus alianzas; la rápida marcha de la contrarrevolución
europea, la gloriosa lucha de Hungría, los levantamientos armados alemanes; la expedición romana,
la derrota ignominiosa del ejército francés delante de Roma. En este torbellino, en este agobio de la
inquietud histórica, en este dramático flujo y reflujo de las pasiones revolucionarias, de las esperanzas,
de los desengaños, las diferentes clases de la sociedad francesa tenían necesariamente que contar sus
etapas de desarrollo por semanas, como antes las habían contado por medios siglos" (Marx, K., 1974:
259). "(...) las tres crisis revelaron una forma de demostración nueva en la historia de nuestra revolución,
una demostración de un tipo más complejo, en la cual el movimiento se desarrolla por oleadas que
suben velozmente y descienden de modo súbito, la revolución y la contrarrevolución se exacerban, y los
elementos moderados son eliminados por un periodo más o menos largo". En "Tres Crisis, (7 de julio de
1917)" (Lenin, 1978: 248; T. 26).

"crisis política nacional" en Rusia[10], la revolución estalló por una combinación excepcional de acontecimientos que tomaron por sorpresa a todos los revolucionarios rusos. Incluso Lenin, un mes antes del estallido de febrero, afirmaba lo siguiente: "nosotros, los de la vieja generación, quizá no lleguemos a ver las batallas decisivas de esa revolución futura"[11]. Entonces, queda claro que ninguna revolución verdadera está fijada de antemano con fecha ni es el resultado calculado, así sea del más eficiente, perspicaz o inteligente partido o teórico revolucionario.

Las revoluciones son acontecimientos excepcionales, rarísimos, que combinan de una manera jamás pensada corrientes de lo más disímiles y contradictorias, que lanzan a la sociedad entera, anteriormente indiferente y apática, a la acción política autónoma. El propio Lenin lo admitirá con sorpresa al señalar que la revolución surge debido a la "situación histórica en extremo original", en la que se unen "en forma asombrosamente 'armónica', *corrientes absolutamente diferentes*, intereses de clase *absolutamente heterogéneos*, aspiraciones políticas y sociales *absolutamente opuestas*"[12]. Ciertamente, es posible que entre esa multitud de circunstancias que se entrelazaron de manera original, el trabajo de organización, propaganda, difusión y debate desplegado por los revolucionarios ayudara a los preparativos de la revolución. Pero una vez que esta estalló, todo ese paciente y laborioso trabajo previo de las organizaciones revolucionarias (el viejo topo de Marx[13]) se constituyó en una corriente interna al interior del impetuoso flujo revolucionario, y el reforzamiento o debilitamiento de ese flujo de lucha de clases y, en definitiva, la irradiación de ese torrente social desplegado como fuerza políticamente dirigente y moralmente aceptada, dependía de las acciones conscientes que desde ese momento desplegaran las distintas organizaciones político-intelectuales.

---

10. "La celebración del Primero de Mayo por el proletariado revolucionario, (15 de junio de 1913)" y "El receso de la Duma y los desconcertados liberales, (5 de julio de 1913)" (Lenin, 1978: 465, 507-509; T. 19).

11. "Informe sobre la revolución de 1905, (enero de 1917)" (Lenin, 1978: 274; T. 24).

12. "Cartas desde lejos, (Primera carta, 7 de marzo de 1917)" (Lenin, 1978: 340; T. 24).

13. "Y cuando la revolución haya llevado a cabo esta segunda parte de su labor preliminar, Europa se levantará y gritará jubilosa: ¡bien has hozado viejo topo!" (Marx, C., 2003a: 104).

En 1921, Lenin afirma: "triunfamos en Rusia, y además con tanta facilidad porque preparamos nuestra revolución durante la guerra imperialista. Esa fue la primera condición"[14]. Y tiene razón, pues durante la Primera Guerra Mundial (que estalla el 28 de julio de 1914), los bolcheviques, ya forjados en el exilio zarista y en la revolución de 1905, despliegan una intensa actividad de propaganda, agitación y labor clandestina de organización al interior de la tropa del Ejército ruso[15]. Por ello, cuando estas tropas, en retirada a las comunidades rurales o acantonadas en las ciudades, comienzan a tener una participación decisiva en las movilizaciones y amotinamientos contra sus oficiales, canalizan la influencia bolchevique en la conducción de los acontecimientos, en la participación de los soviets de obreros y soldados, acrecentando la influencia de los comunistas en las fuerzas activas de la sociedad. Pero el definitivo arte político e ingenio de los revolucionarios se pone a prueba una vez que la revolución estalla.

Al interior de las masas plebeyas, obreras, campesinas y barriales politizadas bullen múltiples tendencias político-ideológicas. Por un lado, están las corrientes conservadoras que una vez que aplauden la destitución del despotismo zarista, ven con enorme preocupación la desestructuración del orden político que anula la estabilidad y previsibilidad del mundo al que están acostumbrados, por lo que reclaman "mano dura" para acabar con la "anarquía" reinante. Por otro lado, están los revolucionarios moderados que centran su mirada en el orden redistributivo de la gran propiedad agraria y que pretenden acomodar y limitar el mundo a esta democratización de la pequeña propiedad rural allí se encuentran las corrientes de los artesanos, obreros y soldados golpeados por el hambre y la desocupación, que buscan que el nuevo Estado les garantice alimentación y una paga digna para su trabajo. Luego está la corriente de los revolucionarios obreros e intelectuales radicalizados, que ven la oportunidad de tomar, ellos mismos, el mando del país y resolver los problemas de la guerra y el hambre, desplazando del poder a los grandes

---

14. "III Congreso de la Internacional Comunista, (22 de junio al 12 de julio de 1921)" (Lenin, 1978: 376; T. 35).

15. "Las elecciones de la asamblea constituyente y la dictadura del proletariado, (diciembre de 1919)" (Lenin, 1978; T. 32).

capitalistas. Por último, se encuentra la tendencia de los ultra-revolu-cionarios que creen posible abolir, de un día para el otro, el mercado, el trabajo asalariado, el Estado y la autoridad, para instaurar modos de au-togobierno popular local[16]. En fin, las tendencias, las facciones de clase y los partidos políticos (varios de los cuales representan a parte de estas tendencias), hacen referencia a muchas revoluciones desplegándose al interior de "la revolución"; por lo que la influencia de cada movimiento táctico, consigna, convocatoria o propuesta en la acción de los soviets, en las orientaciones y acciones de la gente movilizada depende del eco que puedan tener en la multitud en acción.

Aparentemente, no es posible predecir el estallido de una revolución; sin embargo, una vez que esta irrumpe, su curso depende de las acciones tácticas, iniciativas y consignas conscientemente planificadas por per-sonas y organizaciones políticas, que tienen la capacidad de catalizar las potencialidades sociales y los estados de ánimo latentes en la inmensa mayoría de la sociedad movilizada. De ahí que se pueda sostener que una revolución es, por excelencia, una intensa *guerra de posiciones* y una concentrada *guerra de movimientos*[17] ideológico-políticos en las que día a día se va definiendo el curso, la orientación y el desenlace del proceso insurgente.

Lenin afirma que "los bolcheviques triunfaron, en primer lugar, por-que estaban respaldados por la inmensa mayoría del proletariado"[18]. Y no se trata de una frase retórica, sino de todo un programa de trabajo partidario de construcción de hegemonía política nacional, que defi-ne el curso socialista de la revolución. Los soviets –auténticos órganos de poder político de las clases plebeyas– surgen en febrero de 1917 y se

---

16. Véase la "Tercera Parte: Rusia bajo la revolución (febrero de 1917-marzo de 1918)" (Figes, 1990).

17. "En el arte político ocurre lo mismo que en el arte militar: la guerra de movimiento se convierte cada vez más en guerra, en la medida en que la prepara minuciosa y técnicamente en tiempos de paz. Las estructuras macizas de las democracias modernas, consideradas ya sea como organizaciones es-tatales o bien como complejo de asociaciones operantes en la vida civil, representan en el dominio del arte político lo mismo que las 'trincheras' y las fortificaciones permanentes del frente en la guerra de posición: tornan solo 'parcial' el elemento del movimiento que antes constituía 'todo' en la guerra, etc." (Gramsci, 1980: 101).

18. Lenin, V.I. "Las lecciones de la asamblea constituyente y la dictadura del proletariado, (diciembre de 1919)" (Lenin, 1978: 246; T. 32).

expanden rápidamente a toda Rusia. De representar unas decenas a fines de abril, pasan a ser 900 en octubre de ese año (Bettelheim, 1980: 5960). Igualmente, los Comités de fábrica, órganos de defensa y gestión de las empresas afectadas por el abandono gerencial, se fundan inicialmente en las fábricas estatales, y se expanden a las principales empresas privadas de las ciudades (cfr. Pipes, 2016: 442). Y lo que es más importante, la fuerza vital de la sociedad, principalmente urbana pero también rural, se encuentra canalizada a través de esas estructuras revolucionarias creadas autónomamente por las masas populares "por iniciativa directa de las masas desde abajo", por encima de sindicatos y partidos.

> El gobierno provisional (surgido a la caída del Zar) no tiene poder real de ninguna clase, y sus órdenes se aplican solo en la medida en que lo permite el Soviet de diputados de trabajadores y soldados. Este último controla la fuerza más esencial del poder, pues las tropas, los ferrocarriles y los servicios postales y telegráficos están en sus manos. Se puede afirmar con franqueza que el gobierno provisional existe solo en la medida en que se lo permite el Soviet.[19].

Esto significa que el destino de la revolución dependía de los soviets, la criatura más pura y representativa del movimiento. Cuando en sus famosas *Tesis de abril*, Lenin propugna "que todo el poder del Estado pase a los soviets"[20], lo hace a sabiendas de que los bolcheviques constituyen la minoría: conforman menos del 4% de los delegados en los soviets de Petrogrado y Moscú (cfr. Bettelheim, 1980). Más todo lo que desde ese instante le propone al partido: las consignas, iniciativas y directrices organizativas, están destinadas a convertirlos en la fuerza dirigente y conductora de las acciones e iniciativas de las masas organizadas en soviets y, en general, de las clases sociales laboriosas de todo el país.

Las consignas de terminar con la guerra, de redistribuir las tierras entre los campesinos y ocupar las fábricas (abril); de presionar al

---

19. "Carta de A. Guchkov, ministro de Defensa del Gobierno Provisional, a M. Alexeev, comandante en jefe del Ejército ruso, 9 de marzo de 1917" (Figes, 1990: 407). Véase también Pipes (2016: 350).

20. "Las tareas del proletariado en la actual revolución, (7 de abril de 1917))" (Lenin, 1978: 438; T. 24). Este artículo contiene las célebres *Tesis de abril.*

gobierno provisional, de resistir la represión interna (junio y julio), de retirar la consigna del poder a los soviets (sometidos entonces al gobierno provisional); de movilizarse desde las fábricas y los soviets contra los intentos de golpe de Estado reaccionarios (agosto), de retomar la consigna de todo el poder a los soviets cuando los bolcheviques se vuelven la mayoría en ellos (septiembre); la adopción por parte de los bolcheviques del programa agrario planteado por el partido "socialista revolucionario" semanas antes de la insurrección[21]; demuestran, en toda su magnitud, una intensa lucha por la hegemonía política al interior de las clases subalternas.

En los hechos, ya en octubre de 1917 los bolcheviques son el poder ideológico político del proceso revolucionario. En mayo, dirigen la mayoría de los Comités de Fábrica de las principales industrias (Pipes, 2016: 442); para agosto su influencia en las tropas acantonadas en las ciudades tiene tal magnitud que es suficiente para impedir la obediencia de la tropa al gobierno provisional y al mando militar oficial (p. 443). A fines de julio, de no tener ningún órgano de prensa a inicios de la revolución, alcanzan a una tirada, en sus múltiples periódicos distribuidos en las fábricas y los cuarteles, de más de 350.000 ejemplares diarios (Ibid., p. 444). En septiembre asumen el control del Soviet de Petrogrado, en tanto que sus consignas son propugnadas por la mayoría de los soviets –incluso en aquellos que aún están bajo influencia de los partidos centristas–; los consejos de soldados los tienen al frente en los principales regimientos militares; y, de facto, las principales guarniciones responden técnicamente al partido bolchevique[22]. Las fábricas se encuentran tomadas y solo los bolcheviques consideran a ese acto como necesario para garantizar el trabajo de los obreros. Así, con la adopción del programa agrario del partido campesino –que se niega a aplicar su propio programa, que tiene plena aceptación en las zonas rurales–, los bolcheviques ya habían construido un poder ideológico, un liderazgo moral y una conducción política para la inmensa mayoría de la sociedad movilizada. Figes argumenta:

---

21. "III Congreso de la Internacional Comunista, (junio-julio de 1921)" (Lenin, 1978: 360; T. 35).
22. "La agonía del Gobierno Provisional" (Figes, 1990).

La polarización social que se produjo durante el verano proporcionó a los bolcheviques su primer apoyo masivo como partido que basaba su principal reclamo en el rechazo plebeyo de toda autoridad superior. (...) Las mayores fábricas de las ciudades importantes, donde el sentido de solidaridad de clase de los obreros estaba más desarrollado, fueron las primeras en sumarse en grandes cantidades a los bolcheviques. A finales de mayo, el partido ya había obtenido el control de la oficina central de comités de fábrica y, aunque los sindicalistas mencheviques siguieron contando con su ascendencia hasta 1918, también empezaron a conseguir que se aprobaran sus resoluciones en importantes asambleas sindicales. (...) Los bolcheviques obtuvieron importantes avances en las elecciones de la Duma (parlamento) en la ciudad en agosto y septiembre. En Petrogrado aumentaron su porcentaje de voto popular y pasaron de 20 por ciento en mayo al 33 por ciento el 20 de agosto. En Moscú, donde los bolcheviques habían obtenido un simple 11 por ciento en junio, llegaron a la victoria el 24 de septiembre, con el 51 por ciento de los votos (1990: 509-511).

En realidad, la insurrección de octubre simplemente consagró el poder real alcanzado previamente por los bolcheviques en todas las redes activas de la sociedad laboriosa. Más que conquistar el poder –que ya habían alcanzado en toda la estructura reticular de la sociedad subalterna rusa–, la insurrección anuló el cuerpo zombi del viejo poder burgués que se encontraba registrado en las viejas instituciones estatales. La insurrección culminó un largo proceso de construcción fundamentalmente ideológico-política de poder desde la sociedad, en desconocimiento y sustitución del viejo poder del Estado–; e inició la concentración monopólica de ese poder construido desde la sociedad bajo la forma de Estado, de poder de Estado institucionalizado. Dado el carácter plebeyo de la Revolución Rusa, y en general de cualquier revolución, esta construcción social de poder desde abajo necesariamente se presenta más que como "dualidad de poderes"[23], como "multitud de poderes locales" (Figes, 1990: 407-408, 516, 746). En 1918, V. Tijomirnov comenta:

> Había soviets de ciudad, soviets de pueblo, soviets del *selo* y soviets suburbanos. Esas entidades no reconocían a nadie más que a sí mismas y, si llegaban a reconocer a alguien, era solo hasta "el grado" de que pudiera serles casualmente ventajoso. Cada soviet vivía y luchaba según lo que le permitían las condiciones circundantes, como podía y quería hacerlo (Pipes, 2016: 555)[24].

En los siguientes meses, el proceso de centralización de esos múltiples poderes plebeyos representa el proceso de estatalización del poder político disperso en la sociedad.

Las antinomias aparentes de la revolución

En síntesis, y en primer lugar, las revoluciones son por tanto largos procesos históricos de semanas, meses o años, que licúan las relaciones de poder prevalecientes para instaurar un nuevo orden de mandos, influencias y propiedades, inicialmente fragmentadas, sobre los bienes de la sociedad. Dentro del movimiento de la historia interna de las clases sociales, una revolución modifica drásticamente la arquitectura de las relaciones entre ellas, al expropiar los bienes y las influencias poseídas por unas, para redistribuirlas parcial o totalmente entre otras clases o bloques de clases que en ese momento ocupan posiciones de decisión o influencia sobre esos bienes.

En segundo lugar, una revolución es un desmoronamiento de las estructuras de poder moral de las antiguas clases dirigentes, una disolución de las ideas dominantes y de las influencias políticas que consagran la pasividad de las clases subalternas[25]. Las tolerancias morales entre

---

23. Véase "La dualidad de poderes" (Trotsky, 2002; Cap. XI).

24. Según este autor, de cada 5 empresas nacionalizadas, solo una es resultado de la decisión del gobierno central, mientras que el resto, 80%, es producto de la decisión de los soviets y las autoridades locales (Pipes, 2016: 750).

25. "La revolución de 1917 debería considerarse como una verdadera crisis general de autoridad. Se

gobernantes y gobernados se licúan dando lugar a iniciativas políticas directas de las clases laboriosas que van produciendo, armando o aceptando nuevos esquemas discursivos, nuevas estructuras morales ordenadoras del papel de los individuos en la sociedad. Esta lucha es el motor de toda revolución, y de sus resultados emerge una institucionalidad capaz de objetivar ese magma social, esto es, de organizar y regularizar esas influencias modificadas, ya sea sobre los bienes comunes de la sociedad o sobre los bienes privados, dando lugar a una nueva estructura estatal adecuada a la estructura de propiedad e influencias de clase. Esto significa que las revoluciones primero se las gana en la propia sociedad, en el liderazgo político y organizativo activo de las clases subalternas; y solo después, esto puede devenir inicialmente en estructura estatal y luego en monopolización y unicidad de poder. Todas las historias de las revoluciones políticas y sociales del siglo XX y XXI tienen, e inevitablemente tendrán, estas características.

En realidad, una revolución son múltiples y contradictorias revoluciones en paralelo, en concordancia con las múltiples iniciativas desplegadas por las diversas clases y fracciones de clase que concurren y se construyen en el transcurso de la propia revolución. Una revolución es la destrucción de antiguas relaciones de propiedad y de influencia, para dar lugar a nuevas relaciones de propiedad material e influencia estatal. Una revolución es, en definitiva, la lucha encarnizada por el nuevo monopolio duradero de las influencias ideológico-políticas de la sociedad, por nuevas hegemonías de largo plazo. De ahí que toda revolución sea también una manera de nacionalización de la sociedad (cfr. García Linera, 2014).

1. *Participación revolucionaria armada o participación democrática electoral*

Por ello, la contraposición entre revolución y democracia es un falso debate. Se afirma que la democracia es un régimen de participación

---

produjo un rechazo no solo del Estado, sino también de todos los representantes de la autoridad: jueces, policías, funcionarios, oficiales del Ejército y de la Marina, sacerdotes, profesores, patrones, capataces, terratenientes, ancianos del pueblo, padres patriarcales y maridos" (Figes, 1990: 367, 407).

pacífica de la sociedad en los asuntos políticos, que garantiza los derechos de las personas; mientras que la revolución es un hecho violento que desconoce esos derechos (cfr. Aron, 2015). Como se puede constatar al estudiar cualquier revolución, si algo caracteriza a un proceso revolucionario es la incorporación rápida y creciente de personas de distintas clases sociales a la participación en los asuntos públicos de una sociedad. Personas apáticas, que anteriormente eran convocadas a elegir cada 4 o 5 años a unos representantes para que tomaran decisiones a su nombre, rompen, con la revolución, esa complacencia frente a las élites gobernantes y se involucran, discuten y participan en la definición de los asuntos comunes de la sociedad. De pronto, todos se convierten en especialistas en todo; todos se creen con derecho a opinar y a decidir sobre los asuntos que les afectan.

Un periodista norteamericano, que estaba en Rusia durante los meses iniciales de la revolución, realizaba los siguientes comentarios:

> Los siervos y los porteros de las casas piden consejos respecto a qué partido deben votar en las elecciones de distrito. Todas las paredes de la ciudad están llenas de carteles de reuniones y conferencias, congresos, propaganda electoral y anuncios (...). Dos hombres discuten en una esquina de la calle e inmediatamente se ven rodeados por una emocionada multitud. Incluso en los conciertos, la música ya se ve diluida por los discursos políticos de oradores famosos. La perspectiva Nevsky se ha convertido en una especie de Quartier Latin. Los vendedores de libros llenan las aceras y anuncian a gritos folletos sensacionales acerca de Rasputín y Nicolás, de quién es Lenin y de cuánta tierra van a recibir los campesinos (H. Williams, citado en Figes, 1990: 417).

Parafraseando a Rancière, una revolución es una "viralización" de "partes que no tienen parte"[26], de sujetos políticos constituidos sobre

---

26. "La noción de 'sin parte' (...) es la figura de un sujeto político, y un sujeto político nunca puede identificarse de golpe con un grupo social. Por esta razón, (...) el pueblo político es el sujeto que encarna la parte de los sin parte –lo cual no significa 'la parte de los excluidos', ni que la política sea la irrupción de los excluidos, sino que la política es (...) la acción de sujetos que sobrevienen independientemente de la

la acción en marcha que visualizan carencias, necesidades o derechos y que asumen directamente la solución de dichas "partes". En verdad, una revolución es la realización absoluta de la democracia porque la gente del pueblo, que anteriormente depositaba en los "especialistas" la gestión de los comunes que le involucran, ahora asume ese involucramiento directo en los asuntos comunes como una necesidad propia. Y así, de pronto lo común se convierte en un asunto de los comunes; todos se transforman en diputados, se sienten ministros y se ven moralmente compelidos a hablar por sí mismos, a definir ellos mismos las cosas que les afectan. Es la democracia absoluta en acción que eleva la participación de la sociedad en los asuntos políticos a niveles jamás alcanzados por ninguna elección electoral.

De cierta manera, una revolución, con sus asambleas multiplicadas por todas partes debatiendo los temas de interés público, con sus consejos deliberantes en centros de trabajo, barrios, oficinas o comunidades, definiendo en base a razones la conducción de sus vínculos compartidos, es el horizonte límite alcanzado por las propuestas sobre la "democracia deliberativa" (cfr. Habermas, 2008); con el añadido de que, en el caso del proceso revolucionario, la desigualdad en la influencia deliberativa, resultante de la desigualdad en el acceso a bienes culturales, académicos o informacionales que da lugar a la manipulación o elitización de la deliberación, queda neutralizada porque está fusionada a la ejecución conjunta de lo deliberado. Claro, si la deliberación es inmediatamente la ejecución conjunta por parte de los deliberantes, para poder realizarse tiene que haberse producido previamente una neutralización de las desigualdades comunicativas a fin de garantizar una adhesión comprensiva de efectos prácticos. De esta manera, la deliberación deviene en una actividad social irradiante y además sin los límites de la microterritorialidad local a la que hacen referencia los filósofos.

---

distribución de los repartos y las partes sociales. ['La parte de los sin parte'] define (...) la relación entre una exclusión y una inclusión [esto es...] designa a aquellos que no tienen parte, a aquellos que viven sin más, y al mismo tiempo designa, políticamente, a aquellos que no solo son seres vivos que producen, sino también sujetos capaces de discutir y decidir los asuntos de la comunidad (...) El corazón de la subjetivación histórica [de 'los sin parte'...] ha sido la capacidad, no de representar el poder colectivo, productivo, obrero, sino de representar la capacidad de cualquiera (Rancière, 2011: 233-4).

Por otra parte, en la medida en que las revoluciones son momentos constituyentes de hegemonía, es decir de dirección y de dominación[27], estas luchas se resuelven fundamentalmente en las ideas, en los preconceptos e inclinaciones morales dominantes de las personas. Por eso, las revoluciones son, por excelencia, luchas y cambios drásticos en el orden y los esquemas mentales con los que las personas interpretan, conocen y actúan en el mundo. De ahí su cualidad democrática y deliberativa, pero, además, su carácter fundamentalmente pacífico. Si la revolución quiebra la tolerancia moral entre gobernantes y gobernados para sustituirla por una nueva estructura de afectos morales y esquemas cognitivos de la realidad, dicha transformación del mundo simbólico de las personas se realiza principalmente por medio del conocimiento, la disuasión, la convicción lógica, la adhesión moral y el ejemplo práctico; es decir, a través de métodos pacíficos de convencimiento.

Cuando en la Rusia revolucionaria, los soldados vuelcan sus gorras en desconocimiento de la vieja jerarquía militar; cuando las mujeres que salen a las calles optan por usar pantalones y botas militares invirtiendo el viejo orden social y sexual; cuando los meseros (camareros) marchan rechazando las propinas y reclamando un trato digno por su trabajo; cuando las trabajadoras del hogar reclaman que se las trate de "usted" y ya no del "tú" utilizado anteriormente con los siervos; en fin, cuando los campesinos queman las casas de los terratenientes que habían gobernado sus vidas durante siglos, o cuando los obreros ocupan las fábricas para hacerlas trabajar por su cuenta y mando, todo el orden lógico de la vieja sociedad queda literalmente invertido por la fuerza de una decisión moral de los subalternos, que al tomarla, automáticamente dejan de serlo[28]. Así, la revolución se muestra fundamentalmente como una revolución cultural, una revolución cognitiva que vuelve lo imposible y lo impensado en realidad. Los preceptos lógicos, normas morales, conocimientos y tradiciones que anteriormente cohesionaban todas las dominaciones, estallaban ahora en mil pedazos y habilitan otros criterios morales y otras maneras de conocer, otras razones lógicas que colocan

---

27. "El impuesto en especie, (21 de abril de 1921)" (Lenin, 1978: 200-239; T. 35).

28. Véase la "Tercera Parte: Rusia bajo la revolución, (febrero de 1917-marzo de 1918)" (Figes, 1990).

a los dominados, es decir, a la inmensa mayoría del pueblo, como seres constructores de un orden en el que ellos mandan, deciden y dominan.

En todo ello, la pluralidad de ideas, los medios de comunicación plurales, la libertad de asociación; esto es, el conjunto de derechos democráticos propios de las sociedades modernas juega un papel decisivo e insustituible. Sin libertad de asociación, ¿de qué tipo de asambleas o consejos se puede hablar? Sin pluralismo, ¿cuál es el tipo de deliberación, de liderazgo intelectual y moral que se puede construir? ¡Ninguno! De ahí que las libertades y garantías democráticas se presenten como el único terreno húmedo y fértil en el que cualquier proceso revolucionario puede crecer; e incluso a veces el punto de inicio de las revoluciones es la conquista de esos derechos.

Esto hace de toda revolución –y las revoluciones latinoamericanas de principios de siglo XXI no son una excepción– un hecho democrático por excelencia y pacífico por naturaleza. Únicamente circunstancias excepcionales, de violencia armada contrarrevolucionaria que bloquean la conversión de la convicción socialmente constituida en institución estatal regularizada, llevan a la necesidad de una acción de fuerza, armada, para desbloquear el flujo revolucionario. En el caso de la Revolución Soviética, las acciones violentas del gobierno conservador que en julio de 1917 ilegalizan al partido bolchevique, buscan reprimirlo violentamente y luego eliminarlo físicamente mediante un golpe de Estado, le llevan a Lenin a abandonar la convicción de que esta iba a triunfar pacíficamente: "la vía pacífica de desarrollo se ha vuelto imposible (...) todas las esperanzas de un desarrollo pacífico de la Revolución Rusa se han desvanecido para siempre"[29], afirma, obligado a refugiarse en Finlandia y preparar desde entonces la vía de la insurrección.

Por tanto, en la medida en que se presenta un *curso revolucionario bloqueado*, es decir, un proceso de constitución de una nueva hegemonía cultural revolucionaria sitiado o acorralado por métodos violentos contrarrevolucionarios que cercenan la capacidad organizativa y deliberativa de la sociedad, lo que obliga a las fuerzas y clases insurgentes

---

29. "Sobre las consignas, (julio de 1917)" y "La situación política (Cuatro tesis), (10 de julio de 1917)" (Lenin, 1978: 266, 254; T. 26).

a defender y liberar el torrente emancipativo que ha emergido previamente, cabe hablar del carácter revolucionario del método de la lucha armada, guerrilla, insurrección o guerra prolongada. Así pues, la lucha armada se presenta entonces como un habilitador del despliegue de las capacidades democráticas de la propia sociedad y, solo en estos términos, como un hecho revolucionario.

2. *Guerra de movimientos o guerra de posiciones*

Una segunda interpretación equívoca de la Revolución Soviética, ligada a la anterior, es la referida a que las revoluciones son un tipo de "guerra de movimientos", de estrategia de asalto rápido susceptible de llevarse adelante en presencia de países con una sociedad civil débil, "gelatinosa", propia de las sociedades "asiáticas" caracterizadas por Estados que lo absorben todo, pero con hegemonías políticas débiles; en tanto que en las sociedades de "occidente", por la presencia de un Estado sustentado en una sociedad civil robusta con innumerables trincheras y fortificaciones construidas por el propio poder de Estado, que sostienen el poder de clase pese al debilitamiento del aparato estatal, necesariamente hay que emplear una estrategia de larga "guerra de posiciones", de pacientes asedios a esa estructura de fortalezas y casamatas de la sociedad civil. Gramsci introduce esta diferenciación, para explicar el concepto de "frente único" propuesto por Lenin en los debates de la Internacional Comunista.

> En Oriente el Estado era todo, la sociedad civil era primitiva y gelatinosa; en Occidente, entre Estado y sociedad civil, existía una justa relación y bajo el temblor del Estado se evidenciaba una robusta estructura de la sociedad civil. El Estado solo era una trinchera avanzada, detrás de la cual existía una robusta cadena de fortalezas y casamatas; en mayor o menor medida de un Estado a otro, se entiende, pero esto precisamente exigía un reconocimiento exacto de carácter nacional (Gramsci, 1980: 83).

A lo largo de la historia moderna es posible que sea más difícil encontrar en los Estados europeos, acciones destinadas a "sofocar" las aspiraciones populares, porque se trata de países "en los que no se ve pisotear las leyes fundamentales del Estado ni se ve cómo domina la arbitrariedad"[30], lo que llevaría, según Gramsci, a un debilitamiento de la lucha de clases en ellos. Sin embargo, el fenómeno del fascismo europeo en la primera mitad del siglo XX muestra que la imposición, el pisoteo de las leyes, la arbitrariedad y la desenfrenada violencia estatal, en su excepcionalidad, no son ajenas a la cultura política occidental. El por qué esas circunstancias no dan lugar a un victorioso movimiento revolucionario, es tema de otro debate. Con todo, existe una verdad irrefutable en esto: para un observador extranjero que visita Europa o Estados Unidos, una de las primeras experiencias impactantes es ver que paralelamente al funcionamiento regular de las instituciones gubernamentales y a las condiciones de satisfacción de necesidades básicas de la mayoría de la población, se tiene una apodíctica interiorización de los preceptos del orden social por parte de los ciudadanos; como si la lógica estatal estuviera adherida a la piel de las personas, en una especie de Estado individuado, que no requiere de aparatos estatales visibles para la reproducción del orden. Así, cuando alguien rompe la norma, la presencia rápida, oportuna, puntual y brutal de los cuerpos de seguridad, infunde una mayor indolencia frente al destino de los demás. Como afirma Gramsci, allí donde existe un orden que funciona, se vuelve más difícil pelear porque este sea sustituido por uno nuevo. En todo caso, más que de una sociedad civil sólida y "equilibrada" frente al Estado, se trata de un Estado muy fuerte y ramificado en los poros más íntimos de la sociedad civil –algo así como una sociedad civil estatalizada–, lo que ciertamente hace que el aparato gubernamental, pese a las fisuras que pueda llegar a presentar en algún momento, encuentre una infinidad de trincheras, aprovisionamientos, reemplazos y apoyos en la sociedad civil, que lo hacen resistente y mucho más sólido que los Estados menos adheridos a ella. Quizá la obsesión de la academia norteamericana por el

---

30. "Tres principios, tres órdenes, (11 de febrero de 1917)" (Gramsci, 2004: 22).

estudio de los "roles"[31] sea la sombra de esta omnipresencia reticular del orden estatal en el orden individual de los ciudadanos.

Vistas así las cosas, la lógica gramsciana podría invertirse: las sociedades "orientales" tienen una sociedad civil más vigorosa y activa y un Estado más gelatinoso y frágil, a pesar de su arbitrariedad –de hecho, la arbitrariedad viene a sustituir la falta de adherencia social o sustento estructural–; mientras que las sociedades "occidentales" tienen un Estado omnipresente por estar enraizado profundamente en la propia sociedad civil y, a la vez, sus sociedades civiles son más plurales y diversas aunque políticamente menos activas e inmersas en un tipo de conformismo civil generalizado.

3. *Excepcionalidad histórica o disponibilidad social universal*

Pero independientemente del *modo de composición política* de la sociedad contemporánea[32], la universalidad de la Revolución Soviética radica precisamente en la victoria cultural, ideológica, política y moral de las corrientes bolcheviques en la sociedad civil, en sus organizaciones plebeyas más activas, antes y como condición de la propia insurrección. Lenin se refiere a esto cuando afirma categóricamente que los bolcheviques triunfan porque se encuentran "respaldados por la inmensa mayoría del proletariado". Y ese respaldo, apoyo, influencia y liderazgo en los sectores movilizados de las clases plebeyas hasta el punto de que "están dispuestas a morir" por la revolución, refleja la profunda transformación ideológico moral que se había producido entre abril y octubre de 1917, en la mentalidad de las clases subalternas; en términos gramscianos, muestra el exitoso despliegue de una "guerra de posiciones" fulminante contra las casamatas y trincheras de la vieja sociedad civil. En síntesis, la batalla por el liderazgo y conducción política de las clases populares movilizadas es la clave de la revolución; mientras que

---

31. Véase Goffman (1961). También se puede revisar Linton (1936).

32. Sobre el modo de composición política de la sociedad, véase "La nueva composición orgánica plebeya de la vida política en Bolivia" (García Linera, 2016, 6 de agosto).

la audacia insurreccional que derrumba definitivamente el viejo poder estatal es una contingencia emergente del curso de esa lucha previa por la hegemonía.

Toda revolución es fundamentalmente una transformación radical de los esquemas de sentido común de la sociedad, del orden moral y del orden lógico que monopoliza el poder político centralizado. El asalto armado al Palacio de Invierno representa la eventualidad de un proceso de profundas transformaciones ideológico-políticas que construyen el poder político soviético, antes que este quede refrendado por un hecho de ocupación institucional de los símbolos del poder. En este sentido, se puede hablar de un "Lenin gramsciano" que deposita en la hegemonía cultural y política la llave del momento revolucionario.

No obstante, lo que sí puede ser asumido como una excepcionalidad rusa más que "oriental", es la compresión de los tiempos de esa "guerra de posiciones". Normalmente, la construcción de un nuevo sentido común[33] y del monopolio de los esquemas de orden que guían los comportamientos cotidianos de las personas, son procesos de construcción hegemónica a largo plazo. Pueden transcurrir décadas, incluso siglos, durante los cuales se va sedimentando en las estructuras mentales de las personas, de las clases y de los subalternos el conformismo moral y lógico con la dominación[34]. Por lo general, romper estas baldosas que comprimen el cerebro de las personas es una tarea titánica, también de décadas, que requiere, a decir de Gramsci, "tácticas más complejas" y "cualidades excepcionales de paciencia y de espíritu inventivo" (cfr. Gramsci, 1973: 103 y ss.). En Rusia, esto acontece extraordinariamente más rápido. Pero no hay que dejar de lado el hecho de que en medio había una guerra mundial que estaba llevando a la muerte a millones de

---

33. Entendido como "creencias populares", convicciones y, en general, cultura, mediante las cuales las personas "conocen" y actúan en el mundo sin necesidad de reflexionar sobre él. Véase Gramsci (1984: 305; T. 3)

34. "Pues si, en cualquier coyuntura, los hombres no se entendieran sobre estas ideas esenciales, si no tuvieran una concepción homogénea del tiempo, del espacio, de la causalidad, de la cantidad, etc., todo acuerdo entre las inteligencias se haría imposible y, con ello toda vida común. Además, las sociedades no pueden abandonar al arbitrio de los particulares las categorías sin abandonarse a sí misma. Para poder vivir, no solo tiene necesidad de un conformismo moral suficiente; hay un mínimo de conformismo lógico del que tampoco puede prescindir. Por esta razón ejerce el peso de toda su autoridad sobre sus miembros para prevenir las disidencias" (Durkheim, 1982: 15).

jóvenes del imperio ruso; que se tenía un país económicamente quebrado que había arrastrado a su población hacia condiciones de consumo inferiores a las que existían años atrás; que se tenía una estructura mundial imperial estallando en crisis y en reconfiguración, etcétera.

Esta excepcionalidad de circunstancias irrepetibles, para cualquier otro país en cualquier otro momento, comprime los tiempos, acorta los plazos y lleva a la sociedad rusa a una crisis de hegemonía, a una disponibilidad social general de nuevas certidumbres y a una porosidad y predisposición de las clases populares a recepcionar nuevas emisiones discursivas capaces de ordenar el mundo incorporándolos a ellos como sujetos activos e influyentes de ese nuevo mundo a erigir. Lo que en otros tiempos habría requerido décadas e incluso siglos, se puede alcanzar en meses, y está claro que algo así difícilmente podrá volver a suceder en mucho tiempo. Excepcionalidades como estas, únicas e irrepetibles en la historia, suelen acontecer en la vida de todas las naciones y, por lo general, quedan registradas en la historia como un extraño, pasajero y confuso tiempo turbulento. Y cuando esta excepcionalidad tumultuosa de la historia viene acompañada de una férrea voluntad política organizada para buscar gatillar todas las potencialidades creativas contenidas en ese excepcional tiempo turbulento, las revoluciones que cambian la historia del mundo estallan. Eso pasó con la Revolución Rusa: la excepcionalidad devino regla, la potencia se convirtió en flujo creativo y la lucha por el nuevo sentido común se hizo institución.

La convergencia de contradicciones y disponibilidades sociales que paralizan la institucionalidad estatal, como sucedió en Rusia el año 1917, constituye una excepcionalidad histórica. Sin embargo, el que en algún momento de su historia un país presente alguna grieta o un quiebre en su reforzada coraza estatal, algún estupor en su perfecta maquinaria social de letargo colectivo, de tal forma que se habilite un régimen de nuevas apetencias discursivas, es un hecho universal. El que una hegemonía estatal se derrumbe tan rápidamente es una excepcionalidad histórica. Pero la existencia de potencialidades emancipativas, democratizadoras del poder en las formas organizativas propias de las clases subalternas, es un hecho universal. Y, entonces, el papel de las asociaciones, ligas o partidos revolucionarios radica en sitiar, en horadar pacientemente

–como el viejo topo– la fortaleza estatal y cultural del régimen dominante. Y si la excepcionalidad histórica imprevisible toca la puerta cuando uno está vivo, hay que aprovechar con indoblegable voluntad de poder cada resquicio, fisura u oportunidad a fin de apuntalar las potencialidades democratizadoras acumuladas e inventadas por las clases plebeyas. Así es como debemos entender la labor de los comunistas revolucionarios que, según el joven Marx:

> No proclaman principios especiales a los que quisieran amoldar el movimiento [y] en las diferentes fases de desarrollo por que pasa la lucha entre el proletariado y la burguesía, representan siempre los intereses del movimiento en su conjunto (Marx y Engels, 1974/1980: 122).

4. *Momento jacobino leninista o momento gramsciano hegemónico*

Existe un momento puntual pero decisivo que toda revolución en marcha no puede obviar pues, dependiendo de la actitud que se tome frente a ella, el curso de la revolución o bien continuará o terminará para dar lugar a una terrible etapa contrarrevolucionaria. Nos referimos al *momento jacobino* o *punto de bifurcación* de la revolución (García Linera, 2011), que no tiene que ver con la ocupación de las instalaciones y símbolos del viejo poder que pasan a ser reemplazados en sus funciones y en la condición de clase de sus ocupantes. Tampoco se trata del desplazamiento y sustitución de las autoridades gubernamentales, legislativas y ejecutivas del viejo Estado. Las revoluciones del siglo XXI muestran que esto último llega a realizarse por la vía de elecciones democráticas. Ambos son momentos derivados del poder político-cultural previamente alcanzado por las fuerzas insurgentes y, dependiendo de las circunstancias, pueden ser realizados por la vía pacífica, electoral o, excepcionalmente como en el caso de la Revolución Rusa, por la vía armada.

A pesar de ello, lo que inevitablemente requiere de un hecho de fuerza, de un despliegue de coerción, es la derrota del *proyecto de poder* de las clases desplazadas del gobierno. Las viejas clases dominantes pueden perder la dirección cultural de la sociedad por un tiempo, a la espera de retomar la iniciativa, una vez que pase el "torbellino social", mediante la propiedad de los medios de comunicación, las universidades y el peso de las creencias impresas durante décadas en las mentes de las personas; pueden perder el control del gobierno, del Parlamento y de parte de sus propiedades, pero preservan los resortes financieros, los conocimientos administrativos, el acceso a mercados, las propiedades en otras áreas de la economía, las influencias y los negocios externos que temporalmente les permiten mantener un poder económico capilarizado en la sociedad. Los bolcheviques tomaron el poder en octubre del 1917, pero el Banco Central seguía entregando dinero a los representas del antiguo gobierno provisional incluso hasta fines de noviembre. En enero de 1918, los funcionarios de los ministerios aún se mantenían en huelga en desconocimiento a los nuevos ministros (Pipes, 2016: 569-572); en tanto que administrativos de gobiernos locales seguían sin obedecer al nuevo gobierno aun entrados los primeros meses de 1919.

Por tanto, lo que las viejas clases dominantes nunca aceptan de manera dialogada, es la anulación de su proyecto de poder, esto es, el sistema de influencias, acciones y medios mediante los cuales articulan su persistencia y su proyección histórica como clase dominante. En la Revolución Rusa, ni el gobierno provisional ni la asamblea constituyente, ni siquiera la toma de las instalaciones del Estado por parte de los bolcheviques, fueron el escenario de condensación de la derrota del proyecto político conservador; lo fue la guerra civil. La mayor cantidad de muertes, los mayores horrores de la lucha de clases, la movilización más extensa de las fuerzas contrarrevolucionarias internas y extranjeras, los discursos más anticomunistas y la verdadera confrontación armada entre los dos proyectos de poder se dieron durante la guerra civil[35], y ahí se definió también la victoria de la revolución además de las características del nuevo Estado. Lenin describirá este momento decisorio de manera muy precisa.

A fines de 1917 (...) la burguesía (...) lo que dijo fue: "ante todo lucharemos por el problema fundamental: determinar si ustedes son

---

35. Véase la "Cuarta Parte: La guerra civil y la formación del sistema soviético (1918-1924)" (Figes, 1990).

realmente el poder de Estado o solo creen serlo; el problema, desde luego, no será resuelto con decretos, sino por medio de la violencia y la guerra (...)" [36].

El *punto de bifurcación* o *momento jacobino* es este epítome de las luchas de clases que desata una revolución. Y puesto que toda clase o bloques de clases con voluntad de poder han de reclamar la unicidad y monopolio del poder de Estado, el cuerpo estatal en pugna emerge en su realidad desolada y arcaica: como "violencia organizada" (Marx, K. y Engels, 1974/1980: 130). Es en ese terreno donde se define la naturaleza del nuevo o viejo Estado, el monopolio del poder político y la dirección general de la sociedad para todo un largo ciclo estatal. Por lo general, esto sucede después del desplazamiento del gobierno de las fuerzas conservadoras, pero no del poder real. En un extraordinario texto, Marx describe este momento al afirmar que la conquista del poder gubernamental por parte del proletariado "no hará desaparecer a sus enemigos ni a la vieja organización de la sociedad" y, por tanto, "deberá emplear medios violentos y por consiguiente, recursos de gobierno" (Marx, C., 1988). Por ello, el *momento jacobino* es un tiempo donde los discursos enmudecen, las habilidades de convencimiento se repliegan y la querella por los símbolos unificadores se opacan. Lo único que queda en el campo de batalla llano es el despliegue desnudo de fuerza para dirimir, de una vez por todas, el monopolio territorial de la coerción y el monopolio nacional de la legitimidad.

El *momento jacobino* en la revolución cubana fue la batalla de Girón (invasión de la Bahía de Cochinos); en el Gobierno de Salvador Allende, el golpe de Estado de Pinochet; en la Revolución Bolivariana de Venezuela, el paro de actividades de PDVSA y el golpe de Estado en 2002; y en el caso de Bolivia, el golpe de Estado cívico-prefectural de septiembre de 2008. En todas estas revoluciones, el gobierno ya estaba en manos de los revolucionarios y se presentaban distintos tipos de "gobierno dividido" (cfr. Jones, 1995), con alguna de las cámaras legislativas o de los gobiernos regionales en poder del bloque conservador. Pero, lo que es

---

36. "VII Conferencia del partido de la provincia de Moscú, (octubre de 1921)" (Lenin, 1978: 537; T. 35).

más importante, la fuerza beligerante tenía aún un proyecto de poder, una voluntad de dominio y unas estructuras reticulares de poder político, a partir de las cuales buscaba reorganizar una base social de apoyo, la defensa de sus estructuras de propiedad económica y el apoyo de medios armados (legales o ilegales, internos o externos) para retomar lo antes posible la lucha por el poder de Estado. Entonces, inevitablemente emerge un choque desnudo de fuerzas, o, al menos, de medición de fuerzas de coerción, del que solo puede resultar la derrota militar o la abdicación de una de las fuerzas sociales beligerantes, es decir, la unicidad o el monopolio final de la coerción del Estado.

El *momento jacobino* o también "leninista" –porque Lenin fue un maestro en este tipo de operación política– es, en última instancia, el momento dirimidor de la unicidad del poder de Estado, a partir del cual se tendrá, en los cerebros de las personas, en las instituciones de gobierno y en las propias clases derrotadas, un solo proyecto estatal. Por tanto, la fuerza derrotada entra en situación de desbande o de desorganización y, lo peor, de pérdida de fe en sí misma. No es que las clases sociales derrotadas desaparezcan; lo que desaparece, por un buen tiempo, es su organización, su fuerza moral, su propuesta de país ante la sociedad. Materialmente son clases en proceso de dominación, pero fundamentalmente dejan de ser sujeto político. Consolidar esta derrota depende de que las fuerzas sociales victoriosas den golpes puntuales al régimen de propiedad de los grandes medios de producción, debilitando sus estructuras organizativas en la sociedad civil, incorporando banderas suyas en el proyecto victorioso, reclutando cuadros administrativos, impulsando los diversos tipos de transformismo político (cfr. Gramsci, 1999 T. 5) de la antigua intelligentsia, etc., dando lugar a una nueva fase de irradiación de la hegemonía correspondiente al periodo de estabilización del nuevo poder.

La importancia de este momento "jacobino-leninista" radica en instituir, de forma duradera, el monopolio de la coerción, de los impuestos, de la educación pública, de la liturgia del poder y de la legitimidad político-cultural. La contraparte de esta victoria sobre las fuerzas conservadoras es la concentración del poder que, de no ser continuamente regulada, afecta a las estructuras sociales de poder plebeyas que inicialmente habían dado inicio al proceso revolucionario. La concentración y unicidad real del poder significa que el poder político de las viejas clases pudientes ha sido derrotado. Sin embargo, la contra-finalidad de todo esto es que la democratización del poder en las estructuras populares, obreras, campesinas, juveniles o barriales que dan inicio al proceso revolucionario también sean afectadas por este destino maquinal del Estado (de cualquier Estado) de concentrar e imponer su unicidad. La importancia de concentrar el poder frente a las viejas clases dominantes, y simultáneamente desconcentrarlo frente a las clases laboriosas, a la larga define el curso de la revolución.

En todo caso, al *momento gramsciano* de construcción de hegemonía político-cultural que erige el poder político de las clases insurgentes de la revolución –una vez conquistado el gobierno, por la vía democrática–, sobreviene una batalla desnuda de fuerzas, el *momento jacobino-leninista*, que dirime de manera duradera la unicidad del poder de Estado. Sin este momento imprescindible, la estrategia gramsciana podrá ser cercada internamente y, más temprano que tarde, expulsada del poder político bajo la forma de una contrarrevolución exitosa que arrasará despóticamente con todo el avance organizativo y democratizador logrado por las clases sociales plebeyas. De ahí que toda revolución con un *momento gramsciano* sin un *momento leninista* sea una revolución trunca, fallida. No existe revolución verdadera sin *momento gramsciano* de triunfo político, cultural y moral, previo a la toma del poder estatal. Pero tampoco se tiene unicidad de poder de Estado ni disolución de las antiguas clases gobernantes como sujetos portadores de un proyecto de poder beligerante, sin un *momento leninista* dirimidor.

La Revolución Soviética será el laboratorio más extraordinario y dramático de esta contradicción viva entre centralización y democratización que define el destino de esta y de cualquier revolución contemporánea.

5. Democracia local o democracia general. Democratización o monopolización de decisiones

El estallido de la revolución hace explotar las jerarquías del viejo sistema social, incluyendo las militares. Los soviets de soldados y campesinos y los Comités Militares en los cuarteles, que desconocen la autoridad militar para sustituirla por asambleas, muestran la radicalidad y extensión del derrumbe del viejo poder estatal, constituyéndose en el punto de apoyo para el fortalecimiento de las huelgas y consejos de obreros en las fábricas. Cada cuartel, región y ciudad se desenvuelven como un mini-Estado con su propia y autónoma fuerza de coerción. A pesar de ello, durante la guerra civil desatada inmediatamente, frente a los regimientos disciplinados y jerarquizados de la contrarrevolución, apoyados por tropas extranjeras invasoras, las tropas revolucionarias se muestran tácticamente inferiores, débiles ante la fuerza antagónica y presa fácil de la desbandada ante las primeras derrotas (Figes, 1990). La excesiva democracia al interior del instrumento de coerción armada, inicialmente necesaria para desmoronar la autoridad del viejo Estado, ahora lo arrastra ante la inminente derrota frente a la contrarrevolución. La necesidad de imponer la disciplina militar y de restablecer jerarquías (acompañadas, por supuesto, de comisarios políticos a la cabeza de la formación política de la tropa), hace que el Ejército Rojo retome la iniciativa y derrote la invasión extranjera y a los ejércitos contrarrevolucionarios. La defensa de la revolución triunfa, pero a costa de reducir la democracia en los cuarteles. Algo similar sucede en los soviets campesinos, en los soviets y sindicatos obreros. El núcleo de la revolución se constituye cuando los productores directos, obreros y campesinos, inician el desguace de las antiguas relaciones de poder productivo. Eso acontece cuando los terratenientes son desplazados y los soviets de campesinos ocupan las tierras y las distribuyen internamente entre los miembros de la comunidad agraria. Igualmente, la cualidad obrera de la revolución despunta cuando los Comités de fábrica asumen el control del funcionamiento de las empresas para impedir el despido obrero, el cierre de la empresa o la pérdida de derechos laborales.

Sin embargo, en el momento en que cada fábrica comienza a actuar por su cuenta, a fijarse solo en el bienestar de sus trabajadores sin considerar el bienestar del resto de los trabajadores de otras fábricas y de los habitantes de las ciudades o de los campesinos; el momento en que los soviets de campesinos solo se preocupan del abastecimiento de sus afiliados, dejando de lado a los trabajadores de las ciudades que están sin alimento; es decir, el momento en el que cada institución democrática obrera solo se fija en sí misma sin tomar en cuenta el conjunto de los trabajadores y ciudadanos del país, se produce una hecatombe económica que paraliza el intercambio de productos y potencia los egoísmos entre sectores que se desentienden de los demás llevando a la disminución de la producción, el cierre de empresas, la pérdida de trabajo, la escasez, el hambre y el malestar en contra del propio curso revolucionario.

Entonces, a corto plazo, la democracia local, desentendida de la democracia global (general) en todo el país, conduce a una parálisis productiva que empuja a los mismos trabajadores a ver como enemiga la revolución que todos, en su conjunto, ayudaron a crear. Más que el exceso de democracia en cada comunidad o fábrica se trata de la ausencia de una democracia general, articuladora de todos los centros de trabajo, capaz de guiar las iniciativas y necesidades de cada uno de ellos, de cada comunidad agraria o fábrica, con las necesidades e iniciativas del resto de los centros de trabajo de todo el país.

Este desencuentro entre dimensiones territoriales de la democracia laboral es lo que provoca, entre los propios trabajadores a nivel local, el surgimiento de malestar, molestia y enemistad contra la propia revolución que logran construir. ¿Hasta dónde ampliar o restringir la democracia local? ¿Cómo crear modos de participación democrática general que permita una experiencia obrera y campesina de articulación de iniciativas de todas las fábricas, las comunidades rurales y barrios? Allí radica el núcleo de la continuidad de la revolución y del socialismo. De hecho, el comunismo representa la posibilidad de una articulación general desde lo local sin ningún tipo de mediación; la extinción del Estado que, a la larga, no es más que la realización final de la revolución.

La imposibilidad temporal o lentitud de articulación nacional, general y rápida entre todos los centros de trabajo obrero y las comunidades rurales, está presente en todas las revoluciones sin excepción. Es como si en los momentos iniciales de la revolución, la capacidad de autoorganización directa de los trabajadores solo alcanzara a los centros de trabajo y a las comunidades por separado, aisladas e incluso confrontadas entre ellas, develando así los límites de la experiencia social y el peso del pasado localista en la acción revolucionaria de los trabajadores.

Al parecer aún no existen las condiciones materiales para una autounificación política directa –sin mediación– de los trabajadores, capaz de habilitar una planificación general y directa entre ellos. Entonces, ante el riesgo de que su propia obra revolucionaria los devore o los lleve a una confrontación encadenada de egoísmos y localismos autodestructivos, cerrando las puertas de una entrada victoriosa, militar y moral, la constitución de una organización que asuma la gestión de lo general, que unifique las acciones locales hacia un camino, que impulse a que las fábricas y comunidades se ayuden una a otras y que, al hacerlo, mantengan la revolución, se vuelve necesaria.

La presencia de esta organización especializada en lo universal, en la administración de lo general, es el Estado. Y, en el caso de la organización que administra los asuntos comunes y generales de las acciones de los trabajadores, es el Estado revolucionario que, al final, mediante su centralización, protege la revolución del colapso económico y de los egoísmos localistas, aunque a costa de sustituir la autounificación de los trabajadores por la administración monopólica de esta, que si bien está compuesta por los mismos trabajadores, nace de sus propias luchas y tiene la mirada puesta en defenderlos, también se constituye en un organismo especializado de concentración de decisiones.

La paradoja de toda revolución es que ella existe porque los trabajadores rompen jerarquías, mandos y asumen la gestión de su vida; mas no logran hacerlo a escala nacional, general. Y una revolución se defiende solo si puede actuar a nivel nacional, tanto en contra de la conspiración interna de las antiguas clases dominantes, como de la guerra externa de los poderes mundiales. Pero eso solo se logra mediante un organismo que comienza a monopolizar las decisiones (el Estado), en detrimento de la democracia local de la propia revolución. Este fetichismo del Estado revolucionario y, en general, de todo Estado, no se supera proclamando su "supresión", el reino de la anarquía o lo que fuere. La fuerza de los hechos impone una derrota de la revolución debido a los faccionalismos internos de los trabajadores y el asedio unificado de la contrarrevolución, o la constitución de un Estado revolucionario que vaya monopolizando las decisiones en detrimento del disperso y debilitante democratismo local.

Si la defensa de la revolución debilita en exceso la democracia local, su energía íntima se pierde por la asfixia centralizadora; y si debilita la centralización nacional, el asedio centralizado de la contrarrevolución la ahoga. Por tanto, la administración de esta lógica paradojal se debe dar reforzando, según la correlación de fuerzas, uno de los polos frente a otro, sin anularlo, pues esa es la única manera de mantener vivo el curso de la revolución frente al asedio contrarrevolucionario, pero también frente a la fragmentación autocentrada del pluralismo local. Mientras no se modifiquen las condiciones materiales de la producción del vínculo político entre las personas, en tanto partícipes de una comunidad real que asuman directamente la gestión de los asuntos comunes de toda la sociedad, la mediación estatal será necesaria. Sin embargo, la constitución de esa comunidad real general, en sustitución de la "comunidad ilusoria"[37] estatal, depende de la construcción de una comunidad real de productores libremente asociados que gestionen a escala social universal sus medios de vida materiales, es decir, depende de la superación de la ley del valor que unifica a los productores no de manera directa, sino abstracta, por medio del trabajo humano abstracto. Al final, la necesidad temporal de un Estado revolucionario está anclada en la persistencia de la lógica del valor de cambio en la vida económica de las personas. Y la existencia de un Estado revolucionario, que en sí mismo es una antinomia, es a la vez el camino necesario y obligado para dar curso a la revolución, hasta el momento en que la contradicción se disuelva en una nueva sociedad.

6. *Forma dinero y forma Estado*

La *forma dinero* tiene la misma lógica constitutiva que la *forma Estado*, e históricamente ambas corren paralelas alimentándose mutuamente. Tanto el dinero como el Estado recrean ámbitos de universalidad o

---

37. "(...) por virtud de esta contradicción entre el interés particular y el interés común, cobra este último, en cuanto *Estado* una forma propia e independiente, separada de los reales intereses particulares y colectivos y, al mismo tiempo, una forma de comunidad ilusoria, pero siempre sobre la base real de los vínculos existentes, dentro de cada conglomerado familiar y tribal, tales como la carne y la sangre, la lengua, la división del trabajo en mayor escala y otros intereses y, sobre todo, como más tarde habremos de desarrollar, a base de los intereses de las clases (...)" (Marx y Engels, 1974: 31).

espacios de socialidad humanas. En el caso del dinero, este permite el intercambio de productos a escala universal y, con ello, facilita la realización del valor de uso de los productos concretos del trabajo humano, que se plasma en el consumo (satisfacción de necesidades) de otros seres humanos. Sin duda esta es una función de socialidad, de comunidad. No obstante, se cumple a partir de una abstracción de la acción concreta de los productores, validando y consagrando la separación entre ellos, que concurren a sus actividades como productores privados. La función del dinero emerge de esta fragmentación material entre los productores/ poseedores, la reafirma, se sobrepone a ellos y, a la larga, los domina en su propia atomización/separación como productores/poseedores privados; aunque únicamente logra hacer todo ello y reproducir este fetichismo, porque simultáneamente recrea socialidad y sedimenta comunidad, aun cuando se trata de una socialidad abstracta, de una "comunidad ilusoria" fallida, que funciona en la acción material y mental de cada miembro de la sociedad. De la misma forma, el Estado cohesiona a los miembros de una sociedad, reafirma una pertenencia y unos recursos comunes a todos ellos, pero lo hace a partir de una monopolización (privatización) del uso, gestión y usufructo de esos bienes comunes.

En el caso del dinero, este proceso acontece porque los productores no son partícipes de una producción directamente social que les permitiría acceder a los productos del trabajo social sin su mediación, sino como simpe satisfacción de las necesidades humanas. En el caso del Estado, se da porque los ciudadanos no son miembros de una comunidad real de productores que producen sus medios de existencia y de convivencia de manera asociada, vinculándose entre sí de manera directa, sino a través del Estado. Por ello, es posible afirmar que la lógica de las formas del valor y del fetichismo de la mercancía, descrita magistralmente por Marx en el primer tomo de *El Capital*[38] es, indudablemente, la profunda lógica que también da lugar a la *forma Estado* y a su fetichización[39].

---

38. Véase el "Cap. I: La mercancía" en Marx (1987a: 43-102, V. 1).

39. Es posible afirmar, de manera categórica, que el núcleo de la teoría marxista sobre el Estado y el poder es la teoría de las formas del valor tratada en el capítulo primero de *El Capital*.

En síntesis, la protección de la revolución frente al asedio de las clases pudientes necesita del Estado revolucionario para asumir, temporal y solo temporalmente, esta articulación nacional, esta unificación general y esta mirada de conjunto del movimiento entre los distintos sectores sociales; para garantizar el funcionamiento de las fuentes de trabajo, la circulación de bienes materiales y, con ello, la protección y defensa de la revolución en contra de sus detractores, pero, fundamentalmente, del pasado que se agolpa en la cabeza de los revolucionarios que "recuerdan" que antes vivían mejor. Lo que los bolcheviques hicieron al asumir el control de los soviets después de octubre de 1917, al comenzar a fusionarlos con el Estado, al desplazar "el centro del poder industrial de los comités de fábrica y los sindicatos al aparato administrativo del Estado" (Figes, 1990: 685), fue precisamente eso. La frenética preocupación posterior de Lenin, en su debate contra Stalin y Trotsky, acerca de los límites de la centralización estatal en detrimento de la democracia local, en el caso de las nacionalidades[40], de la federación o de los sindicatos[41] en las empresas, definirá el futuro de la Revolución Soviética y lo que habrá de entenderse por socialismo a raíz de la experiencia práctica de las clases laboriosas.

Al final, pareciera ser una regla universal que los procesos revolucionarios son excepcionalidades presentes en la historia larga de todas las naciones modernas. Y ello obliga a un trabajo paciente e imaginativo de "guerra de posiciones" ideológico-cultural a fin de abrir fisuras en el armazón de la sociedad civil y del Estado, que puedan contribuir a la emergencia excepcional de una época revolucionaria. También es una regla universal que el liderazgo ideológico-político se constituya en la victoria inicial y fundamental a ser alcanzada en el proceso revolucionario antes de la "toma del poder", característica que justamente le brinda la cualidad de ser una construcción del poder político de abajo hacia arriba. Ahí está Gramsci y el alcance de su pensamiento. Sin embargo, una vez conquistada, democráticamente, la institucionalidad del Estado, esta

---

40. "Últimas cartas y artículos de V. I. Lenin, (22 de diciembre de 1922 - 2 de marzo de 1923)" (Lenin, 1978: 471-490; T. 36). También, Pipes (2016: 554).

41. "Los sindicatos, la situación y los errores del camarada Trotsky, (30 de diciembre de 1920)" (Lenin, 1978: 288-289; T. 34).

será efímera y materialmente impotente ante la contrarrevolución despótica, si no garantiza la unicidad del nuevo poder y la derrota plena del poder conservador. Ese es Lenin y la influencia de su pensamiento. Y de ahí, nuevamente a construir, expandir, reactualizar y sedimentar las nuevas estructuras mentales de tolerancia lógica y moral de la sociedad emergente de la revolución. Pero eso, más que Gramsci, otra vez es Durkheim.

3. Revolución y Socialismo

¿Fue la Revolución Soviética una revolución socialista? ¿Qué es una revolución socialista? Y, en definitiva, ¿qué es el socialismo?

La última pregunta nos remite a un viejo debate que se remonta al inicio de las primeras corrientes socialistas del siglo XIX. El propio *Manifiesto comunista* tiene una sección dedicada a la crítica de varias de las tendencias socialistas que prevalecían en su tiempo[42], desde la feudal, clerical, pequeñoburguesa, e incluso la burguesa. Por su parte, en un prólogo posterior, Engels señala que en 1847 el socialismo designa a un movimiento burgués, en tanto que el comunismo se refiere a un "movimiento proletario"[43]. De ahí que Marx y Engels prefieran denominar a la corriente que impulsan simplemente como "comunista"[44] y a veces, como "socialismo revolucionario"[45] o "socialismo crítico"[46]. En sus textos más importantes publicados en vida, Marx se refiere exclusivamente al comunismo como una sociedad de "productores libremente asociados"[47], que supera las contradicciones e injusticias de la sociedad capitalista.

---

42. Véase el "Cap. 3: Literatura socialista y comunista" en Marx y Engels (1974/1980: 130-139).

43. "Prefacio a la segunda edición rusa de 1882" de F. Engels (Marx y Engels, 1974/1980: 101).

44. Véase "Manifiesto del Partido Comunista" (Marx y Engels, 1974/1980). Y, también, *La ideología alemana* (Marx y Engels, 1974).

45. "Las luchas de clases en Francia de 1848-1850" (Marx, 1979: 288).

46. Véase *Miseria de la filosofía…* (Marx, 1987b).

47. "La figura del proceso social de vida, esto es, del proceso material de producción, solo perderá su místico velo neblinoso cuando, producto de hombres libremente asociados, estos hayan sometido a su

La idea del socialismo como un periodo social previo al comunismo, es difundida principalmente por Engels (1980), apoyado en la diferenciación que Marx hace entre revolución social y revolución política[48] y sus reflexiones acerca de la "primera fase de la sociedad comunista, tal y como brota de la sociedad capitalista (... y) la fase superior de la sociedad comunista"[49].

La conformación del partido socialdemócrata tanto en Alemania como en el resto de los países europeos le brinda una mayor irradiación al concepto de socialismo como régimen social intermedio entre el capitalismo y el comunismo[50]. Lenin, miembro del partido socialdemócrata ruso, recoge esta herencia conceptual y la desarrolla[51]. Hoy, a modo de duelo por el derrumbe del muro de Berlín, hay quienes proponen el abandono del concepto de socialismo como un modo de superar precisamente el fracaso de una revolución que concentró los poderes en el Estado, impuso una centralización del capital y redujo la libertad de la sociedad (cfr. Negri, 2007).

Ciertamente, en la actualidad el concepto de socialismo se encuentra desacreditado, no solo por los efectos de la caída de los llamados "socialismos reales", sino también por la estafa política de los denominados partidos "socialistas" que, tanto en Europa como en algunos países de América Latina, sencillamente legitimaron y administraron con una eficiencia extraordinaria las políticas de despojo social del neoliberalismo. De ahí que últimamente el concepto de comunismo vaya

---

control planificado y consciente" (Marx, 1987a: 97; V. 1). También en su descripción de la Comuna, Marx sostiene que con ella se "pretendía abolir esa propiedad de clase que convierte el trabajo de muchos en la riqueza de unos pocos", que la "Comuna aspiraba a la expropiación de los expropiadores. Quería convertir la propiedad individual en una realidad, transformando los medios de producción, la tierra y el capital, que hoy son fundamentalmente medios de esclavización y de explotación del trabajo, en simples instrumentos de trabajo libre y asociado" (Marx, 2003b: 72).

48. Véase *Miseria de la filosofía...* (Marx, 1987b: 288).

49. *Crítica del programa de Gotha* (Marx, 1981a: 15; T. 3). Este texto también es conocido como *Glosas marginales al programa del partido obrero alemán*.

50. Véanse Kautsky (1978); Bebel (1977); Luxemburgo (1976); Korsch (1975).

51. Véase "A los pobres del campo. Explicación a los campesinos de lo que quieren los socialdemócratas, (marzo de 1903)" (Lenin, 1978: 385-459; T. 6) y "Proyecto de programa del partido obrero socialdemócrata de Rusia, (enero-febrero de 1902)" (Lenin, 1978: 43-50; T. 6).

adquiriendo una mayor notoriedad como horizonte radical alternativo al capitalismo[52].

Sin embargo, la pregunta crucial es ¿cuál es el régimen de transición nacional o regional entre el modo de producción capitalista, cuya medida geopolítica es planetaria, y otro modo de producción, cuya medida geopolítica no puede ser también más que planetaria?

Es sabido que el capitalismo engendra infinitas desigualdades, injusticias y contradicciones, aunque ninguna de ellas lo lleva, de manera automática, a su fin; más al contrario, este ha demostrado tener una inusual capacidad para subsumir formal y realmente las condiciones de vida de las sociedades[53] a su lógica, convirtiendo sus contradicciones y límites temporales en el combustible de su reproducción ampliada. A pesar de ello, sin duda, las injusticias y disponibilidades colectivas no se recepcionan de manera homogénea en todos los países. Unos tienen mayor capacidad de compensación económica que otros frente a las crisis recurrentes; unas naciones tienen acumuladas mayores experiencias organizativas y capacidades culturales autónomas que otras. Por tanto, las luchas, resistencias, iniciativas sociales y revoluciones acontecen –y lo seguirán haciendo– de manera excepcional y dispersa en unos países y no en otros.

Hasta el día de hoy, la historia real verificada –no la que sale de los deseos bienintencionados de algún reformador ideal del mundo– muestra que esas contradicciones, injusticias y frustraciones se condensan en un momento dado, en un territorio dado, estallando de manera sorpresiva y excepcional en el "eslabón más débil" de la cadena del capitalismo mundial, dando lugar a un hecho revolucionario. Por lo general, este eslabón se rompe en un país o, a veces, en un conjunto de países, más nunca de manera planetaria; y frecuentemente, en las "extremidades del cuerpo burgués"[54] que son los lugares donde, de manera más lenta, el

---

52. Véanse Badiou (2010); Tariq (2012); Dean (2013); Bosteels (2014).

53. Sobre la importancia del concepto de subsunción en la comprensión crítica del capitalismo, véase el "Cap. XIII: Maquinaria y gran industria" (Marx, 2003: 451-613); *El Capital; Libro I, Cap. VI (Inédito)* (Marx, K., 1981b); "Economic Manuscripts of 1861-63" (Marx y Engels, 2010: V. 30-34).

54. "Por tanto, aún cuando las crisis engendran revoluciones primero en el continente, la causa de estas se halla siempre en Inglaterra. Es natural que en las extremidades del cuerpo burgués se produzcan

cuerpo planetario del capital puede reaccionar y compensar los desbalances y las contradicciones generadas continuamente por su lógica de acumulación.

Las formas de estas rupturas históricas del orden mundial son muy diversas y nunca se repiten. Pueden surgir debido a motivos económicos, como el hambre, el desempleo, la contracción de capacidad de gasto de la población, el bloqueo en los procesos de reenclasamiento social; o por motivos políticos, como una crisis estatal, una guerra, una represión que quiebra la tolerancia moral de los gobernados, una injusticia, etcétera.

Ciertamente, cualquiera que sea el proceso revolucionario, si a la larga este no se irradia a otros países y continentes, termina agotando su ímpetu de masas, termina siendo cercado internacionalmente, soportando enormes sacrificios económicos por parte de su población, y finalmente perece de manera inevitable. Obligada a defenderse a toda costa –como lo había prevenido Rosa Luxemburgo (2007: 65-96)–, la Revolución Rusa lo hace pagando el precio de centralizar cada vez más las decisiones y sacrificar el libre flujo de la creatividad revolucionaria del pueblo. Así, la energía revolucionaria queda nuevamente subsumida de manera real a la lógica de la acumulación ampliada del capital. Mas si no se hace nada; si no se entregan todas las energías sociales, todas las capacidades humanas y toda la creatividad comunitaria para alcanzar, consolidar y expandir la revolución, la acumulación del capital se consagra rápidamente arrastrando tras de sí el sufrimiento de millones de personas y no solo eso, sino que –lo peor– lo hace bajo la mirada contemplativa y cómplice de los desertores sociales que continuarán engolosinados con sus ociosas especulaciones acerca de una "verdadera revolución mundial", cuya eficacia irradiadora apenas alcanzará para remover la tasa de café que tienen en frente.

---

estallidos violentos, antes que en el corazón, pues aquí la posibilidad de compensación es mayor que allí. De otra parte, el grado en que las revoluciones continentales repercuten sobre Inglaterra es, al mismo tiempo, el termómetro por el que se mide hasta qué punto estas revoluciones ponen realmente en peligro el régimen de vida burgués o hasta qué punto afectan solamente a sus formaciones políticas" (Marx, 1974/1979: 295).

Uno desearía hacer muchas cosas en la vida, pero la vida nos habilita simplemente a hacer algunas. Uno desearía que la revolución fuera lo más diáfana, pura, heroica, planetaria y exitosa posible –y está muy bien trabajar por ello–, pero la historia real nos presenta revoluciones más complicadas, enrevesadas y riesgosas. Uno no puede adecuar la realidad a las ilusiones, sino todo lo contrario; debe adecuar las ilusiones y las esperanzas a la realidad, a fin de acercarla lo más posible a ellas, abollando y enriqueciendo esas ilusiones a partir de lo que la vida real nos brinda y enseña.

Por tanto, a este periodo histórico de inevitables y esporádicos estallidos sociales revolucionarios, capaces de plantearse, de una u otra manera, la superación de alguna o de todas las injusticias engendradas por el capitalismo; a estos momentos históricos que despiertan en la acción de la sociedad trabajadora, formas de participación política llamadas a absorber las funciones monopólicas del Estado en el seno de la sociedad civil; que producen iniciativas capaces de suprimir la lógica del valor de cambio como modo de acceso a las riquezas materiales; a todo ello hay que asignarle un nombre, uno que no es propiamente el comunismo, ya que hablamos de islas o de archipiélagos sociales que dan paso a un nuevo orden económico social planetario, como objetivamente tendrá que ser el comunismo. Se trata de luchas fragmentadas, de revoluciones nacionales o regionales en curso, que buscan apuntalarlo, pero que aún no son el comunismo. Es la fluidez social que "brota de la propia sociedad capitalista", que contiene dentro de sí al propio capitalismo, pero también a las luchas económicas y políticas que lo niegan de manera práctica, a escala local, nacional o regional. A esta "primera fase" –según Marx– que no es capitalismo ni comunismo en pleno, sino la lucha abierta y descarnada entre capitalismo y comunismo, se le puede dar un nombre provisorio, aunque necesariamente distinguible: socialismo, socialismo comunitario, etcétera.

No obstante, ¿cómo distinguir las revoluciones, los levantamientos y las revueltas que impugnan el capitalismo de aquellas que buscan reformarlo? La frontera entre unas y otras es en realidad inexistente. La Revolución Soviética demostró que la lucha contra el capitalismo se inició como una lucha por reformas. Las consignas movilizadoras de "paz, pan, libertad, tierra"[55] no hablaban de comunismo ni de socialismo. En mayo de 1917, cuando Brusilov, el comandante en jefe del Ejército ruso visitó la División de soldados que habían expulsado a los oficiales, les preguntó qué querían: "'Tierra y libertad', gritaron todos. '¿Y qué más?' La respuesta fue simple: '¡¡¡Nada Más!!!'" (Figes, 1990: 466). Incluso la consigna de "todo el poder a los soviets" fue una consigna democrática. Lo que pasa es que la población nunca pelea ni se moviliza por abstracciones. Desde hace siglos atrás hasta el día de hoy, la población se reúne, debate, entrega su tiempo, esfuerzo y compromiso, se moviliza, lucha, etc., por cosas prácticas que le afectan, que requiere o que le indignan: el pan, el trabajo, las necesidades básicas, el abuso, la represión, el reconocimiento, la participación, etc.; todas ellas necesidades de carácter democrático. Pero es justamente en la conquista de estas necesidades o modo de acción colectiva, que la propia población no solo se decanta en sujetos movilizados: proletarios, campesinos, plebeyos, multitud, pueblo, etc.; sino que además construye, sobre la marcha, los medios para hacerlo: asambleas, consejos, soviets, comunas. Y, a partir de esa experiencia, se va proponiendo, en una cadena de condicionantes gradualmente más radicales, nuevas medidas que modifican la naturaleza social del levantamiento popular hasta plantearse temas como el poder de Estado, la propiedad de la riqueza, los modos de gestionar esas riquezas. Esta potencialidad creativa de la acción colectiva es la que se encuentra simbolizada en la frase: "toda huelga oculta la hidra de la revolución"[56]. Pero eso no significa que de cada huelga se pueda pasar inmediatamente a la revolución –el mismo Lenin nos previene contra esa fraseología[57]–, sino que, bajo ciertas circunstancias de condensación excepcional de contradicciones, los grandes objetivos y las grandes luchas de clases surgen de pequeñas y relativamente simples demandas colectivas.

A mediados de junio de 1917 –comenta Figes–, solo en Petrogrado más de medio millón de trabajadores se declararon en huelga:

---

55. "Cartas desde lejos. Primera carta, (7 de marzo de 1917)" (Lenin, 1978: 340; T. 24).

56. "Séptimo Congreso extraordinario del PC (b) R, (6-8 marzo de 1918)" (Lenin, 1978: 301; T. 28).

57. (Ibid.).

La mayoría de las demandas de los huelguistas eran económicas. Querían salarios más altos para resistir la inflación y suministro de alimentos más fiables. Querían mejores condiciones de trabajo (...). No obstante, en el contexto de 1917, cuando toda la estructura del Estado y el capitalismo estaba siendo redefinida, las demandas económicas eran inevitablemente politizadas. El círculo vicioso de huelga e inflación, de salarios más altos persiguiendo precios más altos, llevó a muchos trabajadores a exigir que el Estado controlara más el mercado. La lucha de los trabajadores para conseguir controlar su propio ambiente laboral, sobre todo para evitar que sus patronos hundieran la producción para mantener sus beneficios, los llevó a exigir cada vez más que el Estado se encargara de la dirección de las fábricas (Figes, 1990: 415-416).

Los viejos conceptos leninistas de: contenido de clase ("fuerzas sociales" de la revolución"), organización de clase ("condición subjetiva") y objetivos de clase ("contenido económico-social" o "condición objetiva")[58], describirán la naturaleza social de la Revolución Soviética que, por cierto, no está definida de antemano y se va haciendo y rehaciendo en el mismo transcurso de la acción. Eso quiere decir que ninguna revolución tiene un contenido predeterminado, sino que ese contenido emerge, se devela y se transforma con el propio despliegue en acto de las fuerzas sociales antagonizadas, pues su naturaleza no solo depende de los sujetos populares constituidos, sino de las acciones de las propias clases dominantes cuestionadas[59]. Todo el debate entre bolcheviques y mencheviques acerca del carácter de la revolución de 1905; las complicadas construcciones teóricas sobre la "revolución burguesa" dirigida por el proletariado; la "dictadura revolucionaria democrática del proletariado y del campesinado" que no completa la revolución democrática en

---

58. "Dos tácticas de la socialdemocracia en la revolución democrática, (junio-julio de 1905)" (Lenin, 1978: 18, 24, 50 y ss.).

59. "La coincidencia de esta incapacidad de 'los de arriba' de administrar el Estado al viejo estilo, y de esta acrecentada renuencia de 'los de abajo' a transigir con tal administración del Estado constituye precisamente lo que se denomina (admitamos que no con toda exactitud) una crisis política en escala nacional" En "El receso de la Duma y los desconcertados liberales, (5 de julio de 1913)" (Lenin, 1978: 508; T. 19).

el agro[60]; la "revolución proletaria" que entrega el poder a la burguesía[61]; la primera etapa de la revolución proletaria[62]; la revolución proletaria que da "pasos hacia el socialismo"[63] o la imposibilidad de conquistar la República y la democracia "sin marchar hacia el socialismo"[64]; hablan de la complejidad de la Revolución de Octubre y de todas las revoluciones que, en realidad, son relaciones sociales en estado ígneo y fluido, por lo que es imposible establecer el momento en que un contenido de clase se consolida de manera sólida. La revolución como licuefacción de relaciones sociales, entremezcla, sobrepone, enfrenta, articula y suma de manera simultánea a clases sociales, objetivas y estructuradas, y solo la voluntad organizada de uno de los bloques sociales puede sobreponer determinados intereses colectivos sobre otros, destacando unos contenidos sociales de la revolución sobre otros. Al final, fruto de la cualidad de las estructuras de movilización (los soviets), de las frustraciones que producen las decisiones del gobierno provisional frente a las masas trabajadoras, y de todo el trabajo por modificar la mentalidad dominante, la relación entre revolución democrática y revolución socialista consiste en que,

> (...) la primera se transforma en la segunda. La segunda resuelve al pasar los problemas de la primera, la segunda consolida la obra de la primera. La lucha, y solo la lucha, determina hasta qué punto la segunda logra rebasar a la primera[65].

En medio de este "caos creador", uno no puede actuar a ciegas o por capricho teórico conceptual para definir la cualidad de la revolución en marcha. Existen referentes universales que van develando la naturaleza

---

60. "Cartas sobre táctica, (8-13 de abril de 1917)" (Lenin, 1978: 459; T. 24).

61. "La revolución en Rusia y las tareas de los obreros de todos los países, (marzo de 1917)" (Lenin, 1978: 390-394; T. 24).

62. "Las tareas del proletariado en la actual revolución, (7 de abril de 1917)" (Lenin, 1978: 437; T. 24).

63. "La revolución proletaria y el renegado Kautsky, (noviembre de 1918)" (Lenin, 1978: 150; T. 30).

64. "La catástrofe que nos amenaza y cómo luchar contra ella, (10-14 de septiembre de 1917)" (Lenin, 1978: 442; T. 26).

65. "Ante el IV aniversario de la Revolución de Octubre, (octubre de 1921)" (Lenin, 1978: 488; T. 35).

social del proceso revolucionario en curso. Modo de constitución de sujetos políticos, modo de organización de la acción colectiva y modo de proyección de la comunidad actuante, establecen, en el primer caso, el contenido de clase o la manera de fusión de las clases plebeyas como sujetos políticos actuantes; en el segundo caso, la manera de participar y democratizar decisiones para la acción colectiva; y, en el tercer caso, las metas y objetivos que la plebe en acción se va planteando, a partir de su propia experiencia de lucha, para lograr lo que considera un derecho, una necesidad o un desagravio moral. A partir de ello, existen posibilidades de rebelión en contra el capitalismo si los sujetos constituidos como bloque movilizado son los trabajadores, los productores de riqueza material e inmaterial, los pobres, las comunidades campesinas y, en general, la plebe subsumida por la acumulación ampliada del capital. En la medida en que el "trabajo vivo", en sus infinitas modalidades, es el que se constituye en sujeto político, existe un potencial anticapitalista en marcha.

Igualmente, existen posibilidades de una revolución social en marcha si los modos organizativos de la plebe en acción superan la cáscara fosilizada de la democracia representativa e inventan nuevas y más extendidas maneras de participación plena de las personas en la toma de decisiones sobre los asuntos comunes. Existen tendencias socialistas si la revolución genera mecanismos que incrementan por oleadas y exponencialmente la participación de la sociedad en el debate, en las decisiones que le afectan; y, más aún, si estas decisiones que toman, las toman pensando en el beneficio colectivo, universal de toda la sociedad y no solamente en el rédito individual o corporativo. Finalmente, existe un anticapitalismo en acción si las decisiones tomadas en el ámbito de la base material de la sociedad y de la economía, buscan abrir resquicios a la lógica del "valor de cambio" como orden planetario e introducen, con medidas prácticas –una y otra vez, avanzando, fracasando y volviendo a avanzar– al "valor de uso" como modo de relacionamiento de las personas con las cosas (las riquezas) y de las personas con las personas a través de las cosas.

Clase, grupo en fusión (cfr. Sartre, 2004) y valor de uso constituyen, por tanto, los clivajes estructurales que abren las oportunidades históricas de una nueva sociedad.

El socialismo no es la estatización de los medios de producción

En este dramático aprendizaje del socialismo, no como modo de producción ni como régimen, sino como un contradictorio y condensado campo de luchas en el que el Estado revolucionario juega un papel rector, más no decisivo en todo el movimiento, la Revolución Soviética es excepcional.

Tras la insurrección de octubre, lo primero que hacen los bolcheviques al momento de tomar el poder de Estado es nacionalizar las tierras de los grandes terratenientes, disolver las grandes haciendas para distribuirlas en pequeñas parcelas campesinas (Pipes, 2016: 778-784), nacionalizar algunas industrias, establecer el monopolio estatal del cereal y nacionalizar los bancos (Bofa, 1976: 258). Es el cumplimiento de las medidas que habían sido anunciadas por los bolcheviques y debatidas en los soviets. Con ello, se democratiza el acceso a los medios de producción en el campo, en tanto que en el ámbito de la industria y la banca se centraliza estatalmente la propiedad y la gestión. Lenin estaba consciente de que, si bien la estatización no representaba directamente la socialización de la producción que, en todo caso, requería de una articulación social con las otras empresas del país y el control directo de esta forma de articulación[66] por parte de los trabajadores, sí constituía un medio de expropiación de parte del poder económico de la burguesía y de su concentración en la administración del Estado.

En 1918, en medio del acoso por la guerra civil, del asedio de los ejércitos extranjeros, del sabotaje económico de la burguesía, pero también con la convicción que de esta manera se profundizaban las medidas socialistas (cfr. Bukharin, 1967), se asume lo que fue denominado como el "comunismo de guerra". Según Trotsky,

---

66. "Infantilismo de izquierda y la mentalidad pequeñoburguesa" (mayo de 1918)" (Lenin, 1978: 87 y ss.; T. 29).

> [... el comunismo de guerra] en su concepto original perseguía fines más amplios. El gobierno soviético confiaba se esforzaba por transformar directamente estos métodos de reglamentación en un sistema de economía planificada de distribución y de producción. Dicho de otro modo, a partir del [comunismo de guerra], confiaba cada vez más, aunque sin echar abajo el sistema, en implantar un comunismo verdadero (Trotsky; citado en Pipes, 2016: 727-728).

Para garantizar la alimentación en las ciudades bajo un sistema de control estatal, todos los excedentes agropecuarios que quedaban una vez descontado lo indispensable para la familia campesina, son requisados para su distribución planificada. Y al requisarse los excedentes, no queda nada para comercializar, con lo que simultáneamente se suprime el comercio agrícola; los mercados rurales son prohibidos; se suprime el dinero como modo de intercambio y se implanta el trueque regulado por el Estado (Pipes, 2016: 729). Previniendo la resistencia campesina a esta expropiación y, con la perspectiva de impulsar el trabajo asociado, se promueve, desde el Estado, la creación de granjas colectivas en tierras asignadas por este. En el ámbito industrial-urbano, se militarizan los sindicatos a fin de garantizar una férrea disciplina laboral obrera frente al asedio externo; paralelamente se suprime la compra y venta de productos entre empresas del Estado; y el intercambio de insumos es definido por la administración de gobierno. Al mismo tiempo, se impulsa la toma de pequeñas empresas por parte de los obreros en los distintos municipios y se define el salario de manera plana para todas las personas (cfr. Serge, 1967). Y en lo que será un ataque directo a la propiedad privada, se ilegaliza la herencia de bienes (Pipes, 2016: 728). En los hechos, de la expropiación de la propiedad de las tierras y las empresas por parte del Estado se transita hacia intentos por suprimir parcialmente el mercado e incluso el dinero como medio de intercambio entre productores y empresas. Hablamos de una medida impuesta desde el Estado, que aparece no solo como el gran propietario sino como el medio de intercambio y de circulación de los productos. Analicemos esto más de cerca a fin de develar la fuerza y el límite de una medida tan audaz.

Claramente, esta decisión representa un esfuerzo por sustituir la ley del valor y el tiempo de trabajo abstracto (valor de cambio) como medida y medio del acceso a otros productos del trabajo considerados útiles para otras personas (valor de uso); sin embargo, no constituye una superación económica del valor de cambio –tal como Marx la imaginó[67]–, sino una coacción extraeconómica que es utilizada para buscar anularlo. Tampoco se trata del Estado actuando como sujeto de decisiones generales y universales, sino de algunos funcionarios públicos definiendo, a cada momento y de manera personal, el modo de supresión de la lógica del valor de cambio por una manera subjetiva de entender el "valor de uso". Claro, al momento de "medir" lo que una empresa "X" debía entregar a otra empresa "Y" por el acceso a sus respectivos productos, el cálculo y criterio subjetivo del funcionario estatal determina la magnitud del valor de uso intercambiado. Por tanto, esta preponderancia del valor de uso sobre el valor de cambio no funciona como una regla universal aplicada bajo criterios universales, sino como una norma universal aplicada bajo criterios personales. Es decir, el valor de uso es aquí básicamente una voluntad subjetiva y no una relación social general. Entonces, el valor de uso se sobrepone al valor de cambio en el cálculo de medida de la riqueza intercambiable, como resultado de una decisión, de un poder personalizado, esto es, como un modo de privatización no de la propiedad sino de la gestión del modo de intercambio de riquezas.

---

67. "Pero a medida que se desarrolla la gran industria, la creación de la riqueza real depende menos del tiempo de trabajo y de la cantidad de trabajo invertido que de la potencia de los agentes puestos en movimiento durante el tiempo de trabajo y cuya poderosa efectividad no guarda a su vez relación alguna con el tiempo de trabajo directo que ha costado su producción, sino que depende más bien del estado general y del progreso de la tecnología o de la aplicación de esta ciencia a la producción (...). En esta transformación, lo que aparece como el gran pilar fundamental de la producción y de la riqueza no es ya el trabajo directo que el hombre mismo ejecuta, ni el tiempo durante el cual trabaja, sino la apropiación de su fuerza productiva general, su capacidad para comprender la naturaleza y dominarla mediante su existencia como cuerpo social; en una palabra, el individuo social. *El robo de tiempo de trabajo ajeno, en el que descansa la riqueza actual* se revela como un fundamento miserable, al lado de este otro, creado y desarrollado por la gran industria. Tan pronto como el trabajo en forma directa deje de ser la gran fuente de riqueza, el tiempo de trabajo dejará y tendrá que dejar necesariamente su medida y, con ello, el valor de cambio (la medida) del valor de uso. El *plustrabajo de la masa* dejará de ser condición para el desarrollo de la riqueza general, lo mismo que la ausencia de trabajo de los pocos dejará de ser condición para el desarrollo de las potencias generales de la cabeza del hombre. Con ello, se vendrá por tierra la producción basada en el valor de cambio y el proceso directo de la producción se despojará de su forma y de sus contradicciones miserables" (Marx, 1985: 114-115. T. II).

Por consiguiente, la "superación" de la ley del valor en realidad representa una coacción gradualmente privada, privatizada en las decisiones de esa "parte" de la sociedad que se encuentra en las funciones de administración estatal. Y si bien estas decisiones personales delegadas por el poder del Estado no incrementarán la riqueza personal del decisor (valor de cambio que incrementa valor de cambio de su poseedor) y se ejecutarán con el objetivo de buscar el bienestar general de la sociedad, sí aumentarán el poder político acumulado por el decisor y por ese grupo ("parte") de administradores estatales. En términos bourdianos, nos encontramos frente a una reconversión del "capital económico" hacia una forma de "capital político" acaparado por la burocracia estatal y no ante la supresión ni la superación de la ley del valor, que es el núcleo del capitalismo moderno (cfr. Bourdieu, 1999/2010). En el fondo, esto es lo que se encuentra en juego en las distintas modalidades de capitalismo de Estado, con la diferencia de que en unos casos, se busca regular estatalmente la reproducción ampliada del capital privado para reducir los costos sociales de la anarquía del mercado capitalista; mientras que en otros, como en el caso de la Rusia soviética, se trata del tránsito necesario para expropiar rápidamente el poder económico ("capital económico") a la burguesía y reconvertirlo en "capital político" e, inmediata y gradualmente, buscar democratizarlo o devaluarlo crecientemente de manera que finalmente deje de ser un "capital político" acumulable.

Todo el debate y los giros conceptuales leninistas respecto al "capitalismo de Estado" y su relación con el "socialismo"[68], se resumen en la complejidad política de esta reconversión forzosa de poder económico (capital económico) de las clases propietarias –incluida la campesina–, en poder político de los administradores del Estado (capital político) y la búsqueda de vías y, sobre todo, de alianzas necesarias para logar la extinción de ese capital acaparable y reintegrarlo a la sociedad como una más de las funciones de administración ejecutable por todos. En términos leninistas: "el socialismo no es más que el monopolio capitalista de

---

68. Véanse "Economía y política en la época de la dictadura del proletariado, (30 de octubre de 1919)" (Lenin, 1978: 84-97; T. 32); "La catástrofe que nos amenaza y cómo luchar contra ella, (10-14 de septiembre de 1917)" (Lenin, 1978: 403-448; T. 26) y "El impuesto en especie, (21 de abril de 1921)" (Lenin, 1978: 200-239; T. 35).

Estado *puesto al servicio de todo el pueblo* y que, por ello, *ha dejado* de ser monopolio capitalista"[69]. Pero esta ruta de gran expropiación y centralización de la propiedad y la contabilidad económica, que debiera dar lugar luego a su disolución en la sociedad, tiene el efecto de unir al proletariado y al Estado frente a los capitalistas, y también frente a los campesinos, que son propietarios y utilizan el mercado para realizar su excedente. Por tanto, enfrenta a "la pequeña burguesía más el capitalismo privado, que luchan tanto contra el capitalismo de Estado como contra el socialismo"[70].

A tres años de este recorrido, la Revolución Soviética genera como resultado una creciente fractura entre obreros y campesinos y un desastre económico que lleva a que la industria pesada caiga al 20% de la producción de 1913; que el 75% de las locomotoras no funcionen; que el mercado negro se imponga sobre la prohibición del comercio; y que las ciudades más grandes pierdan el 50% de sus habitantes (Werth, 2013). En menos de tres años, la inflación llega al 10.000%, el Producto Interno Bruto de 1920 alcanza apenas al 40% de su nivel en 1913; la producción industrial cae al 18% y la productividad al 23%, en tanto que la producción agrícola llega al 60% en el mismo periodo (Pipes, 2016: 754-757). Petrogrado pierde dos terceras partes de sus habitantes que prefieren ir al campo en busca de fuentes de alimentos (Figes, 1990: 666-670). Pero lo peor de todo es que, a pesar de toda la radicalización de medidas en contra del mercado, del uso del dinero y del valor de cambio como medida de la riqueza, las relaciones capitalistas en realidad no habían sido alteradas.

De ahí que Lenin, al evaluar los resultados del llamado "comunismo de guerra" (que buscaba acelerar la construcción de relaciones socialistas en la economía) admite el fracaso de ese intento y la inevitabilidad de permanecer "en el terreno de las relaciones capitalistas existentes"[71]. Adelantándose a Gramsci en la utilización de categorías de estrategia militar, "guerra de posiciones" y "guerra de movimientos", al ámbito de

---

69. "La catástrofe que nos amenaza y cómo luchar contra ella, (10-14 de septiembre de 1917)" (Lenin, 1978: 441; T. 26).

70. "Infantilismo de izquierda y la mentalidad pequeñoburguesa, (mayo de 1918)" (Lenin, 1978: 90; T. 29).

71. "VII Conferencia del partido de la provincia de Moscú, (29-31 de octubre de 1921)" (Lenin, 1978: 527-552; T. 35).

la lucha social, sostiene que se había cometido el error de querer emprender el paso inmediato a la producción y distribución comunistas:

> En la primavera de 1921 se hizo evidente que habíamos sufrido una derrota en nuestro intento de implantar los principios socialistas de producción y distribución mediante el "asalto directo" (...). La situación política (...) nos mostró que (...) era inevitable (...) pasar de la táctica del "asalto directo" al "asedio" [72].

Pero ¿qué supuso ese "asalto directo"? Las expropiaciones estatales de las grandes empresas industriales, de los excedentes de la producción agrícola; la supresión del mercado por coacción estatal; el pago salarial nivelado por decreto a todos por igual. "Suponíamos que, al introducir la producción estatal y la distribución estatal, habíamos creado un sistema económico de producción y distribución diferente al anterior"[73], pero fracasamos –sostendrá Lenin–; al final, el resultado fue el surgimiento de nuevas "relaciones capitalistas". En 1921, la autocrítica leninista será lapidaria pero exacta al momento de anular estas medidas: pese a todas las estatizaciones, la supresión del dinero y los mercados, el capitalismo se mantiene y "la verdad es que la expresión de Unión de Repúblicas Socialistas significa la voluntad de poder soviético de realizar el tránsito al socialismo, y de ningún modo que las nuevas formas económicas puedan ser consideradas socialistas"[74].

Esta reflexión leninista es decisiva a la hora de evaluar el imaginario programático de la izquierda de los últimos 100 años. Hasta 1921, para los izquierdistas –y probablemente para Lenin–, la estatización de los medios de producción era la principal medida que separaba al capitalismo del socialismo. De ahí que no existiera programa, para ningún partido político socialista o comunista, que no pusiera como máxima tarea a instaurar, la estatización de la industria, la banca, el comercio exterior, etc. Sin embargo, la argumentación de Lenin a partir de la experiencia

---

72. Ibid., p. 539.

73. Ibid., p. 534.

74. "El impuesto en especie, (21 de abril de 1921)" (Lenin, 1978: 203-204; T. 35).

de la revolución en macha es que no importa cuánta estatización se pueda hacer, ello no implica un nuevo "sistema de producción y distribución diferente"; más aún, esas estatizaciones se siguen desenvolviendo al interior de las "relaciones capitalistas existentes".

Claro, la estatización concentra y monopoliza la propiedad de fábricas, dinero y bienes materiales de las clases poseedoras. Al estatizar esos recursos, el Estado les quita la base material a las anteriores clases propietarias, que no solo pierden recursos, dinero y ahorros, sino que además pierden poder de decisión, de influencia social y probablemente poder político. Esto debilita a la antigua burguesía como clase y extingue su condición demográfica, estadística (Lewin, 2006; Caps. 20 y 21). Políticamente, es una medida que socaba el poder de las burguesías gobernantes y abre un espacio de acción de las clases insurrectas para consolidar su poder y sus iniciativas históricas. Pese a todo ello, la contabilización del tiempo de trabajo abstracto sigue regulando el intercambio de las mercancías en el mercado interno y externo, vía exportaciones e importaciones de insumos, maquinaria, etcétera.

El gerente y administrador de la fábrica puede ser desalojado y los trabajadores asumir en asamblea la toma de decisiones sobre la producción –ciertamente, un gran paso revolucionario en la conciencia proletaria porque derrumba en el imaginario de los obreros la creencia de que el dueño y gerente son los únicos que "saben" cómo realizar la actividad productiva–, pero luego hay que comercializar los productos para acceder a materia prima, pagar las deudas y garantizar el salario de los obreros que se alimentan y consumen de lo que se produce en otras fábricas y en la agricultura. Eso obliga a volver a la medida del valor de cambio, al tiempo de trabajo abstracto capitalista como medida de cambio de los productos entre las fábricas, con los proveedores y con los propios trabajadores que han tomado el poder en el centro de trabajo. Se puede expropiar los bancos para quitarles la propiedad y el poder a los banqueros, pero el dinero continuará siendo el equivalente general del tiempo de trabajo abstracto que guía los comportamientos y pensamientos de las personas en su vida diaria, en sus transacciones, en sus cálculos económicos familiares.

Si bien la intervención del poder de Estado, en base a la coerción, puede reemplazar el tiempo de trabajo abstracto, (el dinero) para el intercambio de productos de una fábrica con otra sin que pasen por el mercado; puede regular, en base a criterios de necesidades, el intercambio entre productos industriales y agrícolas; puede sustituir el salario por una asignación de insumos para el consumo familiar; con todo eso, simplemente se produce una suspensión aparente de la ley del valor, de la lógica fundante del capitalismo. Los administradores estatales, apoyados en el monopolio de la coerción, legitiman y sustituyen aquí la función del dinero, del mercado y del valor de cambio. Sin embargo, se trata de una suspensión y supresión aparente de la ley del valor y del mercado. Aparente, porque en su lugar no se tiene una nueva relación económica que la sustituya, sino una coacción extraeconómica que la impide. Además, al tratarse de una relación política que sustituye a la relación económica, su límite radica en que solo se ejecuta al interior del país que la asume y no en su relación con el resto de los países que siguen regulando sus intercambios y su producción en base a la ley del valor de cambio. E incluso al interior del país en cuestión, la relación política solo es efectiva allá donde llega el poder político, vía funcionarios, y donde ellos no hayan sido expulsados y asesinados por los campesinos sublevados[75].

Mas, como la burocracia estatal no puede estar presente en cada uno de los poros de la sociedad o en cada actividad social, la lógica económica de las cosas, tatuada en el cerebro de las personas, en sus hábitos y cálculos económicos personales y familiares, brota por todos lados, convirtiendo los microespacios públicos y legales en los que el Estado impone su criterio, en simples archipiélagos asediados por un mar de relaciones económicas reales clandestinas. Así, surge el mercado negro (Figes, 1990) en las comunidades rurales y los barrios, no solo para la venta de productos agrícolas, sino también de insumos industriales para los pobladores (Carr, 1987: 23); emergen los privilegios de acceso a mayores bienes de consumo para las personas cercanas a las estructuras estatales[76]: según Pipes, de las 21 millones de cartillas de racionamiento

---

75. Véase "*Kulaks*, hombres de saco y encendedores de cigarrillo" (Figes, 1990).
76. Véase "Camaradas y comisarios" (Figes, 1990).

de las ciudades, solo 12 correspondían a la población realmente existente (Pipes, 2016: 759), mientras que el resto (9 millones) quedaba en manos de la burocracia, además de que gran parte de los productos comercializados en el mercado negro, eran los que el Estado entregaba gratuitamente a las personas (ibid.). Retorna el trueque como medida informal, generalizada y clandestina de la ley del valor de cambio; surge la doble contabilidad industrial, una para conocimiento de la administración del Estado, otra para establecer la sostenibilidad real de las empresas. Y si a ello le sumamos el hecho de que todos los intercambios de productos con otros países (materias primas, tecnología, maquinarias, repuestos, productos elaborados, ropa, alimentos, etc.), cada vez más intensos por la propia mundialización de la producción, el conocimiento y la tecnología, se tienen que hacer con dinero, bajo las reglas del mercado y el imperio de la ley del valor de cambio, una fuerza económica extra nacional entra en acción para presionar cada segundo sobre las actividades de las familias y empresas puestas bajo control revolucionario. Surge el tráfico de productos de las economías familiares y de las propias industrias estatales, más una especie de esquizofrenia social: la lógica del valor de uso en las actividades reguladas y controladas por el Estado; la lógica del valor de cambio en las actividades subterráneas y cotidianas, de intercambios internos y externos. Lenin se refiere a esto cuando habla del fracaso de la implementación del comunismo de guerra:

> Suponíamos que, al introducir la producción estatal y la distribución estatal, habíamos creado un sistema económico de producción y distribución diferente del anterior (...). Dijimos esto en marzo y abril de 1918, pero no nos preguntamos sobre los vínculos de nuestra economía con el mercado y el comercio[77].

En síntesis, por la fuerza histórica de su existencia previa y de su existencia externa mundial en medio de la cual se desarrollan intercambios obligatorios y necesarios, la lógica económica automática del

---

77. "VII Conferencia del partido de la provincia de Moscú, (29-31 de octubre de 1921)" (Lenin, 1978: 534; T. 35).

trabajo abstracto se impone sobre la coerción política. Y, a la larga, la suspensión del capitalismo se devela como aparente al no contarse con una nueva relación económica que lo sustituya, sino simplemente con una voluntad política impuesta, tanto más débil cuanta más coacción requiera; tanto más inútil cuanta más vigilancia burocrática necesite[78]; tanto más injusta cuantos más privilegios de una pequeña elite política admita. Si a ello le sumamos el hecho de que las condiciones de vida primordiales que se regulan estatalmente son inferiores a las establecidas por el viejo régimen, toda la fuerza del pasado se abalanza sobre la memoria de los ciudadanos en busca de reconstruir las viejas lógicas económicas del mercado, el salario y la acumulación en los hábitos cotidianos. Ciertamente, el socialismo jamás podrá ser la socialización o la democratización de la pobreza, porque fundamentalmente es la creciente socialización de la riqueza material.

Internamente vista, la coerción estatal extraeconómica tampoco implanta un sistema universalizable. Los intercambios entre empresas que sustituyen al mercado dependen de las apreciaciones personales de los funcionarios que definen, en base a criterios subjetivos, lo que debe recibir una empresa a cambio de la entrega de determinado producto. Igualmente, las requisas a los excedentes agrícolas se imponen suponiendo condiciones de consumo promedio; en tanto que la sustitución del salario por una asignación de bienes de consumo familiar promedio presupone un nivel de condiciones de vida que nada tiene que ver ni con el desempeño laboral (trabajo manual, trabajo intelectual, trabajo intensivo, condiciones insalubres, etc.) ni con un nivel de necesidades socialmente acordado. Al asumir la responsabilidad de decidir la cantidad "necesaria" de los intercambios a fin de sustituir el dinero y el valor de cambio, el Estado no solo se ve arrastrado a cometer un sinnúmero de abusos y extorciones, e incluso a confiscar las propias condiciones mínimas de subsistencia de obreros y campesinos (Figes, 1990: 670-750), sino que, además, hace recaer en un grupo de personas, en una "parte" de la sociedad (los administradores del Estado), lo que le corresponde

---

78. Hubo extremos en los que la obsesión para controlar burocráticamente la gestión económica lleva a que, en una sobreposición de vigilancias para vigilar a los que vigilan, más de 50 funcionarios controlen el desempeño de 150 obreros (Pipes, 2016: 752).

a toda ella; con lo que esa "parte" decisional deviene en un cuerpo privado sobrepuesto al cuerpo general. Así, la sustitución del dinero y del mercado que, supuestamente debería suprimir el poder de unos pocos (los poseedores de capital económico) por el poder de toda la sociedad, únicamente reinscribe el poder de otros pocos (los poseedores de capital político) por sobre toda la sociedad. Con ello –y de mantenerse esa división de funciones por mucho tiempo–, la lógica política del capitalismo simplemente se vuelve a reinstalar, pero ya no en términos de propiedad sobre los medios de producción y poder económico concentrado, sino de administración monopólica de los medios de producción y poder político concentrado. En términos marxistas, cuando el Estado actúa como "terrateniente soberano" –también podríamos decir como "empresario soberano"–, la expropiación del "trabajo excedente" por vías extraeconómicas implica algún tipo de servidumbre y de "pérdida de la libertad personal" (Marx, 2003: 1.006; T. III). Todo el debate sobre la "militarización del trabajo" y "el trabajo obligatorio", en los hechos, reedita, bajo ropaje *marxistoide*, esta tendencia al renacimiento de relaciones serviles (Pipes, 2016: 765-768).

A contracorriente de lo que la izquierda mundial creyó durante todo el siglo XX, la estatización de los grandes medios de producción, de la banca y del comercio, no instaura un nuevo modo de producción ni instituye una nueva lógica económica –mucho menos el socialismo–, porque no es la socialización de la producción. Esto requiere otro tipo de relaciones económicas en la producción y de relaciones sociales en el intercambio, muy distintas a la sola intromisión o presencia estatal. En otras palabras, uno de los fetiches de la izquierda fallida del siglo XX: "la propiedad del Estado es sinónimo de socialismo", es un error y una impostura. Incluso hoy se tiene un izquierdismo deslactosado que, desde la cómoda cafetería en la que planifica terribles revoluciones al interior de la espuma del capuchino, le reclama a los gobiernos progresistas más estatizaciones para instaurar el socialismo inmediatamente.

En los hechos, la Revolución Soviética demostró que esa postura radical es solo una ilusión. Las estatizaciones derrumban el poder de la burguesía, sí, pero en el marco del dominio de las relaciones capitalistas de producción. Las estatizaciones crean condiciones para una mayor capacidad política de las iniciativas de las fuerzas revolucionarias, sí, pero mantienen inalterable la lógica del valor de cambio en los intercambios y el comercio de productos del trabajo social. No importa cuántos decretos se emitan combinando las palabras estatización y socialismo. Solo una política precisa de alianzas entre las clases plebeyas para gestionar a escala nacional los asuntos comunes de toda la sociedad; solo un impulso hacia nuevas formas asociativas voluntarias de los trabajadores en los propios centros de producción y su creciente articulación con otros centros de producción; solo una constante democratización de las estructuras estatales que apoyen esos procesos comunitarios; solo una estabilidad económica que garantice las condiciones básicas de vida, pero ante todo tiempo para estos aprendizajes colectivos; solo una irradiación de la revolución a otros países; pueden crear las condiciones de una nueva sociedad. Más todavía, el socialismo es ese proceso de luchas, alianzas y aprendizajes contradictorios.

En la Rusia revolucionaria, la estatización, no como sinónimo de construcción del socialismo, sino como un medio flexible y temporal para crear las condiciones que ayuden a las iniciativas de la sociedad trabajadora, emerge de los debates y las acciones que sustituyen el fracaso del "comunismo de guerra" y la implementación de la llamada Nueva Política Económica (NEP), obligando, según Lenin, a "reconocer... un cambio radical en toda... nuestra visión del socialismo"[79].

La base material de la continuidad revolucionaria: la economía

La NEP desmonta los mecanismos de la socialización aparente que introduce el "comunismo de guerra" –que, al final, no tiene nada de comunismo–; aplaca el sobredimensionamiento que se le había otorgado al Estado revolucionario como constructor decisivo del socialismo; y restituye la economía y las relaciones económicas (empezando por el bienestar de la población) como el escenario decisivo donde, una vez

---

79. "Sobre el cooperativismo, (6 de enero de 1923)" (Lenin, 1978: 502; T. 36).

conquistado el poder político, se concentran las luchas fundamentales para la construcción del socialismo[80].

Ya en 1918 se modifica el sistema salarial diferenciando el salario de los especialistas "según escalas que corresponden a relaciones empresariales"[81]. En los hechos, la práctica demuestra que las funciones administrativas y técnicas en las fábricas e instituciones estatales requieren de un conocimiento especializado, y que aquellos que poseen esos conocimientos imprescindibles para poner en marcha la industria, no pertenecen a las clases laboriosas ni están dispuestos a trabajar por la escasa remuneración ofrecida por el Estado, de manera general para todos, especialistas y no especialistas. La parálisis de los centros productivos obliga a los bolcheviques a modificar su escala salarial única y a pagar salarios mucho más elevados a los expertos, para garantizar el funcionamiento de la producción. Con ello, queda claro que el ideal comunista de nivelación de ingresos no puede imponerse ni hacerse de manera inmediata, y mucho menos como nivelación hacia abajo.

La reintroducción de escalas diferenciadas en la remuneración salarial es la primera "abolladura" conceptual que los bolcheviques tienen que asumir para garantizar la continuidad de la producción material y, con ello, la continuidad del proceso revolucionario capaz de modificar a la larga esa producción material. Y es que, a excepción de las clases propietarias de los grandes medios de producción que deben ser expropiadas para diluir su poder económico-político, la revolución se juega su hegemonía solo si es capaz de mejorar –no de empeorar– las condiciones de vida de las clases laboriosas. La regla básica del marxismo, de que la base material influye en las otras esferas de la sociedad, no siempre es tomada en cuenta por los revolucionarios, que pueden llegar a sobredimensionar la voluntad y la acción política como motores de cambio. Si bien estos últimos son factores dinámicos que construyen identidad colectiva, conducen acciones, articulan y potencian esperanzas; emergen aleatoriamente de una base material, abren un abanico de opciones de cambio y son eficientes en la medida en que permanentemente

---

80. Véase "Conferencia del partido de la provincia de Moscú, (octubre de 1921)" (Lenin, 1978: 527-552; T. 35).
81. Ibid., p. 533.

retroalimenten cambios en esa base material. Sin base material, no existen potencialidades revolucionarias que espolear y, por tanto, devienen en impotencia discursiva.

La NEP derrumba buena parte de las ilusas concepciones preconstituidas acerca de la construcción del socialismo, ayuda a precisar lo que el socialismo es en realidad y fija con claridad las prioridades que una revolución en macha debe resolver.

Desde 1921, la confiscación de granos de las familias campesinas es sustituida por el impuesto en especie, liberando la producción excedentaria para el comercio agrícola[82]. Y las granjas colectivas (*sovjovi*) creadas durante los primeros años de la revolución, se comienzan a arrendar a personas privadas que debían pagarle una renta al Estado. Se garantiza el funcionamiento de la antigua comunidad rural (*mir*) con su distribución periódica de tierras, pero también la posibilidad, si desea el campesino, de quedarse con la tierra, arrendarla y contratar jornaleros agrícolas (Carr, 1978: 302-303). Para darle mayor estabilidad al campesino, si bien la tierra le pertenece al Estado, el derecho a usufructuarla se le garantiza por tiempo indefinido, al igual que el derecho a disponer de los excedentes de sus productos en el mercado libre (p. 310).

Complementariamente, para apoyar a la economía campesina, se toman medidas que impulsan el restablecimiento de las pequeñas industrias privadas vinculadas al abastecimiento de sus insumos (ibid., p. 310). Las industrias con no más de 20 trabajadores quedan fuera de las nacionalizaciones y se autoriza el arrendamiento de pequeñas y medianas empresas del Estado a personas privadas y cooperativas a fin de sacarlas del estancamiento en las que se hallan. En cuanto a las grandes industrias estatales, se establece que los intercambios con otras industrias ya no dependan de la burocracia estatal, sino que cada una de ellas disponga directamente de sus recursos financieros y materiales (pp. 312-313). Para 1923, según E. H. Carr (ibid.), el 85% de las industrias llegan a estar en manos privadas, pero el 84% de los obreros industriales se ubican en las grandes empresas estatales (p. 316).

---

82. "X Congreso del PC (b) R, (8-16 de marzo de 1921)" (Lenin, 1978: 9-116; T. 35).

Al suprimirse la remuneración homogénea y la obligatoriedad de cada empresa estatal de velar por su funcionamiento a partir de sus propios recursos, se restablecen los principios comerciales en la gestión de las empresas, lo que lleva a que la remuneración de los trabajadores sea considerada en los balances generales como salario (ibid., p. 317), sometida a la ley del valor de cambio.

Desde ese momento, cada industria estatal y privada comienza a depender oficialmente del mercado para la provisión de sus insumos (incluido el combustible) y la realización de sus productos, lo que les obliga a esforzarse en sus estructuras de costos y productividad a fin de garantizar su funcionamiento, ya que el acceso a créditos estatales se encuentra obligatoriamente subordinado a su cálculo de rentabilidad (ibid., pp. 318, 321). Desaparecen las subvenciones para las empresas estatales y, con ello, también el estancamiento técnico y productivo que tiende a caracterizar a este tipo de gestión estatal subvencionada cuando, en vez de una medida temporal redistributiva, es asumida como un modo de gestión económica permanente.

En 1922, a través de un decreto, se prohíbe todo tipo de reclutamiento laboral forzoso y se restablecen los procedimientos de contrato y despido como modos regulares de acceso a fuerza laboral (ibid., p. 333). Ya desde 1921 los salarios habían sido ligados a la productividad. Se fija un salario mínimo obligatorio en tanto que los sindicatos vuelven a ser las estructuras mediadoras entre el trabajador y la gerencia empresarial para establecer las condiciones de empleo (pp. 334-35). En 1922, bajo las nuevas relaciones de contratación, se despiden a cerca del 40% de los trabajadores en la industria ferroviaria, en tanto que en la industria textil, la cantidad de obreros por cada 1.000 telares pasa de ser 30 durante el "comunismo de guerra", a menos de la mitad, 14. Desde entonces, la filiación sindical es voluntaria; se suprimen los subsidios estatales a los sindicatos (p. 342), y estos últimos son retirados del control de la seguridad social que queda a cargo de una instancia estatal (p. 342).

A tiempo que se restablecen los mecanismos del comercio privado tanto en las ciudades como en el campo (ibid., pp. 345-350), las restricciones en la disposición de dinero por parte de las personas particulares son levantadas a la vez que cualquier riesgo de confiscación de los ahorros bancarios en las cooperativas y bancos municipales que empiezan a surgir, es eliminada. También se crea un banco estatal como ente regulador de la economía nacional (pp. 359 y 366) y numerosas cajas de ahorro estatales (p. 370) para el fomento del ahorro ciudadano. Complementariamente, se establecen nuevas tasas impositivas sobre la venta de productos, e incluso sobre los elevados ingresos salariales (p. 368).

En conjunto, la NEP restablece las formas regulares de la economía de mercado y de la economía capitalista que, como bien recuerda Lenin, siguen existiendo pese a la radicalidad de las medidas adoptadas durante el "comunismo de guerra". La supresión de las requisas y el restablecimiento del comercio de productos agrícolas reorganiza, sobre nuevas bases, la relación política entre los obreros de la ciudad y del campo. En una sociedad con una base campesina mayoritaria o grande, ningún poder estatal –y mucho menos el que se instaura a nombre de las mayorías sociales populares–, se puede ejercer coercitivamente en contra de esa mayoría social. A corto plazo, ello provoca no solo sublevaciones campesinas e incluso obreras contra el Estado revolucionario[83], sino que es a todas luces un contrasentido pues se trata de una nueva "minoría", ahora obrera o "revolucionaria", antes burguesa, imponiéndose por la fuerza sobre la mayoría de la población. Precisamente esto es lo que comienza a suceder en la Rusia revolucionaria, fruto de la hambruna generalizada y de los abusos en las requisas de grano en las zonas rurales. Incluso hay momentos en los que las tropas leales al gobierno se sublevan en contra de él, y las principales ciudades se llenan de huelgas y movilizaciones obreras (algunas de las cuales reclaman el regreso del mercado libre)[84].

Entonces, cualquier posibilidad de disolución del poder de Estado en la sociedad –que en realidad es el horizonte y la finalidad de cualquier revolución social–, queda convertida en un imposible político, económico y demográfico. El socialismo, como construcción de nuevas relaciones económicas, no puede ser una construcción estatal ni una decisión administrativa; sino, por encima de todo, una obra mayoritaria, creativa

---

83. Véase "La guerra contra el campo" (Pipes, 2016).
84. Véase "El bolchevismo en retirada" (Figes, 1990).

y voluntaria de las propias clases trabajadoras que van tomando en sus manos la experiencia de nuevas maneras de producir y gestionar la riqueza.

En realidad, la restitución de las relaciones de mercado entre productores y empresas, en el comercio de productos al detalle, legaliza algo que nunca había dejado de existir ni en la actividad económica real ni en la cabeza lógica de las personas. Lo que los funcionarios del gobierno hacían durante los años de "comunismo de guerra", era como caminar en una noche oscura con una linterna. Allí donde su luz alcanzaba a alumbrar, el control estatal se imponía, pero en los alrededores infinitos donde esta luz no llegaba, las relaciones subrepticias del mercado seguían regulando la realidad económica de las personas, por lo que la posibilidad de superación de las leyes del mercado, del valor de cambio, por otras relaciones económicas y no político-coercitivas efímeras, ni siquiera asomaba en lo más mínimo. Las propias reflexiones leninistas mencionan que estas solo podían surgir después de un largo proceso de creación de nuevas formas asociativas de producción y de revoluciones culturales[85] capaces de hallar un correlato a escala mundial.

Por su parte, la fijación de reglas de rentabilidad en las empresas del Estado restituye la función óptima de una empresa estatal; quita el poder económico y político a la burguesía y lo deposita en la sociedad como directamente beneficiada por la estatización; es decir, permite que la sociedad entera (no el administrador estatal ni únicamente los trabajadores de la empresa) usufructúe de la riqueza generada. Sin embargo, existen dos degeneraciones de la estatización de las empresas. La primera, que consiste en que los beneficios económicos generados por estas empresas vayan solo a sus trabajadores vía salarios, bonos, redistribución de ganancias, empleo seguro, etc. En ese caso, las empresas nacionalizadas cambian de propietario, pero en el fondo siguen beneficiando solo a una minúscula "parte" de la sociedad, a saber, a los trabajadores de esas empresas, que devienen en usufructuarios privados de una propiedad que debería ser común a toda la sociedad. Esta modalidad de nacionalización de facto es una forma ambigua de privatización, que

---

85. "Sobre el cooperativismo, (6 de enero de 1923)" (Lenin, 1978: 502; T. 36).

vuelve a anular modos de socialización de los medios de producción y de la riqueza social. Por lo general, las experiencias de autogestión obrera aislada se mueven en el umbral de esta modalidad de privatización corporativa de la riqueza.

Esta degeneración de la nacionalización puede pervertirse aún más en la medida en que los trabajadores de las empresas estatales no solo se apropien privadamente de los recursos que generan como empresa pública, sino que además requieran y absorban los recursos del resto de la sociedad, la riqueza generada en otros centros de trabajo, a través de subvenciones duraderas del Estado. En ese caso, la privatización corporativa de la riqueza productiva deviene también en expropiación privada de riqueza social, que succiona los recursos a la sociedad para mantener los privilegios de un pequeño sector de ella.

La segunda degeneración de la nacionalización consiste en que los administradores de las empresas –los funcionarios públicos encargados de su gestión– utilicen su posición para sustituir decisiones colectivas obreras por monopolios administrativos. Se trata de una acumulación de poder político burocrático que expropia el poder político a los trabajadores. Adicionalmente, dependiendo de las circunstancias, esa posición de poder puede ser aprovechada por los funcionarios para acceder a privilegios en cuanto a remuneraciones, beneficios personales, propiedades, etc. En caso de que estos poderes y beneficios individuales se vayan institucionalizando y sedimentando en el tiempo en un mismo grupo estable de funcionarios públicos, nos encontramos frente a modalidades de formación de una burguesía dentro del Estado (cfr. Chavance, 1987).

Una decisión de suma importancia asumida por el gobierno soviético, aunque poco discutida posteriormente por las izquierdas, es el tema de las concesiones a las empresas extranjeras en áreas de trabajo del sector petrolero, minero, maderero, etc.[86]. Lo mencionamos aquí, porque el debate en torno a este tema logra redondear el profundo significado de lo que en un principio fue denominado como "retrocesos" de la NEP, pero

---

[86]. "Carta sobre las concesiones petroleras, (12 de noviembre de 1921)" (Lenin, 1978: 417-418; T. 34).

que en realidad permite delinear, sobre la marcha de la acción colectiva, un camino estratégico respecto a la construcción del socialismo moderno.

¿En qué consistían estas concesiones? En la otorgación al concesionario extranjero, del derecho a desarrollar determinada actividad económica allá donde el Estado revolucionario no contaba con recursos para hacerlo por cuenta propia. El concesionario invertía en tecnología, instalaba la industria, la infraestructura, caminos, etc. y recibía en pago una parte del producto obtenido. La otra parte quedaba en manos del Estado, para su utilización, venta, etc. A fin de garantizarle al concesionario la total compensación por el riesgo y la recuperación de la tecnología invertida, se le otorgaban plazos de concesión prolongados y, después de un tiempo mutuamente acordado, esas inversiones pasaban a poder estatal. La URSS garantizaba "que lo bienes del concesionario, invertidos en la empresa" no iban a ser "sujetos a nacionalización, confiscación ni requisa"[87].

En ese sentido, las justificaciones eran claras: necesidad de dinero para realizar compras de tecnología que permitan implementar planes sociales, como ser la electrificación de toda la población; necesidad de recursos financieros para crear una infraestructura que integre todo el territorio; necesidad de tecnología y recursos para levantar la gran industria estatal; necesidad de conocimientos para fundar nuevas empresas. El Estado revolucionario no disponía de los recursos financieros ni de la tecnología de conocimientos requeridas para todo ello; obtenerlos se presentaba no como una posibilidad de crecimiento, sino fundamentalmente como una obligación a fin de satisfacer las necesidades básicas del pueblo y, a través de ello, garantizar la propia continuidad del proceso revolucionario. Tal será la importancia que se le otorgará a la mejora de las condiciones económicas de la población, y del país en su conjunto, que Lenin casi sentenciará a los comunistas a aprender a manejar la economía, porque de lo contrario el poder soviético no iba a poder existir[88].

De hecho, la caída real del salario de los trabajadores soviéticos a menos del 10% respecto a 1913; las largas filas para poder conseguir pan; el

---

87. "Reunión con los militantes de la organización del PC (b) de Moscú, (6 de diciembre de 1920)" (Lenin, 1978: 174; T. 34). También revisar "Informe sobre las concesiones, (6 diciembre de 1920)" y "VIII Congreso de Soviets de toda Rusia" (Lenin, 1978: 150-217; T. 34).

88. "XI Congreso del PC (b) R, (marzo-abril de 1922)" (Lenin, 1978: 242; T. 36).

nomadismo de los obreros que los obliga a ser temporalmente campesinos para poder complementar la alimentación y la hambruna generalizada de esos años; no solo llevan a una creciente separación entre el gobierno soviético y amplios sectores populares, sino a sublevaciones obreras y campesinas que ponen en riesgo la continuidad del gobierno bolchevique que se ve forzado a establecer la ley marcial en las ciudades que anteriormente habían sido sus bastiones. El asalto a la fortaleza de Kronstadt[89] representa el epítome de esta riesgosa modificación de la correlación de fuerzas al interior del bloque popular, provocada por la crisis económica y la reducción de la libertad política del "comunismo de guerra".

Entonces, estabilidad económica, crecimiento económico y revolución mundial se constituyen, en este nuevo punto de la revolución que ya había tomado el poder político, en los temas centrales donde esta define su destino:

> En el mar del pueblo no somos, después de todo, sino una gota en el océano, y solo podremos dirigir si expresamos con acierto lo que el pueblo piensa. De otro modo el Partido Comunista no conducirá al proletariado, el proletariado no conducirá a las masas, y toda la maquina se vendrá abajo. El pueblo, todas las masas trabajadoras, consideran que lo fundamental en este momento es ayudarlas a salir de las necesidades y el hambre extremas (...). No pudimos implantar la distribución comunista directa. Nos faltaban fábricas y la maquinaria necesaria para equiparlas. Por consiguiente, debemos proveer a los campesinos de lo que necesitan por medio del comercio, y proveerlos tan bien como los capitalistas, pues en caso contrario el pueblo no soportará esa administración. Esa es la clave de la situación[90].

En su debate en contra del ultra izquierdismo que le reprocha el hacer demasiadas concesiones a los capitalistas en detrimento de las expropiaciones, Lenin argumenta que dadas las circunstancias del poder

---

89. Véanse Avrich (2005) y Berkman (2011).

90. "XI Congreso del PC (b) R, (marzo-abril de 1922)" (Lenin, 1978: 272; T. 36).

del Estado en manos de las clases trabajadoras, el ocuparse por mejorar el desarrollo de la industria y la agricultura, "incluso sin las cooperativas o sin transformar directamente este capitalismo en capitalismo de Estado", contribuirá infinitamente más a la construcción socialista, que el estar divagando sobre "la pureza del comunismo"[91].

¡Claro! Antes de cualquier revolución, la tarea de los revolucionarios ha de centrarse en la construcción de ideas con capacidad de resumir las tendencias sociales y de movilizar las capacidades autoorganizativas de la sociedad. La lucha por un nuevo sentido común y estructuras organizativas de las clases laboriosas son las tareas fundamentales en el proceso revolucionario; esto es, el impulso a convertir la fuerza de movilización autónoma de la sociedad en poder político capaz de desmontar las estructuras de poder de las antiguas clases dominantes. Pero una vez pasado ese *punto de bifurcación* o *momento jacobino,* el orden de prioridades cambia: la economía, la mejora de condiciones de vida de la mayoría de la población laboriosa, y la creación de condiciones estrictamente económicas de regulación y planificación ocupan ahora ocupan el puesto de mando para garantizar la continuidad del proceso revolucionario y del poder político de las clases trabajadoras. Una vez garantizada esa continuidad, es posible pasar, inmediatamente, a la construcción de nuevas formas comunitarias de producción y a continuas revoluciones culturales, que vayan modificando los hábitos y comportamientos individuales de la sociedad y refuercen a esas formas comunitarias; eso hasta el momento en que nuevas experiencias revolucionarias a nivel mundial permitan crear las condiciones materiales para la construcción de un comunismo planetario.

La economía y la revolución mundial representan entonces las preocupaciones post insurreccionales. Refiriéndose nuevamente a las concesiones, Lenin señala:

> Cada concesión será indudablemente un nuevo tipo de guerra –una guerra económica–, la lucha elevada a otro plano (...) [pero] no podemos plantear seriamente la idea de un mejoramiento inmediato

---

91. "El impuesto en especie, (21 de abril de 1921)" (Lenin, 1978: 228; T. 35).

de la situación económica sin aplicar una política de concesiones…
debemos estar preparados para aceptar sacrificios, privaciones e
inconvenientes, debemos estar dispuestos a romper con nuestras
costumbres, posiblemente también con nuestras manías, con el
único propósito de llevar a cabo un cambio notable y mejorar la situación económica en las ramas principales de la industria. Eso hay
que lograrlo a toda costa[92].

Y respecto a los peligros que pudiera representar estas concesiones al
capital extranjero, responde:

¿No es peligroso recurrir a los capitalistas? ¿No significa eso un desarrollo del capitalismo? Sí, significa un desarrollo del capitalismo,
pero no es peligroso, porque el poder seguirá en manos de los obreros y campesinos, y los terratenientes y capitalistas no recuperarán
sus propiedades (…). El gobierno soviético vigilará que el capitalista
arrendatario cumpla el contrato, que el contrato nos resulte ven-
tajoso, y que, como resultado, mejore la situación de los obreros y
campesinos. En tales condiciones, el desarrollo del capitalismo no
es peligroso, y el beneficio para los obreros y campesinos está en la
obtención de una mayor cantidad de productos[93].

El problema fundamental de toda revolución es el poder, escribe
Lenin pocos días antes de la insurrección de octubre[94]. Y esta tesis organizadora la mantiene y refuerza en el momento del desarrollo económico de la revolución. Se puede retroceder en la tolerancia de determinadas
actividades económicas secundarias en manos de los sectores empresariales para garantizar el abastecimiento de insumos para la industria y
la pequeña agricultura. Se puede aceptar la presencia de los capitalistas
extranjeros a fin de obtener el financiamiento y la tecnología necesaria

---

92. "Reunión del grupo comunista del Consejo Central de Sindicatos de toda Rusia, (11 de abril de 1921)"
(Lenin, 1978: 171, 158; T. 35).

93. "Discursos grabados en discos, (25 de abril de 1921)" (Lenin, 1978: 242; T. 35).

94. "Uno de los problemas fundamentales de la revolución, (14 de septiembre de 1917)" (Lenin, 1978: 449;
T. 26).

para el país. Se puede convivir con las relaciones de mercado en tanto se preparan las condiciones económicas para otras formas de intercambio. Es posible aceptar todo ello, forzados por las circunstancias del cerco extranjero, del atraso tecnológico del país, de la necesidad de garantizar condiciones de vida favorables para los trabajadores. Es posible solo si nos ayuda a mantener el poder político en manos del bloque de poder revolucionario. Porque en la medida en que le brinda permanencia y estabilidad al poder revolucionario, se gana tiempo para crear las circunstancias materiales y culturales que al final harán posible la continuidad del proceso revolucionario socialista: formas asociativas y comunitarias de producción que deben brotar de la experiencia voluntaria de los trabajadores; modos crecientes de democratización de las funciones públicas; transformación cultural y cognitiva de las clases laboriosas que superen las estructuras mentales individualistas heredadas del viejo régimen y que incluso ayuden a restablecer el metabolismo mutuamente vivificante entre el ser humano y la naturaleza[95].

Entonces, el tiempo se constituye en el bien más preciado que una revolución necesita para llevar adelante, una y otra vez, el aprendizaje práctico de las clases laboriosas en el esfuerzo de crear nuevas condiciones de trabajo comunitario que, por definición, tienen que surgir de las propias experiencias de los trabajadores y no de las decisiones administrativas del Estado, por muy revolucionario que este sea. Al fin y al cabo, el comunismo es una sociedad construida en común por la propia sociedad laboriosa y no un dictamen administrativo.

El tiempo es necesario para abrir resquicios de comunismo a través de la actividad práctica de los trabajadores en el ámbito de la producción y el consumo; para aprender las experiencias de los errores de otras experiencias colectivas previas y volver a lanzarse con mayor vigor en la construcción de esta red de trabajo y conducción común de la economía; para transformar las mentalidades de las personas y hacer surgir nuevos seres humanos portadores de nuevas aptitudes culturales rumbo

---

95. Sobre la relación hombre y naturaleza, que recorre las preocupaciones de Marx a lo largo de su vida, véanse "Manuscritos económico-filosóficos de 1844" (Marx, 1975: 66-68); "Formas que preceden a la producción capitalista" (Marx, K., 1982/1985; V. 1); *El Capital* (Marx, 1987a: 610-613, T. 1); *Apuntes etnológicos de Karl Marx* (Iglesias, 1988).

al comunismo; para superar la apatía de las clases plebeyas, que se presenta una vez que se alcanzan los primeros logros y llega el descenso de las oleadas de la revolución[96]; para remontar, con una nueva oleada de movilizaciones sociales, los corporativismos y las desviaciones de una parte de las elites dirigenciales laborales que buscan usufructuar, individual o sectorialmente, de las posiciones de poder que ocupan en el nuevo Estado; en fin, para esperar el despliegue de revoluciones en otras partes del mundo, sin cuya presencia, cualquier intento de revolución en cualquier país, a la larga, es impotente y está condenado al fracaso; para apoyar los cambios en los otros Estados y las otras economías del mundo con las que, de manera inevitable, un Estado revolucionario mantiene vínculos de compra de tecnología, de exportaciones, de transacciones financieras, de intercambios culturales, de las cuales es imposible sustraerse, incluidas las determinaciones de división internacional del trabajo.

Por ello, la crítica de los ideólogos, cuyo aprendizaje sobre la historia de las revoluciones se nutre únicamente de The History Channel, que demandan a las experiencias revolucionarias la desconexión del mercado mundial o la ruptura de la división internacional del trabajo, resulta ridícula y demagógica.

¿Dónde se consigue la tecnología para la industria minera o hidrocarburífera? ¿Dónde se exportan las materias primas, los alimentos y los productos elaborados que un país produce, si no es a los mercados extranjeros? ¿Dónde se obtiene la tecnología de comunicación o los conocimientos científicos que el país necesita, si no es del mercado mundial? ¿Dónde se accede a los recursos financieros para crear infraestructura o nuevas industrias? ¿Dónde se comercializan los productos de las propias

---

96. Ya para julio de 1917, en Petrogrado, de los más de 1.000 delegados del soviet "solo 400 o 500 asisten a sus reuniones". De los más de 800 soviets registrados, para octubre "muchos de ellos ya no existían o solo existían sobre el papel. Los informes de las provincias indicaban que los soviets estaban perdiendo prestigio e influencia (...) y en Petrogrado y Moscú, ya no representaban toda la 'democracia', porque muchos intelectuales y obreros se habían alejado de ellos" (Pipes, 2016: 508). A inicios de 1918, "la disolución de la Asamblea (Constituyente) fue recibida con sorprendente indiferencia; no hubo nada parecido al furor que en 1789 habían provocado los rumores de que Luis XVI pretendía disolver la asamblea nacional, precipitando la toma de la bastilla. Tras un año de anarquía, Rusia estaba exhausta; todos anhelaban la paz y el orden, sin importar como se consiguieran" (Ibid., p. 600).

empresas nacionalizadas, que no se consumen internamente? Hoy, ninguna economía es autárquica ni jamás podrá serlo, a no ser que se quiera regresar a las condiciones de vida del siglo XVI. Ningún país está al margen del mercado mundial, esto es, de la trama de intercambios del trabajo humano que tupe el planeta con infinidad de vínculos financieros, técnicos, cognitivos, culturales, lingüísticos, comunicacionales, consuntivos. Una maquinaria, un micrófono, un televisor, un automóvil, el asfalto, una lámpara, un celular, las computadoras, los programas, la ciencia, las matemáticas, la cultura, el cine, el Internet, la literatura, un libro, un traje, una bebida, la historia, todo, absolutamente todo lo que usamos a diario, está interconectado con lo que producimos acá y con lo que se produce en Estados Unidos, China, Japón, India, Brasil, Argentina, Alemania etc. El mundo está entrelazado. Hoy, el mundo es producto del mismo mundo y ningún país puede quedar ya al margen de esta obra colectiva.

Este hecho material no desaparecerá por mucho que mezclemos palabras como "soberanía", "revolución" "anarquía", o las que fueren. Por eso precisamente, es imposible que el comunismo triunfe en un solo país —es un contrasentido— pues es una comunidad universal que solo podrá existir y triunfar de manera mundial, planetaria, universal. Pero así como el comunismo o es mundial o no es nada, no existe revolución alguna que pueda "salirse" de ese mercado mundial, de las relaciones y flujos de la división internacional del trabajo. Al informar al Congreso de los soviets sobre la necesidad de obtener tecnología y recursos del mercado mundial, a fin de garantizar la mejora de las condiciones de vida de los trabajadores, Lenin afirma taxativamente: "la República socialista (...) no puede existir sin vínculos con el mundo"[97]. El lugar que una nación ocupa en la red de la división internacional del trabajo se puede modificar, pero jamás salir de ella. Una nueva división internacional del trabajo, o quizá su extinción como división, únicamente podrá ser fruto de una revolución mundial, que es a lo que precisamente cada revolución local debe apuntalar.

---

97. "Reunión del grupo comunista del CCS, (11 de abril de 1921)" (Lenin, 1978: 171; T. 35).

En definitiva, una vez que estalla por circunstancias excepcionales en algún país, lo que una revolución social necesita es tiempo, tiempo y más tiempo. Tiempo para aguardar el estallido de otras revoluciones en otros países, a fin de no quedar aislada e impotente frente a las exigencias de una nueva economía y de una nueva sociedad que solo podrá construirse a escala mundial. Tiempo para convertir el poder cultural, la hegemonía política y la capacidad de movilización popular, que le llevaron a la toma del poder de Estado, en formas organizativas comunitarias y cooperativas en la producción, en el comercio. "Para nosotros el simple desarrollo de la cooperación (...) se identifica con el desarrollo del socialismo"[98], reitera obsesivamente Lenin en los últimos escritos antes de su muerte. El Estado revolucionario puede imponer cosas o prohibirlas; es parte del poder político que monopoliza. Incluso puede modificar la propiedad de los bienes y concentrar la propiedad del dinero. Se trata de acciones políticas que influyen en las acciones económicas. Pero lo que no puede hacer es construir relaciones económicas duraderas; y menos aún relaciones económicas comunitarias capaces de superar la lógica del valor de cambio. Eso solo puede ser una creación social, una creación colectiva de los propios productores.

El Estado es por definición monopolio; el comunismo es por definición creación común de riqueza común: la antítesis del Estado. Entonces, el trabajo asociado, cooperativo, común solo puede ser una creación gradual, compleja y con continuos ascensos y descensos logrados directamente por los trabajadores de varios, y luego de muchos, centros de trabajo. Eso requiere tiempo. Tiempo para desplegar por oleadas los modos de ocupación democrática de los trabajadores, de la sociedad entera, de las grandes decisiones del Estado y, ante todo, de los centros de producción fundamentales. Tiempo para superar el individualismo burgués, pero principalmente el corporativismo laboral que reintroduce el individualismo de clase y la privatización en las decisiones estatales

---

98. "Sobre el cooperativismo, (mayo de 1923)" (Lenin, 1978: 502; T. 36). Sobre la importancia dada por Marx a las cooperativas, véase "trabajo cooperativo" en "Resolución elaborada por Marx y aprobada en el congreso de la Asociación Internacional del Trabajo (AIT), Ginebra, 1866" (Marx y Engels, F., 1976). También, "Llamamiento del concejo general de la AIT a las secciones, sociedades filiales y a todos los obreros, (septiembre)" (Marx, C., 1867/1988).

y laborales. Tiempo para transformar los esquemas lógicos y morales de las clases trabajadoras – heredados de la vieja sociedad burguesa– y construir colectivamente, con numerosas revoluciones culturales de por medio, nuevos sentidos comunes y esquemas mentales que reestructuren los sistemas de valor de la vida cotidiana de la sociedad entera. Tiempo para desmontar los poderes monopolizados por el Estado a fin de diluirlo en la sociedad. Todo eso requiere que la propia sociedad atraviese la experiencia de la construcción de decisiones comunes sobre su vida en común, la invención de tecnologías sociales aún inexistentes que articulen a la totalidad de la sociedad en las decisiones sobre esos asuntos comunes; y lo más importante, que todas estas nuevas prácticas sociales se desplieguen no como hechos extraordinarios, insurreccionales, sino como hechos rutinarios, como lo son la decisión de alimentarse o descansar.

Desde este punto de vista, la revolución se presenta como la conquista de tiempo para la sincronía universal de la emancipación de las clases plebeyas y de los pueblos del mundo. La función del Estado "revolucionario" no es crear el socialismo ni mucho menos el comunismo. Eso sencillamente no puede hacerlo. Eso escapa al objeto fundante de su existencia como Estado. Lo único que puede hacer el Estado, por muy revolucionario que sea, es dilatar, habilitar y proteger el tiempo para que la sociedad, en estado de autodeterminación, en lucha, en medio, por arriba, por abajo y entre los intersticios del capitalismo predominante, despliegue múltiples formas de creatividad histórica emancipativa y construya espacios de comunidad en la producción, en el conocimiento, en el intercambio, en la cultura, en la vida cotidiana; para que fracase y lo vuelva a intentar muchas veces, de manera más amplia y mejor; para que invente, desde las grietas del capitalismo, espacios irradiantes de comunidad y de cooperación voluntaria en todas las esferas de la vida; para que los desmantele a medio camino; para que haga todo eso una y otra y otra vez, hasta que, llegado un momento, las sincronías de múltiples comunidades brotando por todos lados, en todos los países, rebasen el *umbral de orden*, y lo que eran espacios nacidos en las grietas de la sociedad dominante, devengan en espacios plenos, universales, irradiadores de una nueva sociedad, de una nueva civilización que reproduzca nuevas formas de comunidad, pero ya no como una lucha a muerte del capitalismo, sino como el libre y normal despliegue de la iniciativa humana. Eso es el comunismo.

El Estado no puede crear comunidad, porque es la antítesis perfecta de la comunidad. El Estado no puede inventar relaciones económicas comunistas, porque ellas solo surgen como iniciativas sociales autónomas. El Estado no puede instituir la cooperación, porque ella solo brota como libre acción social de producción de los comunes. El Estado por sí mismo es incapaz de restablecer el metabolismo mutuamente vivificante entre ser humano y naturaleza. Si alguien ha de construir comunismo es la propia sociedad en automovimiento, a partir de su experiencia, sus fracasos y sus luchas. Y tendrá que hacerlo en el ambiente adverso de predominancia agresiva de la sociedad capitalista. A diferencia de las revoluciones burguesas precedentes, que contaron con condiciones muchísimo más favorables pues las relaciones económicas burguesas florecieron al interior de la vieja sociedad tradicional durante varios siglos previos[99], las revoluciones sociales se enfrentan a una estructura capitalista universalizada; y las nuevas relaciones económicas y políticas comunistas recién se desarrollarán, a partir del estallido revolucionario, en lucha a muerte con las relaciones capitalistas dominantes. De hecho, la revolución social en realidad abre el espacio temporal para el despliegue intersticial, fragmentado, dificultoso, permanentemente asediado, del crecimiento de las nuevas relaciones comunistas en la política, economía y cultura, en medio de un predominio generalizado, debilitado y en crisis, pero aún dominante, de las relaciones capitalistas de producción. Al resumir la experiencia de la Revolución Soviética sobre este debate, Lenin argumenta:

> Teóricamente no cabe duda de que entre el capitalismo y el comunismo media determinado periodo de transición que debe combinar los rasgos y las propiedades de estas dos formas de economía social. Este periodo de transición tiene que ser por fuerza un periodo de lucha entre el capitalismo agonizante y el comunismo

---

99. "Séptimo Congreso extraordinario del PC (b) R, (marzo de 1918)" (Lenin, 1978: 295; T. 28).

naciente, o, en otras palabras, entre el capitalismo que ha sido derrotado, pero no destruido, y el comunismo que ha nacido pero que es todavía débil[100].

En definitiva, el socialismo es este periodo histórico contradictorio y de antagonismo desatado entre relaciones capitalistas dominantes en todas las esferas de la vida, y relaciones sociales comunistas emergentes, que la sociedad laboriosa ensaya e intenta desplegar una y otra vez, de manera intersticial, fragmentada e intermitente, por diversos caminos, en todos los terrenos de la vida. En todo ello, lo único que el Estado revolucionario hace es proteger estas iniciativas antiestatales, comunitarias, cooperativas; apoyarlas y brindarles tiempo mediante la mejora de las condiciones de vida de las clases trabajadoras, de manera que puedan desarrollarse e irradiarse hasta un tiempo y momento en que traspasen el *umbral de orden* que sincronice con las múltiples construcciones comunistas de otros países y otros continentes, en un movimiento universal irreversible. El concepto central de "dictadura del proletariado"[101] debe ser entendido así: como el uso coercitivo del poder de Estado de las clases laboriosas frente a las clases y las costumbres burguesas para proteger, dar tiempo y apoyar las iniciativas comunitarias, comunistas, que esas clases laboriosas son capaces de experimentar y de crear.

En síntesis, el socialismo es un larguísimo periodo histórico de intenso antagonismo social, en el que, en lo económico, las relaciones capitalistas de producción y la lógica del valor de cambio siguen vigentes, pero que, en su interior, desde sus entrañas, en el ámbito local, nacional, surgen una y otra y otra vez incipientes, intersticiales y fragmentadas formas de trabajo comunitario, asociado, que pugnan por expandirse a escalas regionales y nacionales. En tanto que en lo político, las clases laboriosas toman/construyen el poder de Estado, lo que significa que impulsan, en oleadas sucesivas, múltiples modalidades de democratización absoluta de la gestión, de la administración de los asuntos

---

100. "Economía y política en la época de la dictadura del proletariado, (30 de octubre de 1919)" (Lenin, 1978: 84; T. 32).

101. Marx y otros (2012). También Marx (1981a) y Balibar (1979).

comunes; y todo ello para respaldar, proteger e irradiar esas experiencias comunitarias/comunistas en la economía que, de manera reiterada, con fracasos y nuevos resurgimientos, impulsan las clases trabajadoras. El socialismo no es pues un modo de producción ni un destino. Es un espacio histórico de intensas luchas de clases en las que los trabajadores se valen del poder de Estado para proteger e irradiar las iniciativas económicas comunistas/comunitarias que ellos mismos son capaces de construir por iniciativa libre y asociada. La victoria del socialismo es su extinción para dar lugar a la sociedad comunista. Y si esto se da, inevitablemente deberá ser un hecho mundial.

¿Qué sucedió después con la Revolución Soviética? ¿Por qué fracasó? En general, toda revolución social que no ensambla con otras revoluciones sociales a escala mundial, tarde o temprano fracasa y habrá de fracasar de manera inevitable. Por sí sola, inexorablemente se verá conducida al fracaso en su intento por construir el comunismo; aunque ciertamente durante todo el tiempo del despliegue de su desarrollo puedan lograrse grandes e irreversibles conquistas sociales, laborales y materiales para la población trabajadora no solo del país insurrecto, sino de todos los países del mundo, motivados por la presencia –amenazante para las burguesías o estimulante para las clases trabajadoras– de la revolución socialista en marcha. Ante la inexistencia de una propagación mundial, las revoluciones sociales emergentes prolongan su permanencia dependiendo de la actitud frente a los factores de contenido revolucionario.

Si el Estado asume el protagonismo de los cambios y las decisiones sociales, el fracaso es más inminente y rápido. Si la sociedad laboriosa asume gradual e intermitentemente el protagonismo democrático en la toma de decisiones cotidianas del país, el fracaso se aleja. Si el Estado toma coercitivamente el mando en la construcción de relaciones asociativas en la producción, el fracaso toca las puertas. Si las clases laboriosas construyen y deconstruyen para volver a construir nuevas y crecientes formas expansivas de trabajo comunitario, asociativo, el fracaso se diluye por un buen tiempo. Si el Estado no puede garantizar mejoras en las condiciones de vida o promover continuas revoluciones culturales que revitalicen las oleadas revolucionarias, el fin de la revolución se acerca. Si el poder de Estado se mantiene en manos de las clases trabajadoras, de sus organizaciones vitales que ayudan a desbrozar el camino de la libre iniciativa del pueblo trabajador, las posibilidades de la continuidad revolucionaria se amplían mucho más.

Una vez cumplidos sus 10 primeros años, el curso de la Revolución Soviética justamente va inclinándose por cada una de las dualidades negativas arriba señaladas: concentración del poder de Estado en manos del partido y expropiación gradual del poder de manos de las organizaciones sociales; impulso burocrático de formas asociativas de trabajo que anulan la capacidad creadora de la propia sociedad en la construcción de nuevas relaciones económicas. Es así como, desafortunadamente, a inicios de la década de los 30, la Revolución de Octubre finaliza dando lugar a una compleja constitución imperial, primero, y estatal-nacional, después[102].

¿Qué queda ahora de esta revolución? La experiencia más prolongada, en la historia contemporánea, de una revolución social, de sus potencialidades organizativas, de sus iniciativas prácticas, de sus logros sociales, de sus características internas y dinámicas generales que pueden repetirse en cualquier otra nueva ola revolucionaria. Pero también queda y nos hereda sus dificultades en la construcción de alianzas; sus desviaciones corporativas, burocráticas, privatistas; sus límites que finalmente la llevaron a la derrota. Queda, entonces, el fracaso de la revolución, su derrota.

Hoy recordamos la Revolución Soviética porque existió, porque por un segundo en la historia despertó en los plebeyos del mundo la esperanza de que era posible construir otra sociedad, distinta a la capitalista vigente, en base a la lucha y la comunidad en marcha de la sociedad laboriosa. Pero también la recordamos porque fracasó de manera estrepitosa, devorando las esperanzas de toda una generación de clases subalternas. Y hoy diseccionamos las condiciones de ese fracaso porque justamente queremos que las próximas revoluciones, que inevitablemente estallan y estallarán, no fracasen ni cometan los mismos errores

---

102. Sobre el curso de la Rusia soviética, véanse Chavance (1987); Bettelheim (1983); Chamberlain (1935); Sorlin (1967); y, por supuesto, los libros de E. H. Carr sobre la historia de la Revolución Rusa.

que ella cometió; es decir, que avancen uno, diez o mil pasos más allá de lo que ella –con su ingenua audacia– logró avanzar.

A 100 años de la Revolución Soviética continuamos hablando de ella, porque añoramos y necesitamos nuevas revoluciones; porque nuevas revoluciones que dignifiquen al ser humano como un ser universal, común, comunitario, vendrán. Y esas revoluciones venideras que toquen el alma creativa de los trabajadores no podrán ni deberán ser una repetición de lo acontecido hace un siglo atrás; tendrán que ser mejores que ella, avanzar mucho más que ella y superar los límites que ella engendró, precisamente porque fracasó y, al hacerlo, nos dio a las siguientes generaciones, las herramientas intelectuales y prácticas para no volver a fracasar, o, al menos, para no hacerlo por las mismas circunstancias por las que ella fracasó.

6. El comunismo como probabilidad y contingencia*

Muy buenas tardes a todos ustedes, un agradecimiento a Marcelo Musto que ha tenido la amabilidad de invitarme a este encuentro sobre marxismo. No cabe duda de que hay un gradual renacimiento del pensamiento marxista; un gradual renacimiento plural, diverso y multiforme de sus planteamientos, de sus propuestas, no solamente por la existencia de nuevas publicaciones, sino porque, en cierta manera, la historia social de la acción de los subalternos se ha puesto en movimiento.

Así como hace 30 años asistimos a la caída del muro de Berlín y al fracaso del socialismo real, desde hace una década hemos asistido a la caída de la bolsa de valores y al fracaso del relato neoliberal del "fin de la Historia". Las injusticias sociales brotan por todos lados, incluidos los países ricos de Europa y Norteamérica. Las desigualdades y el malestar social ya no se pueden camuflar, y eso permite nuevamente reflexionar sobre el futuro, sobre las posibilidades de futuro, de nuevos futuros diferentes al que nos quiere condenar el desorden mundial existente. Y eso es lo que ahora quiero trabajar con ustedes.

---

* Extraído de García Linera, Á. (2019, 10 de mayo). El comunismo como probabilidad y contingencia, Exposición en el *Curso de posgrado "Marx 201: Repensando alternativas"*. Centro Educativo Carmignani, Universidad de Pisa, Italia.

1. Probabilidad y contingencia

¿Qué es el comunismo? Independientemente de los nombres que se utilicen, comunismo, poscapitalismo, socialismo libertario, comunes o bienes comunes, es una de las posibles respuestas a la pregunta sobre cuál es el futuro de la humanidad. Es una manera de nombrar a una probable y futura organización de la vida humana distinta a la actual organización capitalista y capaz de superar las injusticias y las contradicciones que el mismo capitalismo atraviesa. En ambos casos, estamos hablando de algo probable y, encima, en el futuro; por lo tanto, de algo que no existe y que eventualmente podría existir.

¿Por qué hablar de algo que no existe? Porque la sociedad que ahora existe genera mucho sufrimiento humano, mucha injusticia, produce dominación de unas personas sobre otras y, por lo tanto, es normal que las personas piensen o esperen la existencia de otra sociedad en la que esos sufrimientos y esas injusticias desaparezcan.

Ahora, el problema lógico: ¿por qué algo que no existe debiera existir?, ¿por qué no aceptar que lo que existe seguirá existiendo siempre y lo que no existe no existirá nunca?, ¿por qué no descartar, del infinito espacio de probabilidades de futuro, algo, el comunismo, que aún no acontece? Porque para descartar la probabilidad de un futuro existente, de una organización social distinta al capitalismo, se tiene que suponer que el capitalismo es insustituible, que es un orden social supremo y definitivo al que ha llegado la humanidad y, en ese sentido, que la historia ha llegado a su culminación, teniendo únicamente que preocuparnos de la gestión de esta meta final a la que ha alcanzado la humanidad.

La fuerza argumental de esta respuesta radica en que se asienta sobre la legitimación del sentido común que naturaliza el orden social dominante que siempre tiende a mostrar lo existente como lo único que puede existir. Pero se trata de una mirada mística y teleológica de la historia de la humanidad. No son razones, sino creencias las que sostienen la naturalización inamovible del orden dominante y de sus injusticias; y es que el curso de la historia de la humanidad, por lo que conocemos hasta aquí, de manera objetiva y argumentada, es una contingencia, una articulación aleatoria de circunstancias que han dado lugar a las distintas maneras de organización económica y social.

El curso de la humanidad, desde hace 60 mil años, es un producto de acciones contingentes de la propia humanidad y no el cumplimiento de una hoja de ruta previamente elaborada por fuerzas misteriosas colocadas por encima del propio ser humano. Rechazar esta contingencia de la historia es ponerse a debatir sobre la presencia de fuerzas sobrenaturales o sobre-terrenales como los dioses, en ese caso no hay nada que discutir. Dejando de lado el debate acerca de la existencia de fuerzas extrahumanas como las grandes organizadoras la historia, pues en ese caso ya no habría historia social sino designio providencial, lo que está claro es que la mistificación religiosa puede desempeñar un eficiente papel en la legitimación de las relaciones de dominación.

Una variante, hoy, más sólida para negar la posibilidad del comunismo, como el nombre de algo alternativo al capitalismo, es afirmar que el comunismo ya existió y fracasó en la ex Unión Soviética. Ahí se argumenta que en la Unión Soviética se instaló el comunismo, creció durante 70 años, generó otras injusticias y finalmente sucumbió ante el ímpetu democrático y tecnológico del capitalismo.

Aunque este argumento de la invalidación histórica del comunismo igual vuelve a caer en la intromisión de una mano no humana en la dirección del curso de la sociedad para justificar que una nueva y distinta experiencia de comunismo no podrá darse, es claro que la constatación del derrumbe de la URSS es un argumento más fuerte y enmarcado en el sentido común. De hecho, la invalidación de un probable futuro comunista, debido al colapso de la Unión Soviética, ha servido a fines del siglo XX para la abdicación de toda una generación de militantes que en su gran mayoría cayeron arrepentidos en brazos de la lujuria neoliberal o, los menos, en la resistencia testimonial de las microautonomías, del globalismo desbocado o la cátedra marginal. En los últimos 30 años, la alternativa comunista, de ser un horizonte de esperanza para las luchas de los pueblos, ha quedado reducida a una vergonzante palabra custodiada por una leal minoría de fieles semiclandestinos.

Hoy, pasada la procesión de una generación en luto, nuevamente el concepto de comunismo, de bienes comunes, de comunes, de socialismo democrático, de poscapitalismo, vuelve a ser mencionado en distintas partes del mundo no solo como emblema *chic* de rebeldía académica, sino como opción práctica, como necesidad para superar la creciente lista de agravios que los trabajadores del mundo están soportando. Hay condiciones para ello: la filosofía religiosa del "fin de la Historia" ha agotado su combustible de convencimiento y encubrimiento; conflictos estatales y laborales estallan por todos lados; incluso en la rica Europa las clases plebeyas salen a las calles a demandar reconocimientos y derechos, y las viejas desigualdades que se suponía habrían de desaparecer bajo el empuje de la globalización y el libre mercado han regresado a los indignantes índices de inicio del siglo XX.

El globalismo como ideología de tolerancia y compromiso con el orden del capitalismo se derrumba ante el *Brexit*, los aranceles norteamericanos y el lenguaje de "seguridad continental" de Ángela Merkel frente a China. Los abanderados del librecambio de ayer son proteccionistas hoy; los globalistas han devenido en nacionalistas y con ello, la narrativa planetaria triunfante desde 1989 hoy ha estallado en mil pedazos dando lugar a un vaciamiento del sentido de la historia y a un caos e incertidumbre planetarios. Se puede decir que en la última década la historia ha retomado su carácter contingente, no acabado, impulsado sobre nuevas bases, nuevos conceptos, nuevos grupos agraviados y nuevas necesidades a resolver, el debate insoslayable sobre el poscapitalismo.

El fracaso del capitalismo para resolver las injusticias sociales, las cadenas de dominaciones, el cambio climático o el usufructo universal de los fantásticos desarrollos tecnológicos, hoy es tan fuerte como el fracaso de la Unión Soviética del siglo pasado para construir un mundo mejor; y emerge, entonces, nuevamente, bajo condiciones distintas, lenguajes diversos, el comunismo como *horizonte de época posible*.

2. El comunismo como idea

> *Los comunistas consideran indigno ocultar sus ideas y propósitos.*
> *Proclaman abiertamente que sus objetivos solo pueden ser alcanzados*
> *derrocando por la violencia todo el orden social existente.*
>
> (Marx y Engels, 1980: 69; T. 1).

¿El comunismo es una idea? ¿Cómo justificar la posibilidad de un futuro distinto al capitalismo a partir de una idea? Hablar de algo que no existe, pero que eventualmente podría existir, al menos tiene la virtud de despejar la explicación extrahumana del curso histórico y dejar abierta la contingencia, incertidumbre, del curso de la historia social. Ahí radica la consistencia lógica del comunismo como idea, como hipótesis o concepto[1]. Sin embargo, su fuerza explicativa se diluye porque es una idea con las mismas probabilidades de realización que cien, mil o un millón de ideas que se puede tener acerca de un mejor futuro de la humanidad.

A lo largo de la historia, miles de personas han imaginado o diseñado conceptualmente opciones respecto a cómo delinear un futuro distinto al prevaleciente y ninguna de esas ideas se ha realizado. Incluso ideas con apego colectivo y capacidad de producir comportamientos, como las religiones que plantean modos de salvación, no se han realizado y lo más probable es que no se realicen nunca. Entonces, ¿por qué la idea comunista debería tener un destino distinto a los miles de ideas, de hipótesis y propuestas no cumplidas sobre el futuro?

Si el comunismo fuera solo una idea, una hipótesis lógica, su probabilidad de realización tendría el mismo rango de probabilidad ínfima que las hipótesis políticas especulativas, religiosas o espirituales que abundan sobre el futuro mejor del mundo. Y es que la idea de comunismo, como superación del capitalismo, tiene un marco mucho mayor de probabilidad lógica de realización porque es una idea procesualmente performativa, es una idea-movimiento. No es solo una idea con movimiento de irradiación, lo que ya le da muchísima ventaja respecto a

---

1. Ver Žižek (2014); Taek-Gwang Lee y Žižek (2018); Badiou (2009) y Bosteels (2011).

otras ideas de futuro, sino que además es una idea resultante de un movimiento real objetivo, lo que sostiene su performatividad o capacidad de ir produciendo lo que enuncia.

3. El comunismo como movimiento real

> *Para nosotros, el comunismo no es un estado que deba implantarse, un ideal al que ha de sujetarse la realidad. Nosotros llamamos 'comunismo' al movimiento real que anula y supera el estado de cosas actual. Las condiciones de este movimiento se desprenden de la premisa actualmente existente.*
>
> Marx y Engels, 1845/1974: 16; T. 1.

En las pocas referencias, por lo general encriptadas, con las que Marx se refiere al comunismo, una afirmación central es que no es una idea inventada por algún reformador del mundo, sino que es una idea que *expresa*, que *emerge*, que resulta de un movimiento histórico. De hecho, en sus investigaciones sobre la crítica de la economía política, en el capítulo sobre las máquinas de los *Grundrisse* (1982/1985: 216-235; T 2), en *El Capital* (1981b: 564-569; V. 7), en las resoluciones de la Asociación Internacional de Trabajadores (Marx, C. y Engels, 1988; T. 17) y demás, insiste en que la misma realidad material del capitalismo va generando en su seno las condiciones materiales, "fundamentos materiales" que abren la posibilidad real del comunismo como un modo de producción que se forma "a partir de otro modo de producción" (Marx, K., 1981b: 567; V. 7).

Se trata de una insistencia decisiva. La superioridad moral y material de la hipótesis comunista sobre cualquier otra idea de futuro radica en que tiene sus raíces en las propias condiciones reales del presente, en relaciones económicas y sociales que, nacidas del capitalismo, utilizadas por el capitalismo, al servicio del capitalismo, exceden al propio capitalismo, tienen una potencialidad de realizaciones más allá del propio régimen del capital.

¿Y cuáles son estas condiciones reales que producidas por el capitalismo tienen una posibilidad de expansión más allá de la lógica capitalista?

En primer lugar, la interconexión e interdependencia planetaria de los productos y capacidades humanas. Hasta antes del capitalismo, absolutamente todas las formas de producción eran locales, regionales. Se producía para la familia con trabajo individual, familiar; se producía para la comunidad con trabajo individual, familiar y comunal; se producía para otras comunidades cercanas o específicas que proveían algún requerimiento específico, con el trabajo individual, familiar y comunal. En cambio, en el capitalismo se ha de producir para quien pueda comprar, de cualquier lugar de la región, del país y del mundo, con tal de realizar el valor de cambio y la ganancia amarrada a él; y utilizando los trabajos que sean necesarios de cuantos otros productores sean necesarios de cualquier lugar del mundo a fin de realizar el valor de cambio y, con ello, la ganancia. El capitalismo es el único modo de producir en el que el objetivo de la producción no es satisfacer necesidades siempre limitadas, sino satisfacer ganancias ilimitadas por medio de bienes ilimitados, consumos ilimitados, proveedores de todas partes y consumidores de donde sea posible. El único límite físico es el mundo, y solo de momento. En ese sentido es el primer modo de producción planetario-universal.

Cuando Marx redacta, borrador tras borrador, el capítulo de la mercancía[2], lo que intenta es encontrar el punto de partida de esta cualidad universalizadora del capitalismo que le permite interconectar la producción y el consumo de una región, luego de un país, de varios países, del mundo entero y, con ello, de la capacidad productiva, de la inventiva, de las necesidades, de los recursos de cada persona del planeta. La información genética de esta sociedad en movimiento está en la subordinación del valor de uso al valor de cambio al interior del propio proceso de producción de bienes materiales. El valor de cambio, al subsumir al valor de uso y convertirse en el objetivo de la producción, abre al infinito las opciones de valor de uso sobre las cuales puede y buscará realizarse el objetivo supremo del valor de cambio. Y al abrirse las puertas de infinitos valores de uso (en cantidad y cualidad) en los que buscará realizarse el valor de cambio, la ganancia, se da un doble proceso de universalización:

---

2. Véanse "Sección primera, Cap. 1: Mercancía y Dinero" (Marx, K., 1987a; Vol. 1) y "Ch. 3 Capital in General: The production process of capital" (Marx, 1988; V. 30). Traducción al español de esta edición en Marx (2018: 243-353).

por una parte, la venta y la compra a todas partes del mundo para realizar mayores cantidades de ganancia. Por otra, el impulso y la subordinación de la infinita inventiva de la mayor cantidad de seres humanos de todas partes del mundo para crear nuevos valores de uso que podrán cargar el valor de cambio y la ganancia deseada. El mercado mundial al servicio del capitalismo es la forma visible y palpable de este proceso de subsunción formal y real de la producción y el consumo a la ganancia capitalista. Pero el proceso íntimo que pone en movimiento y rebasa este límite capitalista de la mezquindad privada es, por un lado, la interconexión, la interdependencia social-universal de la producción y consumo humanos; y por otro, la interconexión e interdependencia social-universal de la infinita capacidad creativa, cognitiva de los seres humanos.

El capitalismo, en su afán de lucro, somete a todos los pueblos del mundo para abrir mercados y capturar conocimientos. Con ello, expande el proceso de valorización y el proceso de acumulación ampliada del capital, pero al hacerlo, sin proponérselo, gatilla unas fuerzas productivas social-universales, la interdependencia mundial de la producción y el conocimiento, que habilitan la posibilidad real, material, de otra forma de producir y organizar la producción. Una forma de producción que tendrá como punto de partida esta universalización de capacidades y necesidades humanas, pero despojadas de la esclavización y mutilación de la ganancia privada.

Lo mismo puede decirse del "intelecto general" (Marx, K., 1982/1985). La forma-mercancía en el capitalismo o la dominación del valor de uso sobre el valor de cambio desdobla la cualidad de satisfacer necesidades humanas mediante el trabajo humano de la propia objetivación del trabajo humano; de tal manera que lo que cuenta como objetivo central de la producción ya no es el *contenido material de la riqueza* (valor de uso), reducido a un envoltorio contingente, sino la *magnitud de valor*, la cantidad de trabajo humano abstracto depositado en el objeto (valor de uso) a fin de apropiarse del trabajo impago, la ganancia. Todas las formas de valor de uso que puedan ayudar a realizar el valor de cambio, y en él la ganancia, incluidas las técnicas sociales que permitan ampliar el tiempo de trabajo impago de cada país, de cada región, de cada fábrica de cada persona, serán el objetivo frenético de cada nuevo desarrollo de la ciencia y la tecnología. Así, a medida que surge una nueva técnica que eleva la productividad reduciendo el tiempo de *trabajo necesario* para el mantenimiento del trabajador y elevando el tiempo de *trabajo exceden-te* apropiado por el capitalista, esta será incorporada inmediatamente como una nueva fuerza productiva del desarrollo del capitalismo. Y así, nuevos medios inventados en los lugares más distantes del mundo, nuevos conocimientos generados en todas partes del globo terráqueo serán gradualmente incorporados a la producción con el afán de seguir ampliando más y más el tiempo de trabajo excedente apropiado por el capitalista. Y a cada nuevo ciclo productivo, nuevos medios de producción resultantes de una articulación de capacidades planetarias se pondrán en movimiento en cada proceso de trabajo, en particular achicando el trabajo necesario.

Como esto tendrá un efecto de irradiación en los otros procesos de trabajo del país y el mundo, a la larga, el propio tiempo de trabajo vivo o total que se requiere para producir una determinada mercancía también se habrá acortado, ampliándose la cantidad de trabajo pasado transferido por esos medios de producción y esa tecnología planetariamente producida. En una especia de ley de Moore mercantil, es decir, no aplicada a los circuitos integrados sino al tiempo de trabajo pasado transferido a cada mercancía; cada año, cada unidad de mercancía tendrá un tiempo de trabajo pasado transferido por los nuevos medios de producción mayor que el tiempo de trabajo vivo incorporado por el trabajador directo. De tal manera que la composición de trabajo pasado y trabajo vivo (tp/tv) contenida en la elaboración de cada mercancía tenderá a agrandar el tiempo de trabajo pasado y a reducir el trabajo vivo a porciones infinitésimas, cercanas a cero. Así, a medida que el capitalismo impulsa el despliegue de capacidades técnicas y científicas que acorten el tiempo de trabajo necesario a fin de aumentar el tiempo de trabajo excedente, sin desearlo ni buscarlo, unifica la capacidad creativa y cognitiva de los seres humanos en un tipo de "intelecto general" abstracto y, lo que es igual de importante, tiende a convertir el trabajo vivo, directo del asalariado, en una actividad de "supervisión" y mera "gestión" de las gigantescas fuerzas productivas técnicas y cognitivas mundialmente producidas. El capitalismo se nutre del trabajo vivo impago, pero tiende a volverlo irrelevante al interior del proceso productivo. Hay en todo ello una potencialidad social-universal despertada, la universalidad de la técnica y el conocimiento, pero continuamente cercenada, limitada por el sometimiento al interés y el lucro privado de unos pocos. Igualmente, hay una potencialidad de hacer del trabajo humano directo una mera actividad de supervisión de un gigantesco organismo mundial de técnicas y conocimientos objetivados, pero el capitalismo vuelve a subsumir esta fuerza al mezquino interés de extracción del trabajo vivo impago.

El mercado mundial que interconecta la producción de todo el planeta[3], el "intelecto general" que coloca al individuo como mero supervisor del proceso de trabajo social planetario (Marx, 1985: 228; T. 2), las propias fábricas cooperativas como formas transitorias desde el modo de producción capitalista a uno basado en la asociación (Marx, 1987a: 568; V. 7), etc., son el "movimiento real" que ya Marx detectó en el siglo XIX, y que ensamblan el futuro posible con una realidad material ya existente[4].

Entiéndase bien, no es un futuro comunista que ya existe en el capitalismo, es un futuro cuya realización tiene raíces, condiciones de posibilidad real en el presente y, por ello, es un movimiento futuro, un proceso. El comunismo es, entonces, un futuro posible, pero en movimiento desde el presente. No es el presente, pero sus condiciones de existencia están dentro del presente. El presente "lleva en su seno" el futuro (Marx, 1981d: 131; T. 2); mas ese porvenir posible no vendrá espontanea ni automáticamente. Sus condiciones reales de posibilidad tienen que ser producidas "separadas y liberadas de su carácter capitalista antagónico" (Marx, 1987a: 495; V. 7) habilitando de esa manera el futuro comunista.

El comunismo no existe hoy, pero las condiciones materiales de su existencia están siendo producidas hoy y, por tanto, es un futuro en movimiento, o mejor, un movimiento hacia el futuro comunista. Por ello, la idea del comunismo, la hipótesis del comunismo es muchísimo más que una idea formal o un concepto lógico en torno al cual especular sobre el

---

3. Véanse los *Grundrisse, 1857-1858* (Marx, 1982/1985; T. 2) y *El Capital* (Marx, 1987a: 341; V. 6).

4. "Por ello, el sistema crediticio acelera el desarrollo material de las fuerzas productivas y el establecimiento del mercado mundial, cuya instauración hasta cierto nivel en cuento fundamentos materiales de la nueva forma de producción constituye la misión histórica del modo capitalista de producción" (Marx, 1987a: 568-569; V. 7).

porvenir. Es una idea con intencionalidad de comunismo, desde el mismo momento de su enunciación, pues significa lucha, esfuerzo, revolución para liberar algo que está ya contenido, aprisionado, deformado en la realidad a fin de que se haga futuro real. "A fin de convertir la producción social en un sistema armónico y vasto de trabajo cooperativo –insiste Marx– son indispensables *cambios sociales generales*, cambios de las *condiciones generales de la sociedad*, que solo pueden lograrse mediante el paso de las fuerzas organizadas de la sociedad, es decir, del poder político, de manos de los capitalistas y propietarios de tierras a manos de los productores mismos" (Marx, 1981f: 43; T. 2).

El comunismo es una enunciación que permite crear una idea de futuro con una intencionalidad práctica de futuro distinto al capitalismo, al representar esa intencionalidad, como existiendo de manera aprisionada, en el propio capitalismo. O, utilizando Austin (2016) y a Searle (2017), es una enunciación performativa cuyo objetivo es producir un cambio en la realidad actual para que la realidad futura del comunismo coincida con el contenido del acto del habla sobre el futuro comunista. En otras palabras, hablar del comunismo es una forma de irlo produciendo también y esta facultad de la palabra comunismo, de la idea comunista, de producir cosas, eventos reales hacia el comunismo, no radica en la cualidad discursiva del futuro enunciado, sino en el contenido del presente representado que pugna por volverse futuro y que hace de la idea comunista una fuerza para hacerse futuro.

El comunismo es una enunciación performativa, pero la performatividad del comunismo no radica en la propia palabra; la performatividad radica en que expresa una realidad en movimiento y, entonces, la palabra puede crear la realidad que enuncia porque hay una realidad que se está desarrollando internamente y que puede coincidir con la palabra. En general la performatividad de las palabras, su capacidad de producir la realidad que enuncian, no es pues una capacidad que depende de la palabra misma o de la idea, sino como ya lo mostró Bourdieu (1982/2019), de la autoridad con capacidad de hacer creer lo que enuncia y de cómo estas palabras e ideas se inscriben en una trama de representaciones compartidas socialmente y del tipo de realidades que están habilitadas por los cursos de acción posibles de la misma realidad. Por ello que la hipótesis comunista es indisoluble del movimiento real al comunismo en su doble connotación; como acción colectiva generalizada y como realidad material desplegándose al interior del capitalismo. Ello configura la performatividad de la enunciación comunista.

La hipótesis comunista no sería más que un deseo piadoso entre millones de deseos o una categoría formal entre miles de categorías formales, sino fuera precisamente porque representa un proceso real al cual lo empujan, ayudando a crear la realidad que ella enuncia. Por ello el comunismo es una *idea-fuerza*, es decir, una idea que compromete al que la pronuncia y con el tiempo, al convertirse en un sentido común socialmente compartido capaz de disputar el poder político en favor de los propios productores sociales, ayuda a crear la realidad representada por la idea.

La idea comunista, la hipótesis comunista de futuro, no es nada sin el proceso real hacia el comunismo presente en la realidad. Solo el movimiento real la arrebata del anonimato de los miles de ideas impotentes sobre el futuro para darle consistencia y elevar la probabilidad de realización del futuro comunista en la misma proporción en que crece el número de personas que creen y se comprometen con la idea comunista y luchan políticamente por ella. Es en ese momento que la idea-proceso comunista deviene en *horizonte comunista*.

Por eso la idea-proceso comunista nace, muere, vuelve a nacer, la vuelven a matar, vuelve a nacer, vuelve a caerse y vuelve a renacer porque las condiciones reales de su futura existencia están presentes y seguirán presentes mientras exista el capitalismo. De hecho, el capitalismo necesita matar permanentemente la idea comunista, devaluarla, disiparla una y otra vez para poder reproducir su propia existencia; la muerte del comunismo es, pues, una fuerza productiva del capitalismo.

Pero a la vez, el "movimiento real" por sí mismo no deja de ser una tendencia, una potencia larvaria en estado subsumido capaz de acompañar indefinidamente la reproducción ampliada del capitalismo. Entonces, el movimiento real del futuro comunista, para realizarse, para liberarse, requiere de la idea-fuerza de las palabras performativas que impulsan la acción colectiva práctica de los productores. Solo eso, solo la idea-fuerza o la idea performativa amplía los cursos de acción posibles hacia el propio comunismo. La idea-fuerza, la acción colectiva practica de las clases subalternas, es la mediación entre la idea de comunismo con el movimiento real que lleva la potencia material de comunismo; y a la vez, es esa misma acción colectiva en proceso de generalización la que une esa idea y materia en movimiento con el porvenir comunista. La unidad de esta trama entre idea, acción colectiva, materia, movimiento y porvenir es lo que llamamos el *horizonte comunista*.

Por todo ello, la idea comunista necesita y es inseparable del movimiento real de la sociedad actual y el movimiento real solo puede realizarse y es inseparable de la idea, pero en tanto idea-fuerza, en tanto idea movilizadora capaz de liberar esa potencia de nueva sociedad. Si prefieren, la esperanza solo puede realizarse si existen condiciones materiales para viabilizarla y las condiciones materiales de un nuevo futuro humano han de sobreponerse, solo si existe la fuerza subjetiva colectiva para luchar por ellas pues, al fin y al cabo, así como hoy no hay comunismo tampoco hoy hay las personas y las clases sociales capaces de conducir el comunismo. El comunismo como posible devenir del presente requiere de los sujetos capaces de liberar esa potencia; sujetos sociales, colectivos, que solo se forman en la propia lucha de liberación de esa potencia real de la sociedad. Ese sujeto colectivo que se niega a sí mismo como fuerza de trabajo del capital y se construye a sí mismo como sujeto en estado de emancipación es parte de ese "movimiento real" que "anula y supera el estado de cosas actual" (Marx). *"Hipótesis"*, *compromiso colectivo práctico* y *"movimiento real"* del presente forman una trilogía inseparable que da viabilidad histórica al comunismo. Idea, sin los otros dos componentes, no pasa de ser una linda e impotente reflexión académica de fututo, como otros cientos de sofisticadas especulaciones teóricas. Compromiso práctico, sin norte y sustento real, no pasa de ser un excitante activismo temporal. Y movimiento objetivo, sin acción colectiva orientada a un horizonte, no pasa de ser una fuerza productiva de la propia reproducción ampliada del capitalismo. Solo la idea devenida en acción colectiva orientada a un horizonte emancipador puede liberar las condiciones reales ya existente de eso horizonte enunciado. La idea puede devenir en materia mediante la acción practica si y solo si esa idea expresa el movimiento de la misma materia. Ese es el "algoritmo" de la contingencia comunista.

4. Los cuatro componentes básicos de la idea-movimiento comunista

Ya que el comunismo no existe aún, cualquier experiencia específica para descartarlo o para justificarlo siempre será parcial y limitada; pero en la medida en que es un movimiento real y hay experiencias fallidas previas en los últimos 150 años, hay entonces tendencias generales que se pueden precisar, tanto de lo que es posible prever como lo que ya no es posible intentar. Esta debería ser la única relación intelectual y moral con las experiencias hacia las revoluciones fallidas, derrotadas o inconclusas del siglo pasado: comprensión de las experiencias prácticas que no conducen al comunismo y de aquellos cursos de acción que pueden ayudar a reforzar las tendencias del futuro comunista.

a) Propiedad individual-social

> *La propiedad enajenada del capitalista solo puede ser abolida en la propiedad de lo no individual en su singularidad independiente, por tanto, de la propiedad individual-social asociada.*
>
> Marx, K., 1989: 108-110.

Una de las grandes apuestas en la lucha por el comunismo durante el último siglo fue pensar que la manera de comenzar a salir del capitalismo con su lógica de propiedad privada de los medios de producción y amplia apropiación privada de la riqueza social era establecer la propiedad estatal de los principales medios de producción de una sociedad. Todas las revoluciones del siglo XX plantearon que, de esa manera, a modo de transición, se eliminaba una de las condiciones de la explotación del trabajo de las clases subalternas. El *Manifiesto comunista* de 1848 y el debate de los comunistas durante los primeros años de la Revolución soviética y china se inclinan a justificar la estatización como primer paso de toda revolución triunfante. Ciertamente la estatización centraliza la propiedad de los medios de producción en manos del Estado debilitando la base material del poder económico de las antiguas clases dominantes y también debilita el propio poder político anudado en ese poder económico.

Temporalmente, esto puede permitir a las clases subalternas poder organizarse de mejor manera el ámbito de la centralización del poder político, disponer de recursos económicos para ampliar derechos sociales de las clases trabajadoras, impulsar mecanismos de creciente igualdad económica y reducir las probabilidades de boicot productivo por parte de los grandes propietarios. Pero esto no produce ni impulsa una nueva relación de producción social; solo escinde la relación de propiedad jurídica que queda en manos de una institución pública, el Estado, de la relación de apropiación y de la relación de control que pasan a otras manos, pero igualmente distintas y separadas de los propios trabajadores directos.

En su forma clásica, la propiedad privada capitalista unifica tres cosas: a) la propiedad jurídica de los medios de producción; b) la apropiación del excedente económico; y, c) el control directo e indirecto del uso y consumo de los medios de producción.

La estatización suspende la propiedad jurídica, ahora, del Estado, que establece límites a la discrecionalidad legal de los medios de producción, pero mantiene la apropiación del excedente económico y el mando del proceso de trabajo separado y paulatinamente enfrentado a los propios trabajadores. La apropiación del excedente pasa ahora a decisión de los administradores del Estado que tienen restricciones en cuanto a la discrecionalidad del uso y disposición de ese excedente. Está sometido a controles sociales de los bienes público, pero, al igual que el mando del proceso de producción, este sigue separado y diferenciado de los propios trabajadores, con lo que las condiciones objetivas de la enajenación del trabajo, la autonomización y el poder de los medios de producción, del proceso de producción sobre el trabajador, núcleo de la forma mercancía y del capitalismo, vuelven a reproducirse.

La estatización de los grandes medios de producción, bien dirigida y socialmente regulada, crea condiciones sociales de vida más favorables para las clases subalternas; pero no suprime la ley del valor de cambio y por lo tanto, las condiciones materiales del capitalismo, que más pronto o más tarde, vuelven a reproducirse desde el propio Estado. Históricamente ninguna revolución social en los últimos 150 años ha logrado desplegar relaciones materiales de superación real, local o nacional, menos mundial, del valor de cambio, de la forma mercancía, como núcleo organizador de la producción y circulación de las riquezas[5]. Por esto, pasado el momento de la "catarsis" (Gramsci, 1986: 146; V. 4) del proceso revolucionario que permite un control y disputa social del excedente estatal y de los propios medios de trabajo, es inevitable que se acentúen las tendencias hacia procesos graduales de privatización pública del uso del excedente económico por parte de la administración estatal; con lo que la privatización jurídica será solo cuestión de tiempo. Las estatizaciones de los principales medios de producción, más allá de los procesos temporales de igualdad social que pueden ayudar a promover, en términos del objetivo de una nueva sociedad diferente a la capitalista solo pueden obtener tiempo a las clases subalternas sublevadas nacionalmente a la espera de que la sublevación política de otras clases laboriosas de otros regiones y otros países juntos pueden crear un espacio supranacional, continental y luego mundial, de transformaciones reales del sistema económico mundial, y en particular de las relaciones de producción de la riqueza material.

Una nueva forma de propiedad que supere la propiedad privada capitalista y transforme el proceso de producción capitalista tiene, necesariamente, que ir más allá del Estado como unificador de los asuntos generales de una sociedad; tiene que ir más allá del espacio nacional de la lucha de clases; tiene que afectar la trama interna del propio proceso de trabajo inmediato que permita restituir el mando directo de los trabajadores sobre las condiciones de producción, como en las viejas comunidades agrarias, solo que ahora, a escala social, planetaria y global; además de modificar la relación entre procesos de trabajo, a escala regional, nacional y mundial, como una única fuerza de trabajo planetaria. Marx llama a esto "producción individual-social", "trabajo libre asociado" (Marx, 1981d: 130; T. 2), etc. Su reflexión se basa, por una parte, en la cualidad social-universal que va adoptando el proceso de trabajo, los medios de trabajo ya en el mismo capitalismo, habilitando posibilidades

---

5. Sobre los debates y la angustia de Lenin resultantes de constatar que el llamado "comunismo de guerra" (1917-1921), con las tomas obreras de fábricas, la supresión de la moneda y de los intercambios monetarios, la ilegalización de la herencia, la homogeneización de salario, etc., no habían creado un nuevo sistema económico diferente del capitalismo, ver García Linera (2018).

reales de formas de propiedad social-universales y, por otro lado, como estos medios de producción social-universales se presentan ante el trabajador como poderes ajenos que lo someten –la "enajenación del trabajo" (Marx, 1982: 594-605; T. 1), el "fetichismo de la mercancía"[6]–, entonces la superación de esa cualidad "altamente misteriosa" de la relación capitalista pasa por una vinculación directa y "transparente" con esos medios, como su propiedad individual; pero al ser de todos los trabajadores a escala planetaria, entonces "propiedad individual-social".

Claro, en el capitalismo, cada día que pasa, las herramientas de trabajo, los conocimientos y la tecnología se presentan como un producto social-universal en que toda la humanidad ha contribuido con algo en su elaboración; pero el control de esos medios de producción socialmente construidos, el mando del uso de ese conocimiento socialmente construido es privado y el usufructo de la riqueza que genera es privada. Entonces, es razonable pensar que esta envoltura privada se presente como una medida miserable y asfixiante frente a su potencialidad social, y, por tanto, romper esta limitación privada para liberar su contenido humano universal es una tarea del movimiento hacia el comunismo.

¿Cómo serán esas formas concretas de emancipación de la producción? No lo sabemos, solo la práctica lo puede visibilizar. Lo único claro es que el intento de liberar estas potencias sociales por vía de la propiedad del Estado fue un fracaso. Hay que despertar, entonces, otras vías de acción de emancipación de esta capacidad universal, en ese sentido, el comunismo es también el movimiento real de esta búsqueda y de esta experimentación histórico-colectiva.

---

6. Véase el "Cap. I La mercancía, 4: El carácter fetichista de la mercancía y su secreto" (Marx, 1981b: 87-102; V 1).

b) *El valor de uso por encima del valor de cambio*

> *En el seno de una sociedad colectivista, basada en la propiedad común de los medios de producción, el trabajo invertido en el producto no se presenta aquí, tampoco, como valor de estos productos, como una cualidad material, inherente a ellos, pues aquí, por oposición a lo que sucede en la sociedad capitalista, los trabajos individuales no forman ya parte integrante del trabajo común mediante un rodeo, sino directamente.*
>
> Marx, 1981a: 5; T. 3.

En *El Capital*, tomo I, en el revelador capítulo 1, Marx demuestra que la determinación del tiempo del trabajo abstracto como medida de la intercambiabilidad universal de los productos del trabajo humano constituyen núcleo fundante del orden capitalista de producción y de la vida social moderna. Esta mercantilización de las relaciones humanas, la forma valor, la forma mercancía, no es un producto del mercado ni de las odiosas actitudes consumistas de las personas susceptibles de desplazarlas con masajes a la conciencia o una cadena de mensajes del wasap. Es un resultado inmediato de cómo las personas se vinculan con las condiciones de producción social.

El fetichismo de la mercancía, el que las cosas dominen a las personas, el que el poder del trabajo social se presente como poder externo y abusivo frente a los trabajadores es un resultado de la forma de concurrencia de la actividad laboral en la que los productores aislados están sometidos a fuerzas del trabajo que se presentan como poderes externos al propio trabajador. La forma valor de cambio, la forma mercancía que bloquea los poros de la sociedad tiene como origen la colonización del proceso del trabajo por esa *forma valor* de concurrencia y consumo de los medios de trabajo.

¿Cómo superar el valor de cambio, la forma valor, como medida de intercambiabilidad entre los productos humanos? Marx habla del "trabajo libre y cooperativo" (Marx, 1981f: 43; T. 2), de "productores libres e iguales, dedicados a un trabajo social con arreglo a un plan general y racional" (Marx, 1981e: 171; T. 2). ¿Cómo serán estas formas concretas de asociatividad? No lo sabemos. Lo que sí sabemos, por experiencia fallida, es que la propiedad

estatal deja intacta la forma valor del proceso productivo y que el trabajo libre y cooperativo no es una decisión burocrática administrativa de ningún tipo de Estado.

La superación de la forma mercancía, de la forma valor de cambio, ha de ser, tiene que ser, un proceso de creación de los propios productores directos desde los propios procesos productivos inmediatos que habiliten nuevas formas de acceso de la población a los productos del trabajo universal. Formas de autoorganización de los centros de trabajo capaces de sobreponerse la inminente "privatización colectiva" que los propios trabajadores de cada centro laboral pueden realizar del uso del excedente de ese esfuerzo común-universal. Pero a la vez, formas de trabajo asociado capaz de articularse entre sí directamente a escala nacional y luego regional y mundial para regular el producto del trabajo común-universal.

Soberanía y control del trabajador directo dentro del proceso de trabajo o dentro de las condiciones de trabajo, más articulación general entre los distintos procesos de trabajo, más apropiación social transparente por parte de toda la sociedad de ese producto nacional y luego mundial, etc. En fin, se trata de desplegar modos plurales y directos de convertir la producción privada, los medios privados, el excedente privado, el control privado en producción, control y excedente social de los propios productores asociados y en alianza con el resto de la sociedad.

c) *Libertad social*

> *Empero, con la abolición del carácter inmediato del trabajo vivo*
> *como trabajo meramente individual, o solo extrínsecamente general,*
> *con el poder de la actividad de los individuos como inmediatamente*
> *general o social, a los momentos objetivos de la producción se*
> *les suprime esa forma de enajenación; con ello son puestos como*
> *propiedad, como cuerpo social orgánico en el que los individuos se*
> *reproducen como individuos, pero como individuos sociales.*

Marx, 1982/1985: 395; T. 2.

La renovada lucha por el comunismo halla su justificación moral en la búsqueda de la solución real a las injusticias y desigualdades, incluidas

las colonizaciones, los racismos y los patriarcalismos ininterrumpida-
mente producidos por el capitalismo. Por tanto, la igualdad y la justicia absolutas son necesariamente banderas comunistas. De la misma
manera, la lucha contra la explotación capitalista motor de la injusticia
de desigualdad es una bandera radical del comunismo, sin embargo, la
lucha por la libertad, a lo largo de estos últimos cien años, no ha sido
tomada como una bandera del comunismo y debería serlo.

Por lo general, los comunistas hemos entregado esa bandera a las corrientes liberales que constriñen y mutilan el concepto de libertad a la
mera libertad de comercio, de enriquecimiento privado o de opresión de
unos pueblos sobre otros; pero hay una libertad absoluta articulada a la
igualad, es la que Marx llama la *libertad social*, en la que el libre desarrollo
de cada persona tiene que aportar al libre desarrollo de las demás personas, en la que la potencia y las potencias de cada ser humano están para
potenciar la libre asociación con el resto de los seres humanos.

No es el Estado ni la empresa ni el mercado el depositario y garante
de este libre desarrollo de la individualidad; es la libre asociación de las
personas entre sí la que habilita el libre desarrollo de sus capacidades
individuales. Bajo estas condiciones de libre asociatividad de personas,
las libertades civiles y políticas acumuladas desde el siglo XVIII son solo
un capítulo pequeño de una infinidad de libertades y capacidades que el
comunismo requiere para su realización. De hecho, el comunismo o los
comunismos –hay que hablar de comunismos– son impensables sin este
despliegue de las libertades civiles heredadas y de las nuevas libertades
asociativas que se constituyen en un patrimonio de acción en común.
Libertad de asociación sindical y política, libertad de opinión, libertad
de comunicación, libre albedrío en las elecciones de vida personal, en la
vida familiar, son solo la antesala de otras libertades más importantes
a lograr en el futuro, como la libertad sobre la gestión del cuerpo hoy
prohibida a las mujeres; o la libertad sobre la gestión de la producción
en los centros laborales, hoy prohibida a los trabajadores; o la libertad de
gestión sus riquezas comunes, hoy prohibida a los ciudadanos de cada
país y del mundo.

Esta afirmación no es inocente. No es un simple juego de palabras
poético, tiene implicancias en la tradición de las izquierdas. Menciono

dos: la primera, que las distintas formas de democratización social desde el asambleísmo, el parlamentarismo, la democracia directa, la democracia comunal, la democracia intercultural, etc. y cualquier otra forma de participación directa y asociada de las personas en los asuntos comunes, forman parte de un flexible círculo concéntrico dirigido a ampliar intensamente la participación individual-asociada en la toma de decisiones sobre todos los asuntos de la vida social, desde la vida política, la vida económica, la vida productiva pero también la vida familiar, el cuerpo, etc. En este sentido, el comunismo puede ser entendido como un proceso de desborde radical democratizador de todos los ámbitos de la vida, comenzando por la producción de la riqueza a fin de garantizar la igualdad real entre las personas. Así, a medida que la libertad social construye igualdad real de los seres humanos, hablamos de la construcción del comunismo.

La segunda: no existe un único instrumento organizativo de lucha por el comunismo. Los partidos, los sindicatos, los soviets, las comunas, las redes, las asociaciones, los colectivos autónomos, los movimientos sociales son formas contingentes y locales de un único movimiento por la comunidad universal. Ninguna estructura organizativa es más válida que la otra, y en la práctica, allá donde emergen acciones colectivas de las clases subalternas ellas siempre tienen la capacidad de crear e innovar formas organizativas diferentes y nuevas capaces de canalizar su energía social.

La realidad muestra que las clases sociales solo existen como conglomerados puros territorialmente definidos, demográficamente cuantificados y sociológicamente caracterizados en los libros y las probabilidades estadísticas. Las clases sociales reales son híbridas, superpuestas, abigarradas y solo en el proceso de lucha se van decantando y constituyendo por afinidades electivas, articulaciones culturales y construcciones discursivas movilizadoras. Es en esta contingencia de la acción que se delimitan fronteras sociales, se forman liderazgos, se experimentan cursos de acción colectiva más efectivos, se emiten convocatorias movilizadoras, se ponen a prueba narrativas movilizadoras, se construyen expectativas y referentes simbólicos, alianzas duraderas y esporádicas dando lugar a un proceso de multiforme autoconstrucción de clases sociales movilizadas dirigentes y hegemónicas. Por ello, las formas organizativas eficientes son siempre una incertidumbre resuelta en el mismo desarrollo del movimiento y nunca puede ser una certeza previamente anticipada a la acción colectiva. Lo que otras formas organizativas previas construidas al calor de otras luchas pasadas, de otras experiencias alcanzadas pueden hacer (como los sindicatos, los partidos, etc.), es facilitar el surgimiento, ayudar el fortalecimiento, impulsar su generalización y articulación nacional de las nuevas formas asociativas y democratizadoras que emerge del movimiento social. Pero nunca pueden estar ahí para imponer o sustituir.

d) Racional metabolismo entre el ser humano y la naturaleza

> *La libertad en este terreno solo puede consistir en que el hombre socializado, los productores asociados, regulen racionalmente ese metabolismo suyo con la naturaleza poniéndolo bajo su control colectivo, en vez de ser dominados por el cómo por un poder ciego.*

Marx, 1981b:1.044; V. 8.

El capitalismo como parte de su proceso de trabajo enajenado ha impulsado la separación, el desdoblamiento de la naturaleza respecto al ser humano y de la actividad humana. Mientras en todas las sociedades anteriores, especialmente en las formas comunales agrarias, las fuerzas naturales y la naturaleza eran tratadas como seres vivos, integrantes orgánicos de la individualidad[7]; en el capitalismo la naturaleza es tratada como cosa inerte, como objeto y, por lo tanto, como cosa a someter al proceso de ganancia empresarial.

La contradicción ser humano/naturaleza es una contradicción propia del capitalismo que le permite someter a la naturaleza como un medio más de obtención de ganancias privadas. Así como para el capitalismo el trabajador es solo una cosa a dominar para extraer el trabajo impago, la naturaleza es también otra cosa para aprovechar sus poderes vitales

---

7. Marx, *"formas que preceden a la producción capitalista. (acerca del proceso que precede a la formación de la relación de capital o a la acumulación originaria)"* (Marx, 1982/1985: 433-479; T. 1).

para acumular más ganancias. La misma ciencia que solo es la comprensión social del movimiento interno de la naturaleza, en el capitalismo, se la desarrolla para inmediatamente mutilarla y quedarse con aquellos conocimientos que pueden ser manipulados para obtener ganancia privada. Incluso el "capitalismo verde" impulsado por Estados y empresas, no es la conciencia arrepentida y desdichada de una catástrofe provocada por la propia producción capitalista; es el perfeccionamiento de los mecanismos de acumulación empresarial para lucrar con los efectos de la propia catástrofe ambiental e imponer un tipo de plusvalía ambiental a los pueblos del tercer mundo poseedores de bosques y de diversidad biológica. Se trata de una ceguera estructural, imposible de remediar, que está llevando al ser humano y a la vida terrestre a un abismo de destrucción sin retorno. Y es seguro que, de seguir así, aun en el último segundo de humanidad no faltarán capitalistas que competirán por vender el ataúd final.

Solo el comunismo puede liberar a la producción científica, al "intelecto general", la forma más acabada de producción social-universal, de los sometimientos a la ganancia privada, para luego ponerlos a disposición de la reproducción ampliada de la biodiversidad y restablecer el intercambio metabólico mutuamente vivificante entre ser humano y naturaleza. Así como la comunidad universal de individuos libres requiere del desarrollo de la libre individualidad, la comunidad respetuosa entre el ser humano y la naturaleza que permite la reproducción de la vida en todas sus formas, incluida la vida humana, requiere de la reconstrucción, pero ahora a escala universal no solo local-comunal, de la relación entre seres humanos con la naturaleza como parte viva de su propia corporeidad social.

Parafraseando al joven Marx, la humanización respetuosa y sostenible de la naturaleza solo puede darse mediante una naturalización del propio ser humano[8]. Y este reencuentro que supera la catastrófica esci-

---

8. "Este comunismo es, como naturalismo consumado = humanismo y como humanismo consumado = naturalismo, la verdadera solución del conflicto entre el hombre y la naturaleza (...). La sociedad es, por tanto, la cabal unidad esencial del hombre con la naturaleza, la verdadera resurrección de la naturaleza, el naturalismo consumado del hombre y el humanismo consumado de la naturaleza" (Marx, 1982: 617-619).

sión entre el ser humano respecto a la naturaleza es también una manera de nombrar al comunismo.

Finalmente, y en definitiva, el comunismo es una probabilidad de un futuro distinto al capitalismo, que se agiganta a medida que se agranda un deseo colectivo de comunismo capaz de apoyarse en las crecientes posibilidades materiales de ese comunismo deseado.

Bibliografía

Albó, X. (Comp.). (1988). *El mundo aymara*. Madrid: Alianza/UNESCO.

Anderson, B. (2006). *Comunidades Imaginadas*. México: FCE.

Arguedas, A. (2000). *Vida criolla*. La Paz: s.d.

Arrigui, G. (1999). *El largo siglo XX*. Madrid: Akal.

Aron, R. (2015). *Introducción a la filosofía política. Democracia y revolución*. Barcelona: Página Indómita.

Austin, J. (2016). *Cómo hacer cosas con palabras*. Barcelona: Paidós.

Avrich, P. (2005). *Kronstadt 1921*. Buenos Aires: Colección Utopía Libertaria.

Badiou, A. (2009). L'hypothèse communiste. En *Circonstances 5*. París: Nouvelles Éditions Lignes.

Badiou, A. (2010). *The Communist Hypothesis*. Londres/Nueva York: Verso.

Balibar, E. (1979). *Sobre la dictadura del proletariado*. México: Siglo XXI.

Balibar, E. & Wallerstein, I. (1991). *Raza, Nación y Clase*. Madrid: IEPALA.

Barragán, R. (1990). *Espacio Urbano y dinámica étnica*. La Paz: HISBOL.

Bataille, G. (1987). *La parte maldita*. Barcelona: Icaria.

Bauer, O. (1979). *La cuestión de las nacionalidades y la Socialdemocracia*. México: Siglo XXI.

Bebel, A. (1977). *La mujer y el socialismo*. Madrid: Akal.

Berkman, A. (2011). *La rebelión de Kronstadt*. Madrid: La Malatesta.

Bettelheim, Ch. (1980). *Las luchas de clases en la URSS. Primer periodo, 1917-1923*. México: Siglo XXI.

Bettelheim, Ch. (1983). *Les luttes de classes en URSS. Troisième période, 1930-1941*. París: Éditions du Seuil/Maspero.

Bofa, G. (1976). *La Revolución Rusa*, Tomo 2. México: Era.

Borojov, B.; Najenson, J. y Mastrángelo, S. (1979). *Nacionalismo y lucha de clases*. México: Siglo XXI/Cuadernos de Pasado y Presente N° 83.

Bosteels, B. (2011/2014). *The Actuality of Comunism*. Londres/Nueva York: Verso.

Bourdieu, P. (2000). ¿Cómo se hace una clase social? Sobre la existencia teórica y práctica de los grupos. En P. Bourdieu, *Poder, derecho y clases sociales*. Bilbao: Desclée.

Bourdieu, P. (1999/2010). *Meditaciones pascalianas*. Barcelona: Anagrama.

Bourdieu, P. (1982/2019). *Curso de Sociología General 1. Conceptos fundamentales*, Clase del 9 de noviembre. Buenos Aires: Siglo XXI.

Bukharin, N. (1967). *The Path to Socialism en Russia*. Nueva York: Omicron Books.

Carr, E. H. (1978). *Historia de la Rusia Soviética. La Revolución bolchevique (1917-1923). 2. El orden económico*. Madrid: Alianza.

Carr, E. H. (1987). *Historia de la Rusia Soviética. El Interregno (1923-1924)*. Madrid: Alianza.

Céspedes, A. (1936/1978). *Sangre de mestizos*. La Paz: Editorial Juventud.

Chamberlain, W. (1935). *The Russian Revolution*, 2 Vols. Nueva York: Macmillan.

Chavance, B. (1987). *El sistema económico soviético*. Madrid: TALASA.

Chirveches, A. (1969). *La candidatura de Rojas*. La Paz: Librería y Editorial Juventud.

Combes, I. (2011). *Diccionario Étnico, Santa Cruz la Vieja y su entorno en el siglo XVI*. La Paz: Instituto Latinoamericano de Misionología/Itinerarios.

Dalence, J. (1851). *Bosquejo Estadístico de Bolivia*. Chuquisaca: Imprenta de Sucre.

De Sepúlveda, J. (1941). *Tratado sobre las justas causas de la guerra contra los indios*. México: FCE.

Dean, J. (2013). *El horizonte comunista*. Barcelona: Bellaterra.

Durkheim, E. (1982). *Las formas elementales de la vida religiosa*. Madrid: Akal.

Eisenstein, S. (Dir.) (1928). *Oktyabr [Octubre / Diez días que transformaron el mundo]*. San Petersburgo/ Petrogrado: Productora Sovkino. [Largometraje, ediciones varias. Disponible en internet].

Engels, F. (1980). *Anti-Dühring*, Sección Tercera: Socialismo. México: Ediciones de Cultura Popular.

Figes, O. (1990). *La Revolución Rusa, 1891-1924. La tragedia de un pueblo*. Madrid: Edhasa.

Fichte, J. (1988). *Discurso a la nación alemana*. Madrid: Tecnos.

Finnot, E. (1997). *El cholo Portales*. La Paz: Librería y Editorial Juventud.

Fukuyama, F. (1992). *El fin de la Historia y el último hombre*. Barcelona: Planeta.

García Linera, Á. (2000/2002). Espacio social y estructuras simbólicas. Clase, dominación simbólica y etnicidad en la obra de Pierre Bourdieu. En Á. García Linera; M. R. Gutiérrez Aguilar; H. J. Suárez, *Bourdieu leído desde el Sur*. La Paz: Alianza Francesa/Plural /Instituto Goethe/Embajada de España en Bolivia.

García Linera, Á. (2008). Estructuras de los movimientos sociales. En Á. García Linera, *La potencia plebeya. Acción colectiva e identidades indígenas, obreras y populares en Bolivia*, Primera edición. Buenos Aires: CLACSO/ Prometeo.

García Linera, Á. (2009). Consideraciones sobre la nación a partir de la forma del valor. En Á. García Linera, *Forma Valor y Forma Comunidad*. La Paz: Comuna/CLACSO.

García Linera, Á. (2011). *Las tensiones creativas de la revolución. La quinta fase del Proceso de Cambio*, La Paz: Vicepresidencia del Estado.

García Linera, Á. (2013). Del Estado aparente al Estado integral: La transformación de la comunidad ilusoria del Estado. En Gandarilla Salgado, J. G. et al. *El Estado desde el horizonte histórico de nuestra América*. La Paz: Vicepresidencia del Estado Plurinacional de Bolivia/ UNAM, Posgrado en estudios latinoamericanos.

García Linera, Á. (2014). *Identidad boliviana. Nación, mestizaje y plurinacionalidad*, La Paz: Vicepresidencia del Estado Plurinacional de Bolivia.

García Linera, Á. (2016, 6 de agosto). La nueva composición orgánica plebeya de la vida política en Bolivia, Discurso del vicepresidente de la nación en la *Solemne Sesión de Honor en conmemoración a los 191 años de independencia de Bolivia*, Tarija, Estado Plurinacional de Bolivia.

García Linera, Á. (2018). ¿Qué es una revolución? La Paz: VEPB.

Goffman, E. (1961). *Encounters: Two Studies in the Sociology of Interaction*, Indianápolis: Bobbs-Merril Co.

Goffman, E. (2001). *La presentación de la persona en la vida cotidiana*. Buenos Aires: Amorrortu.

Gramsci, A. (1973). Democracia obrera y socialismo. *Pasado y Presente, 4*, nueva serie, (Buenos Aires).

Gramsci, A. (1980). *Notas sobre Maquiavelo, sobre la política y sobre el Estado Moderno*. Buenos Aires: Nueva Visión.

Gramsci, A. (1984-1999). *Cuadernos de la cárcel*. México: Era.

Gramsci, A. (2004). *Antología*. Buenos Aires: Siglo XXI.

Habermas, J. (2008). *Facticidad y validez*. Madrid: Trotta.

Hardt, M. y Negri, A. (2002). *Imperio*. Barcelona: Paidós.

Hobsbawm, E. (1990). *Naciones y nacionalismos desde 1780*. Barcelona: Crítica.

Hobsbawm, E. (1995). *Historia del siglo XX. 1914-1991*. Barcelona: Crítica.

Iglesias, P. (1988). *Apuntes etnológicos de Karl Marx*. Madrid: Siglo XXI.

Jones, M. (1995). *Electoral Laws and the Survival of Presidential Democracies*. París: University of Notre Dame Press.

Kautsky, K. (1978). *La revolución social y El camino del poder*. México: Siglo XXI/

Cuadernos de Pasado y Presente N° 68.

Kautsky, K. y otros. (1978). *La Segunda Internacional y el problema nacional y colonial*. México: Siglo XXI/Cuadernos de Pasado y Presente N° 73-74.

Klein, H. (2008). *Historia de Bolivia*, Tercera edición. La Paz: Librería Editorial G.U.M.

Korsch, K. (1975). *Qué es la socialización*. Madrid: Ariel.

Larson, B. (1992). *Colonialismo y Transformación Agraria en Bolivia. Cochabamba, 1500-1900*. La Paz: HISBOL/CERES.

Laurencich-Minelli, L. (2011). Paytiti a través de dos documentos jesuíticos secretos del siglo XVII. En I. Combes y V. Tyuleneva (Eds.), *Paitití, ensayos y documentos*. La Paz: Instituto Latinoamericano de Misionología/Itinerarios.

Lenin, V. I. (1978). *Obras Completas*. México: Ediciones Salvador Allende.

Lewin, M. (2006). *El siglo soviético. ¿Qué sucedió realmente en la Unión Soviética?* Barcelona: Crítica.

Linton, R. (1936). *The Study of Man. An introduction*. Nueva York: Appleton/ Century Crofts.

Luxemburg, R. (1979). *La cuestión nacional y la autonomía*. México: Siglo XXI/Cuadernos de Pasado y Presente N° 80.

Luxemburgo, R. (1976). Reforma o Revolución. En R. Luxemburgo, *Obras Escogidas*, T. I. Buenos Aires: Pluma.

Luxemburgo, R. (2007). La Revolución Rusa. En J. Schütrmpf (Ed.), *Rosa Luxemburg o el precio de la libertad*. Berlín: K. Dietz Verlag.

Marx, C. (1975). Manuscritos económico-filosóficos de 1844. En C. Marx, *Escritos económicos varios*. México: FCE.

Marx, C. (1982). Manuscritos económico-filosóficos de 1844. En K. Marx y F. Engels, *Obras Fundamentales*, T. 1. México: FCE.

Marx, C. (1985). *Grundrisse. Lineamientos fundamentales para la crítica de la economía política 1857-1858*, T. II. México: FCE.

Marx, C. (1867/1988). Llamamiento del concejo general de la AIT a las secciones, sociedades filiales y a todos los obreros, (septiembre). En C. Marx y F. Engels, *La Internacional*. México: FCE.

Marx, C. (1988). Resumen del libro de Bakunin *Estatalidad y anarquía*. En C. Marx y F. Engels, *Obras fundamentales*, T. 16. México: FCE.

Marx, C. (2003a). *El 18 Brumario de Luis Bonaparte*. Madrid: Fundación Federico Engels.

Marx, C. (2003b). *La guerra civil en Francia*. Madrid: Fundación Federico Engels.

Marx, K. (1974/1979). Las luchas de clases en Francia de 1848-1850. En K. Marx y F. Engels, *Obras escogidas*, T. I. Moscú: Progreso.

Marx, K. (1978a). Elementos fundamentales para la Crítica de la Economía Política *(Grundrisse)*. En *Obras Completas de Marx y Engels (OME)*, T. XXI. Barcelona: Crítica.

Marx, K. (1978b). *La guerra civil en Francia*, Primera edición. Pekín: Ediciones en lenguas extranjeras.

Marx, K. (1981a). Crítica del Programa de Gotha. En K. Marx y F. Engels, *Obras escogidas*, T. III. Moscú: Progreso.

Marx, K. (1981b). *El Capital*. México: Siglo XXI.

Marx, K. (1981c). El movimiento revolucionario (1 de enero de 1849). En K. Marx y F. Engels, *Sobre la Revolución de 1848-1849*. Moscú: Progreso.

Marx, K. (1981d). La Guerra Civil en Francia. En K. Marx y F. Engels, *Obras escogidas*, T. II. Moscú: Progreso.

Marx, K. (1981e). La nacionalización de la tierra, 1872. En K. Marx y F. Engels, *Obras escogidas*, T. II. Moscú: Progreso.

Marx, K. (1981f). Instrucciones sobre diversos problemas a los delegados del Concejo central provisional, (septiembre de 1866). En K. Marx y F. Engels, *Obras escogidas*, T. II. Moscú: Progreso.

Marx, K. (1982/1985). *Elementos fundamentales para la crítica de la economía política (Grundrisse) 1857-1858*. México: Siglo XXI.

Marx, K. (1987a). *El Capital*. México: Siglo XXI.

Marx, K. (1987b). *Miseria de la filosofía. Respuesta a la Filosofía de la miseria de P. J. Proudhon*. México: Siglo XXI.

Marx, K. (1988). The production process of capital, Cap. III. En K. Marx y F. Engels, *Collected Works*, Vol. 30. Londres: Lawrence & Wishart. [Edición en español Marx, K. (2018). *Comunidad, nacionalismos y capital. Textos inéditos*. La Paz: Vicepresidencia del Estado Plurinacional de Bolivia].

Marx, K. (1989). *Economic Manuscripts of 1861-1863*. En K. Marx y F. Engels, *Collected Works*, Vol. 31. Londres: Lawrence & Wishart.

Marx, K. (2003). *El Capital*. Buenos Aires: Siglo XXI.

Marx, C. y Engels, F. (1974). *La ideología alemana*. México: Ediciones de Cultura Popular.

Marx, C. y Engels, F. (1988). La Internacional. Documentos, artículos y cartas. en C. Marx y F. Engels, *Obras fundamentales*, T. 17. México: FCE.

Marx, K. y Engels, F. (1845/1974). Feuerbach. Oposición entre las concepciones materialistas e idealistas. [*La ideología alemana*, Cap. 1]. En K. Marx y F. Engels, *Obras escogidas*, T. I. Moscú: Progreso.

Marx, K. y Engels, F. (1976). *El sindicalismo: teoría, organización y actividad*. Barcelona: Laia.

Marx, K. y Engels, F. (1974/1980). *Manifiesto del Partido Comunista*. En K. Marx y F. Engels, *Obras escogidas*, T. I. Moscú: Progreso.

Marx, K. y Engels, F. (1978). *La revolución en España*. Moscú: Progreso.

Marx, K. y Engels, F. (1980). *La ideología alemana*. En K. Marx y F. Engels, *Obras escogidas*, T. I. Moscú: Progreso.

Marx, K. y Engels, F. (2010). *Collected Works*. Londres: Lawrence & Wishart, e-books.

Marx, K. y otros. (2012). Reglamento de la sociedad universal de los comunistas revolucionarios [M. Quiroga y D. Gaido, Karl Marx sobre la dictadura del proletariado y la revolución en permanencia. Dos documentos del año 1850]. En *Archivos de historia del movimiento obrero y la izquierda, N° 1*. Buenos Aires: s.d.

Matienzo Castillo, J. et al. (2011). *Chiquitos en las anuas de la compañía de Jesús*. La Paz: Instituto Latinoamericano de Misionología.

Medinacelli, C. (1973). *La Chascañawi*. La Paz: Los amigos del libro.

Mesa Gisbert, C. (2013). *La Sirena y el Charango. Ensayo sobre el Mestizaje*. La Paz: Fundación Comunidad/Ed. Gisbert.

Murra, J. (Ed.) (1991). *Visita de los Valles de Sonqo en los Yunka de coca de La Paz (1568-1570)*. Madrid: ICI/IEГ/A. Bosch.

Negri, A. (2007). *Goodbye Mr. Socialism*. Barcelona: Paidós.

Oxfam. (2017, enero). *Una economía para el 99%*. Barcelona: Oxfam Intermón.

Pipes, R. (2016). *La Revolución Rusa*. Madrid: Debate.

Platt, T. (1988). Pensamiento Político Aymara. En X. Albó, (Comp.). *El mundo aymara*. Madrid: Alianza/UNESCO.

Platt, T. Bouysse-Cassagne, T. Harris, O. (Eds.). (2006). *Qaraqara-Charka. Mallku, Inka y Rey en la Provincia de Charcas (Siglos XV-XVII). Historia antropológica de una confederación aymara*. [Edición documental y ensayos interpretativos]. La Paz/Londres: IFEA/Plural/U. of St. Andrews/ U. of London.

Rancière, J. (2011). Universalizar la capacidad de cualquiera" en *El tiempo de la igualdad. Diálogos sobre política y estética*. Barcelona: Herder.

Romero Pittari, S. (1998). *Las Claudinas. Libros y sensibilidades a principios de siglo en Bolivia*. La Paz: Caraspas.

Saignes, T. (2007). *Historia del pueblo chiriguano*. La Paz: IFEA/Plural.

Sartre, J. P. (2004). *Crítica de la razón dialéctica I*. Buenos Aires: Losada.

Searle, J. (2017). *Creando el mundo social: la estructura de la civilización humana*. Barcelona: Paidós.

Sempat Assadourian, C. (1994). "La gran vejación y destrucción de la tierra": Las guerras de sucesión y de conquista en el derrumbe de la población indígena del Perú. En *Transiciones hacia el sistema colonial andino*. Lima/México: IEP/El Colegio de México.

Serge, V. (1967). El comunismo de guerra. En *El año I de la Revolución Rusa* (Serie Historia y Arqueología). México: Siglo XXI.

Sorlin, P. (1967). *La sociedad soviética 1917-1964*. Barcelona: Vicens Vives.

Soruco Sologuren, X. (2012). *La ciudad de los cholos. Mestizaje y colonialidad en Bolivia, siglos XIX y XX*. La Paz: IFEA/PIEB.

Spedding, A.; Rivera C., S. y Barragán, R. (1996). *Seminario Mestizaje: Ilusiones y Realidades*. La Paz: MUSEF.

Taek-Gwang Lee, A. y Žižek, S. (Eds.). (2018). *La idea de comunismo. The Seoul Conference (2013)*. Madrid: Akal.

Tamayo, F. (1986). *Creación de la pedagogía nacional*. La Paz: Librería y Editorial Juventud.

Tariq, A. (2012). *La idea de comunismo*. Madrid: Alianza.

Tomichá Charupá, R. (2002). *La Primera Evangelización en las Reducciones de Chiquitos, Bolivia, (1691-1767)*. La Paz: UCB/Verbo Divino/OFM Conv.

Trotsky, L. (2002, diciembre). La dualidad de poderes, Cap. XI. En L. Trotsky, *Historia de la Revolución Rusa*, T. I. Disponible en Marxists Internet Archive.

Túpac Katari. (1871/1872). Diario de los Sucesos del Cerco de la ciudad de La Paz, en 1781, por el brigadier Don Sebastián de Segurola. En V. De Ballivián y Rojas (Comp.), *Archivo Boliviano, Colección de Documentos Relativos a la historia de Bolivia*, Tomo I. París: F. Vieweg.

VV. AA. (2009). *El Atlas Geopolítico 2010 de Le Monde Diplomatique*. Valencia: LMD/Akal.

Wallerstein, I. (2009, febrero). El sistema que salga de la crisis será muy diferente. *Diagonal*, 96 (Madrid).

Werth, N. (2013). ¿*Que sais-je? Histoire de l'Union soviétique de Lénine à Staline (1917-1953)*. París: Presses Universitaires de France.

Žižek, S. (Ed.). (2014). *La idea de comunismo*. Madrid: Akal.

La potencia plebeya
Acción colectiva e identidades indígenas,
obreras y populares en Bolivia

Forma valor y forma comunidad
Aproximación teórica-abstracta a los fundamentos
civilizatorios que preceden al Ayllu Universal

Posneoliberalismo
Tensiones y complejidades

¿Qué es una revolución?
y otros ensayos reunidos

Impreso por TREINTADIEZ S.A. en 2021
Pringles 521 (C1183 AEI)
Ciudad Autónoma de Buenos Aires
Teléfonos: 4864-3297 / 4862-6794
editorial@treintadiez.com